# BT · 생명윤리와 법

# BT · 생명윤리와 법

고봉진 지음

한국학술정보

# 머리말

필자가 '생명윤리와 법'이라는 주제에 관심을 갖기 시작한 지가 벌써 10년이 지났다. 지금은 다른 주제에 더 많은 관심을 두고 연구하여 '생명윤리와 법'에 대한 관심의 정도가 이전만 같지 않지만, 필자에게 는 사랑하는 연구주제임에 틀림없다. 필자는 2000년 7월에 독일유학 을 떠나 2006년 12월에 독일 프랑크푸르트대학에서 박사학위를 받았 다. 독일 박사학위과정에서 필자가 관심을 갖고 연구한 테마가 '생명 윤리와 법'이었다. 구체적으로는 배아줄기세포연구에서 인간존엄 개념 과 바이오규범을 분석하는 작업을 독일 박사학위과정에서 수행하였다. 그러한 결과물로 나온 것이 필자의 박사학위논문인 「Menschenwürde und Biostrafrecht bei der embryonalen Stammzellenforschung」(Peter Lang, Frankfurter kriminalwissenschaftliche Studien 108, 2008)이다. 필자는 원 래 Cornelius Prittwitz 교수 지도하에서 형법을 전공하려 했으나, 인간 존엄 개념을 분석하고 바이오규범을 분석하는 가운데 법철학의 재미에 그만 빠져들어 전공을 형법에서 법철학으로 바꾸게 되었다. 인생의 진 로란 어떻게든 바뀐다.

박사학위를 받기 전에는 Jochen Taupitz 교수의 배려로 독일 하이델 베르크대학, 만하임대학 부속 '독일·유럽·국제 의료법·보건법 및 생명윤리 연구소'(IMGB, 만하임대학 소재)에서 객원연구원을 지냈고, 2007년 귀국 후에는 이화여자대학교 법학과에 있었던 보건복지부 지정

'생명윤리정책연구센터'에서 연구원을 잠시 지냈다. 그때 만났던 김현철 교수님, 권복규 교수님, 최경석 교수님과 '생명윤리와 법' 주제에 대해 서로 토론하고 함께 머리를 맞대며 일했던 것을 좋은 기억으로 간직하고 있다.

이 책은 필자가 쓴 '생명윤리와 법'에 관련된 논문들이 근간이 되었으며, 이 책의 제목인 'BT・생명윤리와 법'은 필자가 제주대학교 법학전문대학원에서 맡고 있는 'BT・생명윤리와 법' 과목명에서 유래했다. 각장의 출처와 원제목은 다음과 같다.

제1장 생명윤리에서 인간존엄 '개념'의 총체성
『법철학연구』 제11권 제1호, 한국법철학회, 2007. 4, 85면 이하

제2장 상호승인의 결과로서 인간존엄
『법철학연구』 제10권 제2호, 한국법철학회, 2007. 12, 193면 이하

제3장 체외배아의 '헌법적 지위'(Jörn Ipsen 번역문)
『법과정책』 제16집 제1호, 제주대 법과정책연구소, 2010. 2, 305면 이하

제4장 국가의 보호의무와 낙태규범
『법철학연구』 제15권 제1호, 한국법철학회, 2012. 6, 161면 이하

제5장 연명치료중단에서 이익형량의 구조와 내용
『법철학연구』 제13권 제2호, 한국법철학회, 2010. 8, 155면 이하

제6장 생명과학기술연구에 대한 법정책의 책무
『안암법학』 제25호, 안암법학회, 2007. 11, 457면 이하

제7장 배아줄기세포연구와 관련된 바이오규범에서 규범과 의무
『형사법연구』 제19권 제2호, 한국형사법학회, 2007. 6, 229면 이하

제8장 위험에 대한 법체계의 반응
『법과사회』 제41호, 법과사회이론학회, 2011. 12, 259면 이하

제9장 줄기세포주의 국가간 이동
『생명윤리정책연구』 제1권 제1호, 이화여대 생명윤리법연구소, 2007. 8, 65면 이하

이 자리를 빌려 필자의 박사학위 지도교수인 독일 프랑크푸르트대학 Cornelius Prittwitz 교수님과 IMGB 연구소 소장인 만하임대학 Jochen Taupitz 교수님께 감사드리고 싶다. 또한 '생명윤리와 법'의 최전선에서 활동하고 계시는 이화여대 법학전문대학원 김현철 교수님, 최경석 교수님, 이화여대 의학전문대학원 권복규 교수님께 깊은 감사를 드린다.

부모님의 은혜에 감사드리며, 아내 제주대 의학전문대학원 송현주 교수와 이제 두 돌이 지난 아들 정훈이에게 사랑의 인사를 전한다.

2013년 1월
제주대 법학전문대학원 연구실에서
고봉진

# CONTENTS

# 제1장
# 생명윤리에서 인간존엄 '개념'의 총체성

인간존엄 '개념'(인간존엄 '개념'이 문제이지, '인간존엄'이 문제되는 것은 아니다!)은 그 의미의 다양성에도 불구하고(혹은 그 의미의 다양성 때문에) 생명윤리에 있어 총체성(Totalität)을 지닌다. 이러한 인간존엄 '개념'의 총체성은 인간존엄의 절대적 효력을 주장하는 의무론적(deontologisch) 성격 때문에 강화된다.

제1장에서는 생명윤리에서 인간존엄 '개념'의 총체성을 해체하고, 인간존엄의 절대적 효력에 어울리는 (제한된) 적절한 범주를 찾고자 한다. 이는 동시에 바이오규범의 근거설정을 인간존엄 개념이 아닌 다른 개념을 통해 시도해야 함을 뜻한다.

# I. '인간생명의 존엄'으로서 인간존엄 '개념'?

독일 연방헌법재판소의 낙태판결을 예로 들어 태아의 인간존엄과 낙태 사이의 모순을 살피고, 이를 토대로 생명윤리에서 인간존엄 '개념'의 총체성을 다루고자 한다. 인간존엄 개념은 (그 '효력의 강함'과 '총체성'으로 인해) 생명윤리의 여러 문제를 제대로 다루지 못한다. 이를 대표적으로 보여주는 예가 '낙태에서 인간존엄 개념'이다.

## 1. 제1차 낙태판결

1975년 독일 연방헌법재판소 제1차 낙태판결에서는 수정 후 12주 동안 낙태는 특정한 요건 하에서 처벌되지 않는다는 제5차 개정형법의 기한규정이 독일 기본법에 저촉하지 않는가 하는 점이 문제되었다.[1] 우선

---

* 법철학연구 제11권 제1호, 한국법철학회, 2007. 4, 85면 이하.

연방헌법재판소는 수정 후 14일부터 인간생명의 시작과 성장과정의 연속성을 논한다.[2] 연방헌법재판소는 판결문에서 착상 이전단계 배아의 지위문제를 직접적으로 다루지는 않았지만, 착상 이후단계 배아의 인간존엄과 생명권의 문제를 다루었다. '생명과 생명권의 연결테제'를 독일 기본법 제2조 제2항 제1문의 해석을 통해 근거지운다: 인간생명이 존재하는 곳에는 생명권이 부여된다(Wo menschliches Leben existiert, kommt ihm das Lebensrecht zu).[3] 계속해서 '생명과 인간존엄의 연결테제'를 잠재성논증을 통하여 주장한다. 잠재성논증에 따르면 인간생명의 잠재성이 인간존엄을 근거지우는 기준이 되며, 태아가 자신의 인간존엄을 인식하거나 의식하고 있을 필요는 없다.[4]

생명, 생명권, 인간존엄의 연결테제에도 불구하고, 태어나지 않은 인간생명이 인간존엄과 생명권의 주체인지는 여전히 의문으로 남는다. 연방헌법재판소는 태어나지 않은 인간생명이 기본권보유자가 될 수 있는지에 대해 직접적으로 대답하지 않기 때문이다. 그 대신 태어나지 않는 인간생명의 인간존엄과 생명권을 기본법의 객관적 가치질서(objektive Wertordnung)로 근거지운다.[5]

태어나지 않은 인간생명의 가치와 낙태 여부에 대한 임산부의 자기결정권이 기본법의 가치질서 내에서 어떠한 위치를 차지하는가 하는 물음은 낙태에 있어 국가의 보호의무 정도를 결정하는데 매우 중요하다.[6]

---

1) BVerfGE 39, 1 - NJW 1975, 573면.

2) BVerfGE 39, 1 - NJW 1975, 574면.

3) BVerfGE 39, 1 - NJW 1975, 575면.

4) BVerfGE 39, 1 - NJW 1975, 575면. 이처럼 생명, 생명권, 인간존엄의 연결을 통해 태아생명의 보호의무는 기본법 제2조 제1항에서만 나오는 것이 아니라, 기본법 제1조 제1항 제2문에서도 도출된다.

5) BVerfGE 39, 1 - NJW 1975, 575면.

6) "문제되는 법익이 기본법의 가치질서 내에서 높은 위치를 점하면 점할수록, 국가의 보호의무는 더 심중하게 고려되어야 한다." BVerfGE 39, 1 - NJW 1975, 575면.

연방헌법재판소는 태어나지 않은 인간생명의 가치가 임산부의 자기결정 권보다도 우위에 있음을 기본법의 가치체계의 중심에 있는 인간존엄과의 관련성 여부로 근거지웠다. 인간생명은 인간존엄의 아주 중요한 기반이며, 다른 모든 기본권의 전제이다.[7] 이를 토대로 제5차 개정형법의 기한해결방식이 기본법의 가치질서에 반한다고 판결하였다.[8] "모든 인간생명, 이제 막 생성되는 생명이라도, 그 자체로 똑같이 귀중하며, 따라서 서로 다른 평가가 주어지거나, 이익형량에 맡겨져서는 안 된다."[9]

계속해서 연방헌법재판소는 기본법의 가치질서 기준, 임산부의 기대하기 어려운 상황, 형법의 최후수단으로서의 성격을 고려하여 생성되는 인간생명에 대한 국가의 보호의무를 어떻게 형성할지에 대해 논한다. 인간생명은 기본법의 객관적 가치질서 내에서 최고가치로서 다루어지며, 따라서 인간생명에 대한 국가의 보호의무는 진지하게 다루어져야 한다. 낙태는 불법으로 간주되며, 형법은 기본법의 객관적 가치질서 내에서 인간생명의 보호수단으로 사용된다.[10]

하지만 태어나지 않은 인간생명의 효율적이고 효과적인 보호와 형법의 최후수단성(ultima ration)과 관련하여 형법을 최우선수단(prima ratio)으로 투입해서는 안 된다. 연방헌법재판소는 형법의 최후수단성과 함께, 임산부의 기대불가능성(Unzumutbarkeit)이 특별히 고려되어야 함을 강조한다. 기대불가능성 기준으로 연방헌법재판소는 4가지를 드는데, 임산부의 생명이 위태롭거나 건강상태가 심하게 약화되는 경우, 우생학적 사유, 윤리적 사유, 낙태를 할 수밖에 없는 위급상황이 이에 해당한다.[11]

---

7) BVerfGE 39, 1 - NJW 1975, 575면 이하.
8) BVerfGE 39, 1 - NJW 1975, 579면.
9) BVerfGE 39, 1 - NJW 1975, 580면.
10) BVerfGE 39, 1 - NJW 1975, 576면.
11) BVerfGE 39, 1 - NJW 1975, 577면.

연방헌법재판소는 낙태에 대한 제5차 개정형법 내용을 위헌이라고 판결하면서, 독일 개정형법 제218a조와 제218c조에 규정된 임산부 상담과 교육이 헌법의 객관적 가치질서와 맞지 않을 뿐만 아니라, 태어나지 않은 생명을 효율적이고 효과적으로 보호하는데에도 적합하지 않다는 이유를 든다. 기본법의 객관적 가치질서의 중심점인 인간존엄에 따라 태어나지 않은 생명 보호를 임산부의 자기결정권보다 항상 우위에 둠으로써, 제1차 낙태판결은 그 자체에 모순을 간직하고 있지는 않다. 하지만 독일 기본법의 가치질서 아래에서 제1차 낙태판결의 정당성과 일관성이 두드러졌음에도 불구하고, 규범과 현실 사이의 간격에서 생기는 적응사유 규율의 실효성에 대한 의문이 이후 계속해서 제기되었다.

## 2. 제2차 낙태판결

1993년 독일 연방헌법재판소의 제2차 낙태판결의 중심문제는 '임산부 및 가족보호법(SFHG)'의 상담모델의 위헌 여부였다. '임산부 및 가족보호법'이 적응사유모델과 기한모델 외에 제3의 길을 제시했는지에 대해서는 의문이다. 왜냐하면 '임산부 및 가족보호법'의 상담모델은 제2의 기한모델로 간주될 수 있기 때문이다.[12]

제2차 낙태판결에서 연방헌법재판소는 태어나지 않은 생명의 인간존엄과 생명권을 제1차 낙태판결과 거의 같은 방식으로 근거지운다. 특히 "인간생명이 존재하는 곳에는 생명권이 부여된다(Wo menschliches Leben existiert, kommt ihm das Lebensrecht zu)"라는 제1차 낙태판결의 유명한 문장은 제1차 낙태판결에 다시 등장한다.[13] 다른 점이 있다면 제1차

---

12) 자세히는 Herbert Tröndle, "vor § 218", in: Herbert Tröndle/Thomas Fischer, Kommentar zum Strafgesetzbuch(49. Aufl., C. H. Beck, 1999), 1164면.

13) BVerfGE 88, 203 - NJW 1993, 1753면.

낙태판결은 잠재성논증과 연속성논증을 사용하는 반면에, 제2차 낙태판결은 동일성논증을 사용한다. 동일성논증에 따르면 태아는 유전적 동일성, 유일성을 이유로 이후 태어날 생명과 동일한 존재이다.[14]

제2차 낙태판결의 제1주문과 제4주문까지는 태어나지 않은 생명의 인간존엄과 생명권, 인간생명에 대한 국가의 보호의무, 불법으로서 낙태에 대한 제1차 낙태판결의 기본구상이 그대로 반복된다. 제2차 낙태판결의 제5주문에서 양 낙태판결의 차이점이 드러난다. "태어나지 않은 인간생명에 대한 보호의무의 범위는 보호되는 법익과 그 충돌되는 법익, 양자의 의미와 보호필요성에 의해 결정된다."[15] 제1차 낙태판결에서는 기본법의 객관적 가치질서의 중심인 인간존엄과 관련하여 국가의 보호의무가 정해진 반면에, 제2차 낙태판결에서는 법익의 의미와 보호필요성, 보호의 적절성과 실효성 차원에서 국가의 보호의무가 정해진다. 제1차 낙태판결에서 국가의 보호의무를 제1차 낙태판결과 다르게 구성한 것이 (私見에 따르면) 연방헌법재판소가 제1차 낙태판결에서 적응사유모델을 지지하는 반면에, 제2차 낙태판결에서는 상담모델을 지지하는 근거가 된다.

임산부를 통해서만 태어나지 않은 생명은 보호된다는 점 또한 적응사유모델에서 상담모델로의 교체를 뒷받침한다.[16] 다른 한편으로는 지금까지의 적응사유모델이 태어나지 않은 생명을 제대로 보호하지 못했다는 점이 근거로 제시된다.[17] 이처럼 적응사유모델에서 상담모델로의 교체를 주장함에는 '태어나지 않은 생명의 우월한 권리'가 아니라, '태어나지 않은 생명에 대한 더 나은 보호효과'가 그 배후에 있다. 하쎄머

---

14) BVerfGE 88, 203 - NJW 1993, 1753면.
15) BVerfGE 88, 203 - NJW 1993, 1753면.
16) BVerfGE 88, 203 - NJW 1993, 1754면.
17) BVerfGE 88, 203 - NJW 1993, 1756면.

(Winfried Hassemer)는 여기서 기존의 정당화 도그마틱("정당화는 우월한 권리를 전제로 한다. 정당화의 조건들에 관하여는 개별사례에서 형사법관이 결정한다.")[18]의 후퇴("구체적 상황에서 우월한 권리나 더 우월한 이익을 관철시킬 것을 요구하지도 않으며, 형사법관이 개별사례에서 정당화의 조건들을 내용적으로 확정할 것도 규정하지 않는다.")를 발견한다.[19] 연방헌법재판소는 제2차 낙태판결에서 '상담을 통한 보호효과'가 '제재를 통한 억압적인 보호효과'보다 더 효과적이고 효율적이라고 주장한다.[20] 이는 인간존엄에 대한 제2차 낙태판결의 기본구상은 제1차 낙태판결과 같음에도, 낙태에 대한 해결책은 제1차 낙태판결을 벗어났음을 뜻한다.[21] 적응사유모델에서 상담모델로의 교체를 통해 생명보호의 개념은 변한다. 하지만 태어나지 않은 생명의 인간존엄과 생명권에 대한 견해는 여전히 남는다. 이를 통해 제2차 낙태판결은 모순되게 보인다.

위에서 살핀 독일 연방헌법재판소 제2차 낙태판결에 나타난 인간존엄의 '절대적 효력'과 낙태허용 간의 모순을 어떻게 해결할 것인가? 헌법재판관 마렌홀쯔(Ernst Gottfried Mahrenholz)와 좀머(Bertold Sommer)는 제2차 낙태판결 소수의견에서 태어나지 않은 생명과 임산부의 자기결정권 사이의 비교형량 가능성을 인정하면서(양자는 모두 인간존엄과 연관되는데, 이때 인간존엄은 상대적 효력만을 갖는다), 제2차 낙태판결의 모순을 해결하려고 한다.[22] 제2차 낙태판결에 따르면, 상담 이후의

---

18) Winfried Hassemer(변종필 역), 「절차적 정당화」, 배종대/이상돈 편역, 『형법정책』(세창출판사, 1998), 164면.
19) Winfried Hassemer(변종필 역), 위의 글(주18), 162면.
20) BVerfGE 88, 203 - NJW 1993, 1757면.
21) 대표적으로 BVerfGE 39, 1 - NJW 1975, 578면과 BVerfGE 88, 203 - NJW 1993, 1757면을 비교하면 알 수 있다.
22) BVerfGE 88, 203 - NJW 1993, 1774면.

낙태는 '위법하지만 처벌할 수 없으며(rechtswidrig, aber straffrei)', 마렌홀쯔와 좀머의 소수의견에 따르면 상담 이후의 낙태는 처음부터 '정당화된다(gerechtfertigt).'[23]

상담모델에 대한 대표적 비판자인 트뢴들(Herbert Tröndle) 또한 제2차 낙태판결의 모순을 발견한다. 마렌홀쯔와 좀머의 의견과는 달리, 그는 상담제공과 결합한 기한모델 비판을 통해 모순을 해결하고자 한다. 그에 따르면 상담제공과 결합한 기한모델은 태어나지 않은 생명을 제대로 보호하지 못하며, 따라서 국가는 상담모델로 포장된 기한모델을 통해 태어나지 않은 생명을 보호해야 할 보호의무를 제대로 이행하지 못한다.[24] 그는 특히 상담모델로 포장된 기한모델이 더 나은 생명보호와 연결되어 있지 않음을 경험적 자료를 통해 보인다.[25]

헌법학자인 드라이어(Horst Dreier)는 낙태와 태어나지 않은 생명의 절대적 인간존엄 사이의 모순을 발견한다. 그는 낙태에 대한 헌법상의 논의를 '인간존엄'을 통해서가 아니라, '생명권'을 통해 수행함을 통해 모순 없는 해결책을 찾아야 한다고 주장한다.[26] 私見은 드라이어의 견해를 따른다. 낙태논의의 출발점은 '인간존엄'이 아닌 '생명권'이 되어야 하며, 이를 통해 낙태논의에서의 모순을 피할 수 있게 된다. 생명윤리의 여러 문제에서 인간존엄 '개념'은 확장되어 적용되고 있으며, 이 때 인간존엄 '개념'은 절대적 효력을 갖는다는 점에서 합리적 논증대화를 막고 있다.[27]

---

23) BVerfGE 88, 203 - NJW 1993, 1776면. 마렌홀즈와 좀머의 소수의견은 상담의 보호효과를 강조하고, 제2차 낙태판결의 '기대불가능성' 기준에 대한 비판을 통해 상담모델의 보호 개념을 주장한다. BVerfGE 88, 203 - NJW 1993, 1775면.

24) Herbert Tröndle, 위의 글(주12), 1164면.

25) Herbert Tröndle, 위의 글(주12), 1166면.

26) Horst Dreier, "Menschenwürdegarantie und Schwangerschaftsabbruch", DÖV, 1995, 1040면.

27) 논증대화에서 논증당사자 모두가 인간존엄을 원용하는 경우에는 논증은 한치의 양

## Ⅱ. 인간존엄 '개념'의 확대

### 1. '인간상 보호'로서 인간존엄

생명윤리에서 인간존엄 개념은 낙태의 예를 통해 알 수 있듯이 태어난 인간뿐만 아니라, 태어나지 않은 생명에까지 미친다. 그뿐만 아니라 키메라 형성의 경우에 인간상 보호(Menschenbildschutz)에까지 확대되며,[28] '미끄러진 경사길 논증(slippery-slope argument)'을 통해 확대·재생산된다.

'인간상 보호'로서 인간존엄 '개념'을 주장하는 견해에 따르면, 생명윤리의 여러 문제들이 인간종사회의 동일성(정체성)을 형성하는 근본규범을 파괴할 위험이 있음을 지적한다.[29] 이러한 주장에는 인간종을 연구대상으로 하는 것에 대한 혐오감이 짙게 깔려 있는 반면에, 인간종이 인간종의 정체성을 상실할 정도로 생명공학의 도구가 되는 것에 대한 비판 등 긍정적인 요소 또한 담고 있다. 하지만 절대적 효력을 갖는

---

보도 없는 대결이 되고 만다. 예컨대 낙태에 대한 논증대화에서 낙태를 반대하는 쪽과 찬성하는 쪽 모두 인간존엄논증을 사용한다. 한편에서는 인간생명의 존엄성을 기초로 태아의 생명은 인간존엄의 보호를 받는다고 주장하며, 다른 한편에서는 임산부의 자기결정권 또한 임산부의 인간존엄의 일부라고 주장한다. 안락사에 대한 논증대화에서도 마찬가지이다. 한편에서는 인간생명이 인간존엄에 따른 절대적인 보호대상이므로 안락사를 허용해서는 안 된다고 주장하는 반면에, 다른 한편에서는 최후의 순간에 자기의 생명을 포기하는 것은 자기결정권의 행사로서 인간존엄에 의해 존중되어야 한다고 주장한다.

28) 예컨대 2008년 4월 영국 뉴캐슬대학교 존번 박사 연구진이 사람·소 이종배아를 형성하여 3일간 생존하게 했다는 점이 '인간상 보호'로서 인간존엄 개념과 관련된다.

29) 반면에 하버마스(Jürgen Habermas)는 인간존엄을 관계개념으로 파악하여 생명윤리의 문제에 이를 적용하지 않는 반면에, 인간존엄만이 처분불가능한 것은 아니라고 논증한다. 이를 토대로 '인간종존재로서 자기이해' 또한 처분불가능한 것임을 규범근거논의의 '도덕적 영역'과 연관하여 설명하고 있다. Jürgen Habermas(장은주 역), 『인간이라는 자연의 미래』(나남출판, 2003), 68면, 78면 이하.

'인간존엄' 개념을 통해 '인간상 보호'를 주장한다는 점에 문제점이 있다. '인간상'이나 '인간의 자기이해'와 관련하여 규범적으로 어떻게 그리고 어느 정도 규율할 것인가의 문제는 바이오규범의 근거설정에서 가장 중요한 문제 중의 하나이다. 이는 논거를 통해 구체적으로 논증되어야 하지, 총체화된 '인간존엄' 개념을 통해 절대적으로 금지되어야 하는 것은 아니다. 물론 '인간종 정체성' 개념 또한 '인간존엄' 개념처럼 모호하고 불명확한 것이 사실이다. 하지만 '인간종 정체성' 개념이 어느 정도 규범적 효력을 가질 수 있을지는 '키메라 생성'을 중심으로 구체적으로 논의되어야 할 것이다.[30]

## 2. '위험증대·불안전증대'까지 확장된 인간존엄 '개념'

생명윤리에서 인간존엄 개념은 '생명과학기술의 위해, 위험, 불안전'과 관련하여 확대되는 경향을 띤다. 생명과학기술의 발전에 따른 위험의 예측불가능성으로 인해 오늘날 '안전' 개념이 호황기를 맞고 있다. 생명과학기술의 영역에서 안전(Sicherheit)은 자기목적(Selbstzweck)으로 격상되었으며, 이를 통해 안전 개념은 현대사회의 규범적 개념으로 격상되었다. 특히 생명과학기술 영역에서는 '안전' 개념이 확장함과 동시에, 인간존엄 '개념'의 확장을 확인할 수 있다. 안전 개념의 확장이 인간존엄 개념의 확장을 가져오기 때문이다. 인간생명 보호와 인간존엄의 동일시, 인간상 보호와 인간존엄의 동일시뿐만 아니라, 위험증대·불안

---

30) 인간종의 자기이해 관점으로 바이오규범의 근거설정과 구체적인 형성을 진지하게 고려해야 한다. 하지만 '인간종의 자기이해' 관점 또한 인간존엄의 확장과 같이 '미끄러진 경사길(slippery-slope)' 논증을 통해 확장된다는 점을 유의해야 한다. 생각건대 '인간종의 자기이해' 관점은 인간과 동물을 합친 키메라의 가능한 생산과 생식적 인간복제에 제한되어야 할 것이다. 구체적인 증명 없는 인간존엄의 확장이나 규범침식(Normenerosion)을 통한 우회로(迂廻路)는 바이오형법을 근거지움에 있어 옳은 방법이 아니다.

전증대와 인간존엄의 동일시 또한 인간존엄 '개념'을 확장시킨다. '위험 증대·불안전증대와 인간존엄의 동일시'와 관련하여 미끄러진 경사길 논증(slippery-slope argument)은 논증으로 적절하지 않다. 미끄러진 경사길 논증은 생명공학의 급속한 발전에 대한 걱정과 인간종연구에 대한 우려를 미끄러진 경사길 효과를 강조함으로써 강화하는 기능을 수행한다. '미끄러진 경사길(slippery-slope)'이라는 발화효과를 강조함으로써 불안정느낌을 이용한다. 위험과 위해에 대한 구체적인 증거제시는 미끄러진 경사길 표현의 강조를 통해 대체된다.

## Ⅲ. 인간존엄 '개념'의 '총체성' 분석

생명윤리에서 인간존엄 개념을 분석하고, 이를 평가의 기준으로 삼는 데는 크나큰 어려움이 있다. 인간존엄 개념을 분석하는 것이 어려운 이유 중의 하나는 위에서 언급한 것처럼, 생명윤리에서 인간존엄 개념은 '인간종 보호'와 '인간상 보호'를 포함할 뿐만 아니라, 생명과학기술의 '위험(불안정)'을 포함한다는 점이다. 이처럼 광범위한 영역을 포괄하는 인간존엄 개념은 그 의미론적 다의성 때문에 정확한 분석이 불가능하다. 다른 이유는 인간존엄 개념이 분석된다고 할지라도, 이 분석된 인간존엄 개념이 합의를 도출하지 못한다는 점에 있다. 인간존엄 개념을 정확히 분석하여 적용영역에 따라 효력을 달리하더라도, 인간존엄을 통한 도덕적 평가는 많은 경우 다원화된 오늘날의 법질서에서 견해 차이를 확인할 뿐이며, 이로부터 구체적인 문제 해결을 이끌어낼 수 없다.[31]

---

31) Jochen Taupitz, "Der rechtliche Rahmen des Klonens zu therapeutischen Zwecken", NJW, 2001, 3440면; Jochen Taupitz/Manuela Brewe, "Der Status des Embryos im

이러한 현실적인 어려움이 있다 하더라도 생명윤리에서 인간존엄 개념을 분석하고, 합리적인 해결책을 제시하는 이론적 작업이 무의미하다고는 생각하지 않는다. 이하에서는 인간존엄 개념을 분석한 노이만(Ulfrid Neumann)과 비른바허(Dieter Birnbacher)의 견해를 간략하게 소개한 후, 私見을 밝히고자 한다.

## 1. 총체성의 원인

노이만(Ulfrid Neumann)은 유전공학과 생의학에서 인간존엄원칙이 확장되는 원인을 인간존엄의 생물화(Biologisierung der Menschenwürde)에서 찾는다.[32] 그는 인간존엄의 생물화를 통한 인간존엄의 확장을 '자연주의적 오류(naturalischer Fehlschluss)'로 파악한다.[33] 노이만에 따르면 생명법익에 대한 침해가 항상 인간존엄침해를 의미하지 않는다. 단순한 존재에서 당위를 도출해낼 수는 없다. 단순한 존재에서 당위를 도출해낸다면 이는 존재-당위-오류(Sein-Sollen-Fehlschluss)에 해당한다. 단순한 생물학적 특성으로는 인간이 절대적인 인간존엄을 지녔다는 점을 근거지을 수 없다.[34]

다른 한편으로 노이만은 '인간상 보호'를 인류(Menschheit)와 연관된 인간존엄을 통해 분석한다. '인간상 보호'는 인간존엄의 주체를 개인으로 볼 때에는 인간존엄원칙의 대상이 아니지만, 인간존엄을 인류(Menschheit)

---

Rechtsvergleich", in: Giovanni Maio/Hanjörg Just(Hrsg.), Die Forschung an embryonalen Stammzellen in ethischer und rechtlicher Perspektive(Nomos, 2003), 95면.

32) Ulfrid Neumann, "Die Tyrannei der Würde", ARSP, 1998, 156면 이하.

33) Ulfrid Neumann, 위의 글(주32), 158면; Ulfrid Neumann, "Strafrechtlicher Schutz der Menschenwürde zu Beginn und am Ende des Lebens", in: Cornelius Prittwitz/Ioannis Manoledakis(Hrsg.), Strafrecht und Menschenwürde(Nomos, 1998), 52면.

34) Ulfrid Neumann, 위의 글(주32), 159면.

와 연관시킬 때에는 인간존엄의 대상이 된다.[35] 인간존엄의 생물화와 인간존엄을 통한 인간상 보호는 인간존엄의 존재화(Ontologisierung der Menschen-würde)와 밀접한 관련이 있다.[36]

## 2. 인간존엄 '개념' 및 '효력' 분류

비른바허(Dieter Birnbacher)는 인간존엄 개념을 3가지로 나눈다: 형량불가능한 도덕적 권리의 집합으로서 인간존엄, 인간(Humanum)에 대한 존경으로서 인간존엄, 인간종존엄(Gattungswürde). 왜냐하면 인간존엄의 3가지 개념은 적용범위가 다를 뿐 아니라, 그에 따른 규범적 힘도 다르기 때문이다.[37]

형량불가능한 도덕적 권리의 집합으로서 인간존엄은 '강한 의미의 인간존엄' 개념이다. 강한 의미의 인간존엄이 가지는 강력한 규범적 힘은 '필요'에 의해 근거지워진다.[38] '강한 의미의 인간존엄'에는 멸시나 천대로 손상되지 않을 권리, 최소한의 행동과 결정의 자유, 책임없이 야기된 위급상황에서 도움을 받을 권리, 고통에서 자유롭다는 의미에서 최소한의 삶의 질에 대한 권리, 동의없이 그리고 심하게 도구화되지 않을 권리가 속한다.[39] 강한 의미의 인간존엄은 태어난 인간과

---

35) Ulfrid Neumann, 위의 글(주33), 55면; Ulfrid Neumann, "Die Würde des Menschen in der Diskussion um Gentechnologie und Befruchtungstechnologien", in: Ulrich Klug/Martin Kriele(Hrsg.), Menschen-und Bürgerrechte, ARSP Beiheft 33, 1988, 145면.

36) Ulfrid Neumann, 위의 글(주32), 162면.

37) Dieter Birnbacher, "Menschenwürde - abwägbar oder unabwägbar?", in: Matthias Kettner(Hrsg.), Biomedizin und Menschenwürde(Suhrkamp, 2004), 253면.

38) Dieter Birnbacher, 위의 글(주37), 267면. 근본이익(근본필요)으로 구성된 인권은 강한 의미의 인간존엄 개념과 거의 일치한다. 근본이익(근본필요)으로 구성된 인권에 대해서는 고봉진, 「근본이익, 정체성과 인권 – 예비적 고찰」, 법철학연구 제10권 제1호, 2007, 259면 이하.

39) Dieter Birnbacher, 위의 글(주37), 254-255면.

관련되는 반면에, 약한 의미의 인간존엄은 인간배아, 태아, 사체와 관련된다. 비른바허의 견해에 따르면, 인간존엄 개념의 혼돈은 강한 의미의 인간존엄과 약한 의미의 인간존엄을 철저하게 구별하지 않음에 있다. 인간배아, 태아, 사체에 강한 의미를 부여하거나, 태어난 살아있는 사람이 가지는 형량불가능한 권리에 상대적 의미를 부여하기 때문이다.[40]

세 번째로 인간종존엄을 인간존엄의 세 번째 개념으로 구성한다. 그는 인간종존엄의 예로 '잡종형성'과 '생식적 복제'를 든다. 여기서는 인간종의 정체성 침해, 일종의 '순수명령(Reinheitsgebot)' 내지 '자연에 반함(Widernatürlichkeit)'이 문제된다.[41] 이러한 인간존엄 개념 사용이 어느 정도까지 규범적인 효력을 가지는지에 대해서는 비른바허도 의문을 제기한다.[42]

## 3. 私見

인간존엄 개념의 범위와 효력에 대해서는 구체적인 합의가 존재하지 않는다. 그럼에도 인간존엄 개념은 바이오규범 근거설정에 있어 가장 큰 힘을 발휘한다. 인간존엄을 이용한 논증은 바이오규범을 근거지우는 논증대화에서 주로 쓰이는 단골메뉴이다. 총체화된 인간존엄 개념과 (절대적 효력을 주장하는) 의무론적 논증으로서 인간존엄논증은 생명윤리에 관련된 여러 문제에 대한 정확한 분석뿐만 아니라, 바이오규범에 대한 분석 또한 어렵게 한다. 생명윤리의 여러 문제들에 대한 정확한 판단은 인간존엄 '개념'의 성급한 도입(확장)과 인간존엄논증에 의해 내

---

40) Dieter Birnbacher, 위의 글(주37), 259면.
41) Dieter Birnbacher, 위의 글(주37), 263-264면.
42) Dieter Birnbacher, 위의 글(주37), 264면.

려지지 않는다. 결국 이는 바이오규범에서 구체적인 규범설정에 필요한 논의를 부족하게 한다. 적절치 않은 곳에 사용되는 인간존엄논증은 구체적인 규범설정에 필요한 논의를 방해한다. 인간존엄논증은 견해 차이를 확인하는 것을 넘어 논증의 장 자체를 막을 수 있다. 많은 경우 승리논증으로 인간존엄논증으로의 도피를 통해 인간존엄침해에 대한 구체적인 논증은 멈추어 버린다.[43] 결국 이는 바이오규범에서 구체적인 규범설정에 필요한 논의를 부족하게 한다.

생명윤리에 나타나는 인간존엄 '개념'은 그 적용범위의 총체성과 그 효력의 절대성을 그 특징으로 한다. 이에 대한 해결책은 양 요소 중 적어도 하나를 양보하는 것이 될 것이다. 즉, 효력의 절대성은 유지하되, 적용범위를 축소시키거나,[44] 아니면 적용범위의 총체성을 유지하되, 그 효력의 절대성을 포기하고 상대성을 인정하는 것이다.[45] 私見은 전자를 따른다. 인간존엄 개념의 효력절대성을 유지하되, 그 적용범위를 대폭 축소하는 방법을 취한다. 위에서 언급한 비른바허의 3가지 인간존엄 개념에서 첫째 개념(강한 의미의 인간존엄 개념)만을 인간존엄 개념으로

---

43) 한 예로 실재존재론적 인간존엄논증(예컨대 객관적·절대적 가치로서 인간존엄을 이용한 논증)을 들 수 있다. 이에 따르면 인간존엄은 이미 존재하며, 인간은 이를 직접적으로 인식할 수 있다. 따라서 인간존엄침해는 이미 존재하는 인간존엄의 인식을 통해 결정된다. 이로써 실재존재론적 인간존엄 개념에 근거하는 논증은 다른 근거설정의 부담에서 면제된다. 옳고 그름에 대한 규범적 판단이 이미 존재한다는 구조문제로 논증문제를 대체함을 통해, 구체적인 논증이 없이도 인간존엄논증은 논증에서 승리한다. 실재존재론적 인간존엄논증에 대해서는 고봉진, 「상호승인의 결과로서 인간존엄」, 법철학연구 제10권 제2호, 2007, 198면 이하.

44) 인간존엄 개념이 가지는 불명확성 문제를 해결하고, 인간존엄논증에서 주장되는 인간존엄의 효력을 유지하기 위해서 '역사와 관련하여 엄격하게 해석하는 방법'과 '관련영역을 핵심영역으로 최소화하는 방법'이 제안된다. 이뿐 아니라 인간존엄 개념을 사람들 사이에 존재하는 관계존재론적 개념으로 해석하는 견해도 인간존엄 개념의 다양한 의미폭을 제한하는 방법에 해당한다. 관계존재론적 개념으로서 인간존엄 개념에 대해서는 고봉진, 위의 글(주43), 202면 이하.

45) 제2차 낙태판결과 관련하여 전자의 길은 드라이어(Horst Dreier)가 취했고, 후자의 길은 마렌홀쯔(Ernst Gottfried Mahrenholz)와 좀머(Bertold Sommer)가 취했다.

보고, 나머지 2개의 개념은 인간존엄 개념으로 포섭하지 않는다.

인간존엄 개념의 총체성에 대한 의문과 인간존엄이 합의를 이끌어낼 수 없다는 인식에서 바이오규범을 어떻게 근거지울 수 있을지에 대한 질문이 제기된다. 금지규범의 타당성 근거에 대한 질문과 이에 대한 대답은 규범창설논의의 중심이 되는 문제이다. 예컨대 배아줄기세포연구가 체외배아의 생명과 인간종의 동일성에 관련되는 한, 깊이있는 윤리적 논의가 필요하다. 규범타당성 근거에 대한 설득력있는 논의가 계속해서 필요한 것도 명백하다. 무엇보다 바이오규범은 바이오규범의 도덕적(윤리적)·법률적·사실적(사회학적, 실효성에 지향된) 효력을 함께 보아야 한다. 바이오규범의 도덕적·법률적·사실적 효력 간의 관계를 어떻게 조화롭게 규율할 것인가는 핵심문제에 해당한다. 특히 생명과 인간종의 동일성과 관련하여 더 심도 깊은 논의가 필요하다. 예컨대 배아줄기세포연구가 체외배아의 생명과 인간종의 동일성에 관련되는 한, 깊이있는 윤리적 논의가 필요하다.

또한 현대사회의 불확실성 아래에서 바이오규범은 인간종사회의 정체성을 보호하는 임무뿐만 아니라, 위험축소와 안전매개를 통해서 인간종사회의 정체성을 형성하는 임무 또한 떠맡는다.[46] 바이오규범을 근거지울 때 특히 유의해야 할 점은, 생명윤리의 제(諸)문제가 인간종의 정체성을 침해하는지 여부이다. 바이오규범은 인간종 정체성의 침해와 직접적으로 연결하지 않고, 인간종 정체성의 침해 '위험'에 간접적으로 연결함을 통해, '인간종의 자기이해로서의 규범'의 관점이 확장된다. 인

---

46) »위험과 규범« 테마는 두 가지 중요한 질문을 제기한다. 위험이 어떻게 규범에 영향을 미치는가이고, 다른 질문은 규범이 어떻게 위험에 영향을 미치는가이다. 여기서 위험은 »현재에 있어서 미래«[Niklas Luhmann, Das Recht der Gesellschaft(Suhrkamp, 1993), 141면 이하, 554면]를 뜻하고, 규범은 »사회동일성의 형성«[Günther Jakobs, Das Strafrecht zwischen Funktionalismus und "alteuropäischem" Prinzipiendenken (ZStW 107, 1995), 844면 이하]을 의미한다. 미래가 불확실하여 정확히 예측할 수 없음에도 불구하고, 규범을 통해서 미래를 계산해야 한다.

간종의 자기이해 규범으로서 바이오규범에 대한 정확한 분석이 필요하며, 이를 인간존엄 개념으로 일괄 처리해서는 안 된다.[47)]

---

47) 바이오규범의 근거설정에 대해서는 고봉진, 「배아줄기세포연구와 관련된 바이오형법의 규범과 의무」, 형사법연구 제19권 제2호, 2007, 29면 이하; 고봉진, 「생명과학기술연구에 대한 법정책의 책무」, 안암법학 제25호, 2007, 463면 이하.

# 제2장
# 생명윤리에서 인간존엄논증

실재존재론적 인간존엄에 따르면 인간존엄이 실체로서 이미 존재하고, 인간은 이를 직접적으로 인식할 수 있으며, 이미 존재하는 인간존엄을 직접 인식함을 통해 인간존엄침해는 결정된다. 하지만 인간존엄침해에 대한 논증대화에서 실재존재론적 인간존엄을 이용한 논증은 논증이 아닌 일방적인 주장이 된다. 인간존엄이 실체로서 이미 존재하고, 인간은 이를 직접적으로 인식할 수 있다는 강한 전제가 인간존엄논증의 논거를 대신할 수 없기 때문이다.

제2장에서는 실재존재론적 인간존엄의 한 예인 '최고가치로서 인간존엄'과 이에 기초한 인간존엄을 우선 다룰 것이다. 최고가치인 인간존엄의 객관성과 절대성에 의문을 제기하고, 합리적 논증에는 적합하지 않음을 보일 것이다. 그리고나서 실재존재론적 인간존엄을 대신해서 상호승인의 결과인 인간존엄 개념을 제시할 것이다. 이에 따르면 인간존엄을 통해서 인간존엄침해를 결정하는 것이 아니라, 인간존엄침해를 통해서 인간존엄을 구체화되고, 이를 통해 사람들 사이에 존재하는 관계존재론적 인간존엄을 인식할 수 있게 된다.


# I. 최고가치로서 인간존엄과 이에 기초한 인간존엄논증


여기서는 실재존재론적 인간존엄의 한 예인 '최고가치로서 인간존엄'과 이에 기초한 인간존엄논증을 다루고자 한다. 최고가치로서 인간존엄을 이용한 논증의 구조를 분석하려면, 최고가치로서 인간존엄 개념과 이를 기초한 논증의 절대적 효력을 살펴보아야 한다. 최고가치로서 존재하는 인간존엄에서 절대적인 의무를 부과하는 당위가 도출된다.[1] '최

---

* 법철학연구 제10권 제2호, 한국법철학회, 2007. 12, 193면 이하.
1) Hans Welzel(박은정 역), 『자연법과 실질적 정의』(삼영사, 2001), 334면.

고가치로서 인간존엄'과 '의무론적 논증으로서 인간존엄논증'을 통해 인간존엄논증의 제1전제는 더 이상 다툴 수 없게 된다.[2] 필자는 인간존엄을 최고가치로 파악하는 논증 또한 결정주의의 성질을 가지며, 이는 비합리적인 논증에 이르게 된다는 점을 보일 것이다. 또한 '최고가치로서 인간존엄'에 기초한 논증이 논증대화를 어떻게 방해하는가를 보일 것이다.[3]

## 1. 객관적·절대적인 최고가치로서 인간존엄

독일 헌법사에서 법질서를 인간존엄의 가치를 통해 재건하려는 시도는 독일 국가사회주의자(나치)의 범죄 이후에 생겨났다. 인간존엄조항이 기본법 제1조에 규정된 후, 독일 연방헌법재판소의 역할은 '최고가치로서 인간존엄'을 통해 기본법질서를 재건하는 데 있었다. 독일 연방헌법재판소는 인간존엄을 '객관적으로 존재하는 처분불가능한 가치'로 보고,[4] 인간존엄을 기초로 한 기본법질서를 '객관적 가치질서(objective Wertordnung)'[5]로 보았다.[6] '최고가치로서 인간존엄'을 독일 법질서의

---

2) Dunja Jaber, Über den mehrfachen Sinn von Menschenwürdegarantien(Ontos, 2003), 7면 이하.

3) 필자의 작업은 이미 여러 학자들이 전개한 것을 실재존재론적 인간존엄 개념과 관련하여 정리하는 차원에서 이루어진다. 특히 Robert Alexy(이준일 역), 『기본권이론』(한길사, 2007), 185면 이하, Jürgen Habermas(한상진·박영도 역), 『사실성과 타당성』(나남출판, 2000), 311면 이하; Ernst Wolfgang Böckenförde, "Zur Kritik der Wertbegründung des Rechts", in: ders., Recht, Freiheit, Staat(Suhrkamp, 1991), 67면 이하를 참고하였다. 인간존엄논증의 구조와 관계존재론적 인간존엄 개념과 관련해서는 Ulfrid Neumann, "Die Tynannei der Würde", ARSP, 1998, 153면 이하를 참조하였다.

4) BVerfG 45, 187(229) (종신자유형에 대한 연방헌법재판소 판결).

5) BVerfG 7, 198(206) (Lüth판결). Lüth판결에서 인간존엄을 정점으로 하는 가치서열 질서를 중심한 가치이론적 입장이 절정을 이룬다. 이에 대해서는 Robert Alexy(이준일 역), 위의 책(주3), 185면 이하.

6) 그 이론적 배경에는 셸러(Max Scheler)와 하르트만(Nicolai Hartmann)의 실질적 가치론이 자리잡고 있다. 셸러(Max Scheler)의 대표적 저술에는 『윤리학에 있어서 형식주

정점에 둠으로써 바이마르 공화국 헌법의 가치상대주의와 국가사회주의의 실증화된 법이해를 극복하려 하였다.[7] 당시의 시대상황 아래서[8] 독일의 헌법학자 뒤리히(Günter Dürig)는 인간존엄을 '가치체계로서의 헌법질서' 내의 '객관적 가치'와 '절대적 가치'로 보았다. 뒤리히에 따르면, 객관적이고 절대적인 인간존엄 가치를 기본법에 수용함을 통해 기본법의 구속력은 근거지워진다.[9] 인식가능하고 합의가능한 객관적 가치인 인간존엄은 객관적 가치질서인 헌법질서의 최상위 가치이고, 이를 토대로 헌법의 규범력은 근거지워진다.[10]

이 장에서 비판의 대상으로 객관적이고 절대적인 최고가치로서 인간존엄 개념을 삼았음에도, 여기서 우선 지적하고 넘어가야 할 부분은 최고가치로서 인간존엄의 진위 여부를 떠나서 그것이 담당했던 역사적인 의미와 기능은 도외시할 수 없다는 점이다. 인간의 존엄이 송두리째 막살된 시대상황에서 '최고가치로서 인간존엄'은 그 자체로 큰 의미를 지녔다. 실재존재론적 가치개념을 이용한 인간존엄논증이 등장하고 효력을 발휘하게 된 시대맥락을 고려하지 않고 이를 일반화시키는 필자의 관점을 우선 밝히고자 한다.

---

의와 실질적 가치윤리학』(Der Formalismus in der Ethik und die materiale Wertethik, 이을상 外 역, 서광사, 1998)이 있다. 실질적 가치론에 대한 비판은 Robert Alexy(이준일 역), 위의 책(주3), 187면 이하; Carl Schmitt, "Die Tyrannei der Würde", in: FS für Ernst Forsthoff(Säkularisation und Utopie, 1967), 44면 이하.

7) 이에 대한 자세한 설명으로 Horst Dreier, Dimensionen der Grundrechte(Hannover, 1993), 10면 이하; Christoph Enders, Die Menschenwürde in der Verfassungsordnung(Mohr Siebeck, 1997), 25면 이하.

8) '자연법 르네상스'였는지 여부에 대한 논의와 이에 대한 강한 부정은 Ulfrid Neumann (윤재왕 역), 「1945년 이후 독일의 법철학」, 한국법철학회 편, 『현대법철학의 흐름』 (법문사, 1996), 445면 이하.

9) Günter Dürig, "Der Grundsatz von der Menschenwürde", AöR 81, 1956, 117면.

10) Wolfgang Graf Vitzthum, "Die Menschenwürde als Verfassungsbegriff", JZ, 1985, 202면.

## 2. 가치개념으로서 인간존엄의 객관성에 대한 의문제기

최고가치로서 인간존엄을 이용한 논증은 실재존재론적 가치개념으로서 '객관성'과 효력주장에 있어서 '절대성'이라는 특징을 가진다. 하지만 가치의 특성을 살펴본다면, 가치는 '객관성'과 '절대성'의 특성이 아니라, '주관성'과 '상대성'의 특성을 띠는 것을 알 수 있다.

인간존엄을 객관적 가치로 보는 견해에 대한 의문제기는 객관적 가치 자체에 대한 의문제기에서 시작된다. 가치는 객관성이 아닌 '주관성' 내지 '상호주관성'의 성질을 가지기 때문이다. 첫째, 가치는 주관성의 성질을 가지는데, 이는 가치가 가치평가에 종속되기 때문이다.[11] '가치'라는 용어는 우선 누구에 대한 중요성을 가리킨다.[12] 객관적 가치사고는 가치의 '인식'에서 출발하지만, 이는 자기 자신의 인식일 뿐 합리적인 인식은 아니다. 주체와 연관된 가치는 때때로 비합리적(irrational)이며, 감정적(emotional)이며, 직관적(intuitive)이다.[13]

둘째, 사람들 사이에 널리 퍼져있는 가치는 상호주관성의 성질을 가진다. 우리는 가치다원주의가 승인된 사회에서 살고 있다. 가치다원주의 사회에는 객관적 가치는 없으며, 상호주관적으로 승인되고 이를 통해 보편적 효력을 획득한 보편적 가치만이 있다. 현대사회의 가치영역에서 상호주관성이 없이는 보편성 또한 없다. 이런 의미에서 보편적 가치는 모든 사람에게 승인된 가치이다. 가치는 실체로 존재하는 객관적인 것은 아니며, 사람들 간의 관계에서 생겨난다. 가치는 실체개념이 아니라, 관계개념인 것이다.

---

11) Ernst-Wolfgang Böckenförde, 위의 글(주3), 78면.
12) Heinrich Henkel, Einführung in die Rechtsphilosophie(C. H. Beck, 1977), 330면.
13) Ernst-Wolfgang Böckenförde, 위의 글(주3), 73면.

## 3. 가치개념으로서 인간존엄의 절대성에 대한 의문제기

알렉시(Robert Alexy)에 따르면, 인간존엄은 (기본권 논증이론의 기초가 되고, 기본권 도그마틱의 중심문제를 해결하는 열쇠가 되는) '규칙과 원칙의 구분'을 통해서 '원칙(Prinzip)으로서 인간존엄'과 '규칙(Regel)으로서 인간존엄'으로 나뉜다.[14] '원칙으로서 인간존엄'은 '규칙으로서 인간존엄'을 확정하기 위하여 다른 원칙과 비교형량된다. 알렉시에 따르면, '원칙으로서 인간존엄'은 비교형량이 가능한 상대적인 것이다. '원칙으로서 인간존엄'이 다른 원칙과 비교형량을 통해 우위를 들어낼 때에야 비로소 '규칙으로서 인간존엄'의 내용이 결정된다. 인간존엄은 구체적인 선호관계에 대한 판단 없이는 인간존엄 개념이 가지는 의미론적 개방성 때문에 절대적인 규칙으로서 인간존엄의 내용을 확인할 수 없다. 따라서 알렉시는 비교형량 판단 이전의 인간존엄 '원칙'과 비교형량 후의 인간존엄 '규칙'을 나누어, '규칙으로서 인간존엄'에 제한하여 절대성을 부여한다['최적화 명령(Optimierungsgebot)'으로서 원칙과 '최종명령(definitives Gebot)'으로서 규칙].[15]

원칙과 규칙 개념을 통해 인간존엄의 범주를 나누는 알렉시의 시도와는 달리 '최고가치로서 인간존엄'은 비교형량의 대상이 되지 않는다. 최고가치로서 이미 존재하는 인간존엄은 구체적 상황에 종속되지 않으며, 비교형량의 고려 없이 적용된다. 인간존엄논증은 결과를 고려하지

---

14) Robert Alexy(이준일 역), 위의 책(주3), 111면 이하.

15) Robert Alexy(이준일 역), 위의 책(주3), 140면 이하. "두 개의 인간존엄 규범에서 출발해야 한다. 즉, 인간존엄의 규칙과 인간존엄의 원칙이 그것이다. 인간존엄의 원칙과 서로 충돌하는 원칙과의 우월관계는 인간존엄의 규칙에 관한 내용을 결정한다. 절대적인 것은 원칙이 아니라 의미론적 개방성의 측면에서 고려되는 어떠한 우월관계에서도 제한이 필요 없는 규칙인 것이다." Robert Alexy(이준일 역), 위의 책(주3), 142면 이하; 알렉시가 정의하는 원칙과 규칙의 구별에 대해서는 Robert Alexy(이준일 역), 위의 책(주3), 117면 이하.

않으며, 처음부터 절대적인 의무를 부과하는 논증의 성격을 지닌다.[16)] 최고가치로서 보호되는 영역을 건드렸다는 이유만으로 인간존엄침해는 이미 증명된다.[17)]

(앞에서 언급한) 객관적 가치로서 인간존엄에 대한 의문제기는 객관적 가치로서 인간존엄의 절대성에 의해 더 강해진다. 절대적 가치로서 인간존엄에 대한 비판은 절대적 가치의 존재 여부에 대한 의문에서 시작되는데, 가치는 절대성이 아닌 상대성을 띠기 때문이다. 가치는 상황에 종속되며, 선호관계에 종속된다. 가치질서는 또한 시대와 상황에 따라 변한다. 따라서 최고가치로서 인간존엄의 절대성과 가치의 상대성은 서로 맞지 않는다. 절대적 가치로서 인간존엄을 주장하는 것은 그 자체가 인간존엄침해에 대한 논증을 어렵게 하는 공격성을 간직하고 있다.

## 4. 합리적 논증 방해

최고가치로서 인간존엄을 이용한 논증은 논증이론 차원에서 몇 가지 문제점을 지적할 수 있다. Allsatz $\wedge$ x(Mx→Fx)의 구조를 취하는 인간존엄논증은 개별문장인 Ma→Fa를 근거지우지 않고 단지 주장하기 때문에 논증에는 적합하지 않다.[18)] Allsatz $\wedge$ x(Mx→Fx)에 근거한 논증은 근거를 제시하지 못하며, 근거제시가 필요한 주장일 뿐이다. 인간존엄침해를 주장하기 위해서는 든든한 받침대가 필요하다. 든든한 받침대를 지니지 못한 인간존엄논증은 논증으로 부적합하며, 잘못된 결론을 이끌어낸다.

---

16) Ulfrid Neumann, 위의 글(주3), 154면 이하. 노이만은 인간존엄논증을 '의무론적 논증'이라고 지칭한다.

17) Dunja Jaber, 위의 책(주2), 309면.

18) Ulfrid Neumann, Juristische Argumentationslehre(Wissenschaftliche Buchgesellschaft, 1986), 19면.

첫째, 인간존엄을 '객관적 가치'로 파악함을 통해 인간존엄침해에 대한 합리적인 논증이 차단된다. '최고가치로서 인간존엄' 개념에 근거하는 자는 합리적이고 이성적인 근거를 제시해야 하는 부담에서 벗어난다. 그뿐 아니라 객관적 가치를 증명하기 위해 거짓 논증이 펼쳐지기도 한다. 이에 따라 안개를 피워 명확한 논증을 방해한다.[19] 알렉시는 가치논증이 합리적인 논증을 방해하는 것을 다음과 같이 정리한다. "좀 더 진지하게 다루어야 할 것은 방법론적 반론이다. 연방헌법재판소에 대해서는 이 재판소가 가치·가치질서와 관련됨으로써 합리적 논증의 준칙을 약화시켰다는 비판이 가해진다. 가치질서의 개념에 소급함으로써 모든 결과가 정당화될 수 있고, 가치에 대해 말하는 것은 법관의 판결의 투명성을 파괴하며, '헌법해석이라는 불가사의'로 귀결될 것이라고 한다. 다른 측면에서 내려진 충돌해결결정과 형량결정이 은폐되고, '합리적인 겉모습'을 부여하며, '현실적인 논증에서 벗어나게 될 것'이라고 한다. '실제로 보면' 가치질서와 가치형량에 근거하는 것은 '법관적 결단주의 또는 해석주의적 결단주의를 위한 위장형태'가 된다고 한다."[20]

둘째, 인간존엄을 '절대적 가치'로 파악함을 통해 인간존엄침해에 대한 합리적인 논증이 막히게 된다. 절대적 가치로서 절대적 효력을 지니는 인간존엄논증은 '승리논증(Gewinnargument)'으로 특징지어진다. 인간존엄논증은 논의파트너가 더 이상 방어할 수 없는 '살인논증(Totschlagargument)'으로서 상당한 파괴력을 가지고 있다.[21] 승리논증·살인논증으로서 인간존엄논증은 예외없이 다른 논증을 능가한다. 그뿐 아니라 인간존엄논증이 가지는 강력한 효과 때문에 논증대화에서 더 구체적인 논증을 포기하고

---

19) Cornelius Prittwitz, "Schutz der Menschenwürde durch das Strafrecht oder vor dem Strafrecht?", in: Cornelius Prittwitz/Ioannis Manoledakis(Hrsg.), Strafrecht und Menschenwürde(Nomos, 1998), 25면.

20) Robert Alexy(이준일 역), 위의 책(주3), 190면.

21) Cornelius Prittwitz, 위의 글(주19), 25면.

인간존엄논증으로 도피할 가능성이 높아진다. 논증은 근거를 제시하는 주장임에도 인간존엄논증은 근거를 제시하지 않는다. 인간존엄논증으로의 도피를 통해 인간존엄침해에 대한 근거제시는 중단된다. 구체적인 논증 없이도 논증대화에서 이길 수 있는 인간존엄논증에 의해 인간존엄논증의 인플레이션은 생기며, 이는 논증대화 자체의 중단을 야기하며, 인간존엄침해에 대한 구체적인 논증은 결여된다.

## Ⅱ. 상호승인의 결과로서 인간존엄

### 1. 실재존재론적 인간존엄에 기초한 논증이 현대사회에서 여전히 타당한가?

어떤 실재존재론적 인간존엄 개념을 공유하는 집단 내에서는 구체적인 논증을 거치지 않더라도 합의점을 찾기가 어렵지 않다. 하지만 이는 동일한 인간존엄 개념을 공유하지 않는 집단에 대해서는 논증이 아닌 일방적인 주장이 되기가 쉽다. 실재존재론적 인간존엄 개념에 기초한 논증은 인간존엄을 '이미 존재하는 것(das Vorhandene)', '이미 주어진 것(das Vorgegebene)'으로 본다. 인간존엄이 이미 존재하고, 이를 직접적으로 인식할 수 있다는 전제 하에서, 인간존엄침해는 이미 존재하는 인간존엄에 대한 인식을 통해 결정된다.[22] 결론은 이미 전제로부터 결

---

22) 실재존재론적 인간존엄 개념은 진리의 상응이론과도 맥을 같이한다. "우리는 여기서 진리의 상응이론이 근대인식론의 두 가지 특징인 '정초(기초·토대)주의(foundationalism)'와 '본질주의(essentialism)'에 기초하고 있다는 사실을 쉽게 발견할 수 있다. '정초주의'란 모든 진리의 기초가 되는 지식이 있다는 것이며, 그것은 주체와 독립적으로 존재하는 객체(실재)가 된다고 한다. 그리고 '본질주의'에 따르면 객관적으로 존재하는 현상의 배후에는 그것을 움직이는 본질이나 법칙이 있다는 것이며, 인간의 투명

정되어(결정주의), 구체적인 논증이 필요하지 않게 된다.[23] '존재론적 근거설정'은 구체적인 논증 대신에 이미 존재하는 구조를 통해 의무론적 논증(deontologisches Argument)에 가해지는 정당성 입증부담을 완화시킨다.[24] "도덕적인 옳음에 대한 물음이 이미 존재하는 구조에 대한 물음으로 대체된다."[25] 이 경우 인간존엄침해를 근거지우기가 어렵지 않는데, 이는 존재론의 전제를 주장하면 되기 때문이다. 예컨대 동성애 문제에서 신의 질서에 근거한 논증이 주장되며, 낙태문제에서 신의 형상(Imago Dei)에 근거한 논증이 제기된다. '존재론적 논증'으로 '의무론적 논증'의 입증부담을 덜어버리는 논증방식을 가지는 인간존엄논증은 엄밀하게 볼 때 근거제시를 통한 논증이라고 보기 어렵다. 그뿐만 아니라 '존재론적 논증'으로서 인간존엄논증은 절대적 효력을 주장함을 통해, 논증 시작부터 이익형량의 가능성을 배제하며, 공격적인 감정을 수반함을 통해 올바른 논증을 어렵게 한다.[26] 즉, "모든 사람은 모든 주장을 논증대화에 도입할 수 있다"는 논증의 이성규칙에 따라 존재론적 논증을 펼친다 하더라도, "모든 사람은 모든 주장을 문제삼을 수 있다"는 다른 규칙이 지켜지지 않을 수 있다. 또한 "언어능력이 있는 모든 사람은 논증대화에 참여할 수 있다"는 규칙이 깨질 가능성 또한 배제할 수 없다.[27] 이는 실재존재론적 인간존엄에 기초한 논증이 현대사

---

한 이성으로 그러한 본질이나 법칙을 인식할 수 있다고 한다. 문제는 정초주의의 전제가 되고 있는 '주체와 객체의 엄격한 이분법'이 가능한 것인지 하는 것과 본질주의의 전제가 되고 있는 '본질에 대한 인식의 필연성'이 가능한 것인지 하는 것이다." 이준일, 『법학입문』(박영사, 2004), 14면.

23) Ulfrid Neumann, 위의 책(주18), 2면 이하.

24) Ulfrid Neumann, 위의 글(주3), 154면.

25) Ulfrid Neumann, 위의 글(주3), 154면.

26) Dunja Jaber, 위의 책(주2), 5면.

27) 논증의 이성규칙에 대해서는 Robert Alexy(변종필, 최희수, 박달현 역), 『법적 논증 이론』(고려대학교 출판부, 2007), 273면 이하; 이준일, 위의 책(주22), 75면 이하.

회에서 여전히 타당한가에 대한 의문을 제기하게 한다. 현대사회에서 효력을 상실한 것으로 보이는 실재존재론적 사고가 오늘날 특히 생명윤리의 여러 문제(예컨대 배아줄기세포연구, PID, 낙태, 안락사 등)에 등장하는 논증에 다시 등장한다.[28]

## 2. 상호승인의 결과로서 인간존엄

### (1) 인간존엄침해에 대한 상호승인

실재존재론적 인간존엄을 주장하는 논증은 실재존재론적 인간존엄이라는 강한 전제를 토대로 논증을 전개한다. 전제를 공유하는 사람·집단·문화는 그 주장이 바로 이해되지만, 전제를 공유하지 않는 사람·집단·문화에는 납득이 되지 않는 일방적인 주장으로 들리게 된다. 따라서 인간존엄논증을 전개하는 방식의 변화가 필요하다고 생각된다. 즉, "인간존엄은 무엇인가"라는 직접적인 물음에 인간존엄논증의 전제를 통해 답하는 것이 아니라, 논증의 당사자 모두가 상호승인해야 답이 얻어진다는 (새로운) 전제 하에서 "이 경우가 인간존엄침해에 해당하는가"를 납득가능한 논거를 통한 근거지움으로써 상호 간의 합의를 도출해낸다. 인간존엄논증은 강한 제1명제가 필요한 것이 아니라, 강력한 받침대가 필요하다. 논증의 구조를 밝힌 툴민(Stephen Toulmin)에 따르면, 추론규칙(SR)은 지원규칙(S)에 의해 뒷받침되어야만 데이터(D)에서 결론(K)으로의 이행이 가능하다.[29]

---

28) 생명과학기술의 허용 가능성 문제와 관련한 생명윤리학의 방법에 대하여 카우프만(Arthur Kaufmann)은 독일에서 여전히 애용되고 있는 미리 주어진 질서, 인간의 본성, 사물의 본성, 인간존엄을 원용하는 방법을 배제하고, 어떠한 방법이 제외되어야 하는가 하는 부정적인 측면에서 대답되어야 한다고 말한다. Arthur Kaufmann(김영환 역), 『법철학』(나남, 2007), 649면 이하.

이때 상호승인의 대상이 되는 것은 인간존엄 자체가 아니라 '인간존엄침해'임에 유의해야 한다. 이는 인간존엄침해를 통해 인간존엄의 구체적인 금지와 명령을 도출하는 것이 인간존엄에 대한 일반적인 정의보다도 합의가능성이 훨씬 높은 점에 기인한다.[30] 인간존엄이 무엇인가에 대해 합의가 어려운 것처럼, 논증대화에서 논의되는 문제가 인간존엄침해에 해당하는가에 대해서도 합의가 어렵지만, 합의가 된 것에 한해 제한적으로 절대적인 효력을 지닌 인간존엄을 인정함을 통해 인간존엄논증의 남용을 비판할 수 있게 된다.

## (2) 관계존재론적 인간존엄

인간존엄 개념이 가지는 불명확성 문제를 해결하고, 인간존엄논증에서 주장되는 인간존엄의 효력을 유지하기 위해서 '역사와 관련하여 엄격하게 해석하는 방법'과 '관련영역을 핵심영역으로 최소화하는 방법'이 제안된다.[31] '인간존엄 개념'을 사람들 사이에 존재하는 관계존재론적 개념으로 해석하는 견해도 '다양한 의미폭을 제한하는 방법'에 해당한다. 관계존재론적 개념으로서 인간존엄에 따르면, 인간존엄은 사람들 사이의 관계에 존재하며,[32] 멸시와 사회적 무시의 차원을 통해 인간존

---

29) 자세히는 Stephen Toulmin, Gebrauch von Argumenten(Beltz Athenäum, 1996), 88면 이하; 김영환, 「법적 논증이론의 전개과정과 그 실천적 의의」, 한국법철학회 편, 『현대법철학의 흐름』(법문사, 1996), 137면 이하; Ulfrid Neumann, 위의 책(주18), 21면 이하.

30) Ulfrid Neumann, 위의 글(주3), 165면.

31) Hasso Hofmann, "Die versprochene Menschenwürde", AöR 118, 1993, 356면.

32) 하버마스(Jürgen Habermas) 또한 인간존엄을 관계적 개념으로 설명한다. "나는 우리가 '인간의 존엄성'을 엄격하게 도덕적이고 법적인 의미에서 이해하게 되면 이와 같은 관계의 대칭성과 연결되어 있음을 보여 주고자 한다. 그것은 지성이나 푸른 눈처럼 인간이 태어나면서부터 '소유'할 수 있는 그런 특성이 아니다; 그것은 오히려 단지 상호 인정이라는 상호인격적 관계에서만, 그러니까 인격 상호 간의 평등한

엄의 보호영역은 결정된다.[33] 이에 따르면 배아(Embryo)의 경우 아직 승인공동체에 속하지 않은 존재이므로 사회적 존중요구의 주체가 될 수 없다.[34] 관계존재론적 인간존엄은 존재하는 당위(seinendes Sollen)로서 존재하나, 인간존엄침해에 대한 상호승인을 통해 비로소 구성된다. 상호간의 합의에 의해 인간존엄침해가 승인되며, 이를 통해 인간존엄의 내용이 구성된다는 견해는 인간존엄이 사람들 간의 관계에 존재한다는 관계존재론적 개념과 어떻게 조화될 수 있을까? 관계 속에 존재하는 인간존엄은 처음부터 확실하게 인식할 수 있는 실체로서 존재하는 것은 아니다. 그렇다고 아무런 실체가 없이 무에서 유가 창조되는 것과 같은 것은 더더욱 아니다. 상호승인을 통해 구성되는 인간존엄은 확실한 인식이 가능한 이미 존재하는 인간존엄은 아니지만, 상호승인을 통해 그 존재가 구체화되는 인간존엄이다. 이는 사람들 간의 상호승인과정을 통해, 그것도 '인간존엄침해가 무엇인가'라는 간접적인 방법을 통해서야 비로소 구체적으로 밝혀진다.

## (3) 도구화 금지에 대한 재해석

칸트의 '도구화 금지'를 나타내는 뒤리히(Günter Dürig)의 '객체공식'(인간이 목적으로, 단순한 수단으로 취급하고 경멸당할 때 인간존엄

---

관계에서만 의미를 지닐 수 있는 그러한 '불가침성'을 나타낸다." Jürgen Habermas (장은주 역), 『인간이라는 자연의 미래』(나남출판, 2002), 71면.

33) Ulfrid Neumann, 위의 글(주3), 165면.

34) Hasso Hofmann, 위의 글(주31), 375면 이하; Matthias Herdegen, "Die Menschenwürde im Fluß des bioethischen Diskurses", JZ, 2001, 774면. Maunz/Dürig의 『기본법주석서 (Kommentar zum Grundgesetz)』에서 실재존재론적 인간존엄에 기초해 제1조를 쓴 뒤리히(Günter Dürig)를 대신해, 헤르데겐(Matthias Herdegen)이 관계존재론적 인간존엄을 기초하여 제1조를 다시 썼다는 점은 인간존엄에 대한 독일이론과 해석에서 중요한 상징적인 의미를 지닌다.

은 침해된다는 공식35))은 인간존엄침해를 통해서 인간존엄을 확인하는 장점이 있다. 하지만 실재존재론적 인간존엄 개념에 의해 객체공식의 장점은 사라지는데, 이는 객체공식이 기본법의 가치질서와 최고가치로서 인간존엄의 영향 하에서 해석되기 때문이다.36) 객관적·절대적 가치로서 인간존엄이 객체공식의 해석에 절대적인 영향을 미쳐서, 객체공식은 인간존엄의 객관적·절대적 가치로서 인간존엄이 침해되었다는 것을 확인하는 기능을 수행한다. 하지만 관계존재론적 인간존엄 개념에 따를 때 객체공식의 해석에서 가치의 측면보다는 행동의 사회적 의미가 결정적인 기준이 되며, 이를 통해 인간존엄의 차원은 제한된다. 인간존엄 개념은 사회적 의미를 지니는 개념이다. 인간존엄을 '홀로주체성'이 아닌 '서로주체성'에서 찾으려고 한다면, 행동의 사회적 의미는 더 중요한 지표가 된다. 인간존엄은 더 이상 독백을 통해서가 아니라 협동을 통해서 함께 찾게 된다.

## (4) 생명윤리의 여러 문제에 대한 인간존엄의 원용 제한

인간존엄 개념을 사용하는 논증의 문제점은 인간존엄 개념이 추상적이며 포괄적인 개념임에도 불구하고, 구체적이며 특정한 개념인 것처럼 사용된다는 점에 있다. 논증에 사용되는 용어는 구체적일 필요가 있는데, 인간존엄 개념과 같이 다양한 의미폭을 지니는 개념은 내용상의 정확성을 떨어뜨린다.37) 더 구체화할 수 있는 용어와 논거로 논증할 수

---

35) Günter Dürig, 위의 글(주9), 127면 이하.

36) 독일 연방행정재판소의 Peepshow 판결(BVerwG, Urt. V. 15. 12. 1981 - NJW 1982, 664면 이하)에서 확인할 수 있다.

37) 카우프만은 인간존엄은 너무 추상적이고 일반적이며, 게다가 내용적으로 불명확해서 논증의 으뜸패가 아니라고 지적한다. 이미 존재하는 합의에 이름을 부여하는 공식으로서는 국제적 담론에서 유용하지만, 아직 존재하지 않는 합의를 설립하는 데 유용한 논거가 아니라고 말한다. Arthur Kaufmann(김영환 역), 위의 책(주28), 650면.

있음에도 막연하고 모호한 인간존엄 개념에 의존해 정작 필요한 논증은 진행되지 않는다. 그뿐 아니라 논증대화에서 논증당사자 모두가 인간존엄을 원용하는 경우에 논증은 한치의 양보도 없는 대결이 되고 만다. 예컨대 낙태에 대한 논증대화에서 낙태를 반대하는 쪽과 찬성하는 쪽 모두 인간존엄논증을 사용한다. 인간생명의 존엄성을 기초로 태아의 생명은 인간존엄의 보호를 받는다고 주장되며, 또한 임산부의 자기결정권 또한 임산부의 인간존엄의 일부라고 주장된다. 안락사에 대한 논증대화에서도 마찬가지이다. 생명은 절대적인 보호대상으로 인간존엄에 의해 안락사를 허용되어서는 안 된다고 주장되는 반면에, 안락사를 허용해야 한다고 주장하는 측에서는 최후의 순간에 자기의 생명을 포기하는 것은 자기결정권의 행사로 인간존엄에 의해 보호되어야 한다고 주장한다.

관계존재론적 인간존엄 개념에 기초하여 사람들 간의 상호승인을 통한 인간존엄으로 제한하려는 견해에 따르면, 생명윤리의 여러 문제에 인간존엄을 직접적으로 원용하는 것은 허용되지 않는다. 구체화할 수 있는 다른 논거들이 있다면 이를 충분히 활용하여야 하며, 인간존엄논거는 제한된 범위에서 관계존재론적 인간존엄과 관련하여 전개되어야 할 것이다.

## 3. 호프만(Hasso Hoffmann)의 '약속된 인간존엄(Die versprochene Menschenwürde)'

호프만에 따르면 지참금이론(Mitgifttheorie)과 루만(Niklas Luhmann)의 능력이론(Leistungstheorie)[38]은 각각 장단점을 지니고 있다. 지참금이론은 인간존엄을 신으로부터 부여받은 가치 또는 자연으로부터 도출되는

---

38) 루만의 능력이론에 대해서는 Niklas Luhmann, Grundrechte als Institution(Duncker & Humblot, 1965), 68면 이하.

탁월한 가치로 파악한다. 지참금이론의 장점은 생명과 존엄 사이에 비논리적인 추론에 의한 동일화가 문제되기는 하지만, '아직' 의식이 없거나 '더 이상' 의식이 없는 생명의 인간존엄을 근거지울 수 있다는 점이다. 단점은 세속화된 현대사회에서 더 이상 자명하지 않은 종교적 전제를 취하고 있다는 점이다. 인간의 이성능력에 기대어 지참금이론을 설명하는 견해는 인간존엄을 근거짓는 토대인 이성능력을 이상적으로 지나치게 높게 평가했다는 점과 잠재적 이성능력이 구체적인 인간의 존엄과 관련되어야 함에도, 추상적인 인류(Menscheit)를 통해 인간종의 능력을 논증한다는 점에 문제점이 있다.

루만의 능력이론은 성공한 정체성 형성을 통해 인간존엄이 성립된다고 주장한다. 하지만 비정상인의 정체성을 통해서는 인간존엄을 근거지울 수 없다는 크나큰 단점이 있다. 다만 유럽의 형이상학 전통에서 벗어나서 인간존엄을 근거지우려고 시도했다는 점과 다원화된 사회에서 인간상과 존엄 개념이 강요되는 것에서 개인을 보호할 수 있다는 점은 장점이다.[39]

생각건대 인간존엄이론은 인간존엄침해에 대한 상호승인을 통해서 얻은 결과와 관련하여 인간존엄의 내용을 다루어야 한다. 이런 의미에서 호프만은 인간존엄의 내용에 대한 다양한 견해 가운데 일치를 보이는 세 가지 근본원칙을 제시한다.

(1) 인간존엄원칙은 모든 인간의 법적 평등을 보장한다. 따라서 인간존엄 조항은 모든 종류의 체계화된 차별이나 멸시를 금지한다.
(2) 인간존엄원칙은 인간 주체성(신체적·정신적 정체성)을 보호한다. 따라서 고문·학대·굴욕과 신체형이 금지되며, 개인정체성 침해

---

39) Hasso Hofmann, 위의 글(주31), 361면 이하; Horst Dreier, "Menschenwürdegarantie und Schwangerschaftsabbruch", DÖV, 1995, 1036면 이하.

는 금지되며, 개인의 사생활은 보호된다.

(3) 인간존엄원칙은 구속 중인 수감자를 포함하여 모든 사람에게 인간다운 생존을 제공한다. 어떠한 경우에도 인간존엄원칙은 최소한의 생존조건을 보장한다.[40]

호프만은 모두가 동의하는 세 가지 원칙에는 이의를 달지 않으나, 모두가 동의한다고 하여 세 가지 원칙에 대한 근거짓는 것이 충분한 것은 아니라고 본다. 이러한 의문제기의 배경에는 인간존엄의 내용으로 일치된 점 외에 어떤 내용적인 측면이 근거지움에 필요하다는 생각이 자리하고 있다. 이로부터 그는 사회적 승인을 통해, 즉 사회적 존중요구에 대한 긍정적인 평가를 통해 존엄은 구성된다는 이론을 전개한다. 그에 따르면 인간존엄은 실체나 성질이나 능력 개념이 아니라, 관계개념 내지 의사소통개념이다. 호프만은 푸펜도르프(Samuel Pufendorf)의 견해를 언급하면서 인간존엄의 보호대상은 인간 개인의 특정한 특징이 아니라, 인간 간의 연대성(mitmenschliche Solidarität)임을 언급한다. 따라서 인간존엄은 구체적인 승인공동체를 떠나서는 생각할 수가 없다.[41]

한 국가의 헌법원칙은 승인공동체의 자유롭고 평등한 구성원으로서 '상호 약속된' 인간존엄에 기초하며, 이는 입법자와 권력자를 구속하는 기준이 된다.[42] 존엄은 상호 간에 간섭하지 않는다는 부정적인 의미에서의 자유나 불침해, 생명의 상호존중만을 뜻하는 것은 아니다. 존엄은

---

40) Hasso Hofmann, 위의 글(주31), 363면.

41) Hasso Hofmann, 위의 글(주31), 364면. 호프만은 국가 연대공동체의 기초로서 약속된 인간존엄을 보편적인 인간존엄이념과 구별한다. 이를 통해 인간존엄의 최고성과 인간존엄에 대한 어느 정도의 제한이 어떻게 조화될 수 있는가를 보인다. 이를 통해 인간존엄은 법공동체에 사는 모든 사람에게 미치나, 망명권의 경우에서 모든 사람이 즉시 그리고 아무런 전제조건 없이 연대공동체에 속하게 될 것을 요구할 수 없다는 점 또한 설명할 수 있다. Hasso Hofmann, 위의 글(주31), 374면 이하.

42) Hasso Hofmann, 위의 글(주31), 369면 이하.

더 나아가 다른 사람의 고유성, 개인의 특수성을 상호승인함을 뜻한다. 왜냐하면 개인은 인간이라는 공통성뿐만 아니라, 개인의 특수성을 통해 형성되기 때문이다.[43]

## 4. 인간존엄실현에서 상호승인의 의미

이제껏 제2장에서 주로 제기되었던 질문 세 가지는 다음과 같다.

- 인간존엄은 어떻게 존재하는가?
- 인간존엄을 어떻게 인식할 수 있는가?
- 인간존엄침해를 어떻게 근거짓고 주장할 수 있는가?

실재존재론적 인간존엄 개념에 따르면, 인간존엄은 이미 존재하며, 인간은 이를 직접적으로 인식할 수 있고, 인식된 인간존엄을 통해 인간존엄침해는 근거지워진다. 하지만 인간존엄은 사람들의 관계를 떠나 실

---

43) Hasso Hofmann, 위의 글(주31), 370면. 377면; (私見에 따르면) 여기서 호프만의 견해는 마이호퍼(Werner Maihofer)의 견해와 비슷해진다. 마이호퍼는 인간존엄을 '인간존재', '로서의 존재', '자기 자신의 존재'의 보존조건과 발전조건(Erhaltungs- und Entfaltungsbedingungen des Menschenseins, des Selbstseins und des Allseins)으로 파악한다. 그는 해석할 수 없는 테제(Theodor Heuss)를 해석하려는 시도의 출발점으로 가치를 관계개념으로 본다. 그는 아퀴나스의 하나님의 형상이론과 칸트의 자율성이론을 비판하는데, 이는 이 이론들이 인간존재와 이에 대응하는 인간존엄을 모든 사람에게 해당하는 같은 것으로 보기 때문이다. 그는 인간존재를 사람들 간의 관계에서 볼 것을 제안하는데, 이는 인간존재를 다양한 관점과 차원에서 바라볼 수 있게 한다. 그에 따르면 인간존엄의 해석은 '인간존재로서 존재', '로서의 존재', '자기 자신으로서의 존재'의 보존조건과 발전조건을 동시에 고려할 때 도출된다. 이런 시간에서 인간존재(Menschsein)의 보존조건과 발전조건이 문제되는 곳에는 인간존엄의 보장이 원칙적으로 똑같이 다루어져야 하며, 자기존재(Selbstsein)의 보존조건과 발전조건이 문제되는 곳에는 원칙적으로 다르게 다루어져야 하며, 로서의 존재(Allsein)의 보존조건과 발전조건이 문제되는 곳에는 원칙적으로 부분적으로 같게, 부분적으로 다르게 다루어져야 한다. Werner Maihofer(심재우 역), 『법치국가와 인간의 존엄』(삼영사, 1996), 55면 이하.

체로 존재하는 것이 아니라, 사람들 간의 관계에 존재한다. 하지만 관계존재론적 인간존엄은 인간존엄침해에 대한 상호승인이 있기 이전에 객관적으로 인식가능한 형태로 존재하는 것은 아니다. 인간존엄침해에 대한 상호승인을 통해 구체적인 존재가 확인된다. 이는 하나의 주체가 인식할 수 있는 것이 아니고, 다수의 주체가 함께 인식하는 특징을 지닌다. 앞에서 언급한 호프만의 '약속된 인간존엄'을 통해 우리는 하나의 질문을 더 제기할 수 있다.

인간존엄 '실현'을 어떻게 근거짓고 주장할 수 있는가?

인간존엄에서 상호승인은 인간존엄 '침해'와 관련해서만 아니라, 인간존엄 '실현'과 관련해서도 의미를 가진다. 인간존엄침해의 차원과 인간존엄실현의 차원은 구별되는데, 이는 인간존엄침해는 '이것 아니면 저것(entweder oder)'의 성격을 가지지만, 인간존엄실현은 '더 많이 또는 더 적게(mehr oder weniger)'의 성격을 가진다. 인간존엄실현은 다양한 단계를 가지는 반면에, 인간존엄침해는 오직 하나의 단계, 즉 인간존엄침해이든지 아니든지 둘 중의 하나이다. 인간존엄실현의 차원에서는 인간존엄의 절대성이 문제되지 않고, 인간존엄의 상대적 효력이 문제된다. 이는 정의의 실현이 '이것 아니면 저것'의 성격이 아닌 '더 많이 또는 더 적게'의 성격을 가지는 것과 유사하다.

인간존엄실현의 차원에서는 '개인이 자기발전을 할 수 있는 조건'을 보장해 주는 것이 중요하다. 이를 위해 사회의 주어진 가치 대신에 개인의 자기실현(Selbstverwirklichung)을 필수불가결한 전제조건으로 삼는 가치를 함께 만들어 가야 한다. 이와 관련하여 호네트(Axel Honneth)는 형식적 인륜성(formale Sittlichkeit)을 주장한다. 호네트는 규범적 개념으로 발전시킨 승인이론의 단초는 칸트적 도덕이론과 공동체주의적 윤리론의 중간에 자리하며, 전자와 승인이론이 공유하는 것은 가능한 보편적인 규범들에 대한 관심이며, 후자와 공유하는 것은 인간의 자기실현이라는 목표임을 말한다. 호네트가 말하는 형식적 인륜성(formale Sittlichkeit)은 구체적 전통 공동체의 윤리적 관습을 형성하는 실체적인 가치관의 표현이 아니며, 개인의 자기실현에 필연적인 전제조건으로 작용하는 상호주관적 조건 전체를 말한다.[44)]

44) Axel Honneth(문성훈, 이현재 역), 『인정투쟁 - 사회적 갈등의 도덕적 형식론』(동녘, 1996), 280면 이하; 형식적 인륜성 개념이 의무론적 자유주의의 단점과 공동체주의의 단점을 극복할 수 있다는 점에서 의무론적 자유주의와 공동체주의의 접점이 될 수 있다는 견해로는 고봉진, 『법철학강의』(제주대학교출판부, 2012), 111면 이하.

# 제3 장

# 체외배아의 '헌법적 지위'

현재 활발하게 진행 중인 논쟁에 대한 의견 개진**

Der "verfassungsrechtliche Status" des Embryos in vitro

Anmerkungen zu einer aktuellen Debatte***

제3장에서는 독자적인 기본권주체라는 의미로의 배아의 '헌법적 지위'는 맞지 않다는 증명이 시도된다. 독일 연방헌법재판소의 판결에서는 오히려 배아를 위한 입법자의 보호의무 만이 도출되는데, 이러한 보호의무가 실행될 경우에는 연구의 자유라는 기본권(독일 기본법 제5조 제3항) 역시 적절하게 고려되어야 한다.

막스 플랑크 연구소 소장인 후버트 마클(Hubert Markl)은 매우 주목받는 연설에서 장차 생물학자는 헌법을 다루는 법률가와 동행해야만 실험실에 갈 용기를 낼 것이며, "실험실은 아니더라도 적어도 일반인들과 접하는 것은 그러할 것이다"라고 언급했다.[1] 헌법학자에게 "생명과학"을 논평하면서 동행하는 것과 그 연구활동에 헌법상 한계를 지우는 것은 매력적으로 보일지 모른다. 저명한 생물학자이자 중요 연구기관의 대표자가 한 말이 매우 흡족하다 할지라도, 법학은 이러한 과제에 대해 현재 시점에서 더 한층 과도한 요구를 받게 될 것이다. 최근의[2] 많은

---

\* 법과정책 제16집 제1호, 제주대 법과정책연구소, 2010. 2, 305면 이하.

\*\* 독일 오스나브뤽 대학교 법과대학 교수

\*\*\* 2001년 10월 19일자 Juristische Zeitung(989면~1040면)에 실린 독일 오스나브뤽 (Osnabrück) 대학교 법과대학 Jörn Ipsen 교수의 "Der 'verfassungsrechtliche Status' des Embryos in vitro" 번역본이다. 강조 표시와 각주 내용은 논문의 것을 그대로 실었다. 같은 입장에서 필자가 쓴 '배아의 헌법적 지위'에 대한 논문으로는 고봉진, 「초기배아의 헌법상 지위」, 헌법학연구 제17권 제2호, 2011, 325면 이하.

1) H. Markl, Freiheit, Verantwortung, Menschenwürde: Warum Lebenswissenschaften mehr sind als Biologie, Ansprache anläßl. der 52. Ordentlichen Hauptversammlung der Max-Planck-Gesellschaft zur Förderung der Wissenschaften e.V. vom 22. 6. 2001, S. 3.

2) 수많은 문헌 중에서 특히 다음 문헌과 비교하라. W. Brohm, Forum: Humaniotechnik, Eigentum und Menschenwürde, JuS 1998, 197; B. Classen, Verfassungsrechtliche Rahmenbedingungen der Forschung mit Embryonen, WissR 1989, 235; U. Fink, Der Schutz des menschlichen Lebens im Grundgesetz - zugleich ein Beitrag zum Verhältnis des Lebensrechts zur Menschenwürdegarantie, Jura 2000, 210; G. Frankenberg, Die Würde des Klons und die Krise des Rechts, KJ 2002, 325; R. Giesen, Internationale Maßstäbe für die Zulässigkeit medizinisher Heil - und Forschungseingriffe, MedR 1995, 353; H.-L, Günther, Strafrechtliche Verbote der Embryonenforschung?, MedR 1990, 161; N. Hoerster, Das angebliche Menschenrecht des Embryos auf Leben, JR

논문과 현재 활발하게 진행중인 토론3)에의 많은 입장표명에도 불구하고, 확실하거나 모든 사람이 합의한 법학의 인식이란 있을 수 없다. 이에 대해 헌법학이 부족하다고 불평할 이유는 없다. 왜냐하면 헌법학은 최근의 자연과학이나 기술의 발전에 따라 법적 대답을 필요로 하는4) 질문만을 (상당한 시간의 여유를 두고) 받아들일 수 있기 때문이다. 체외배아의 "헌법적 지위"에 대해 물어 본다면, 이에 대한 대답은 완성된 것이나 즉각 나올 수 있는 것이 아니고, 기껏해야 다양한 헌법상의 시발점에서 도출되어지는 '생성의 상태'로 파악될 것이다. 기본법 해석자는 이 경우 (헌)법과 윤리를 구별하는 어려움을 의식해야 한다. 여기서처럼 윤리의 한계영역에 있는 법적 문제를 다룰 때에는, '법'과 '윤리'의 명령이 본질적으로 다르다는 것을 방법론적 전제로서 항상 의식해야 한다.5)

1995, 51; H. Hofmann, Biotechnik, Gentherapie, Genmanipulation - Wissenschaft im rechtsfreien Raum?, JZ 1986, 253; A. Laufs, Fortpflanzungsmedizin und Menschenwürde, NJW 2000, 2716; B. Losch, Lebensschutz am Lebensbeginn: Verfassungsrechtliche Probleme des Embryonenschutzes, NJW 1992, 2926; S. Schneider, Auf dem Weg zur gezielten Selektion - Strafrechtliche Aspekte der Präimplantationsdiagostik, MedR 2000, 360; W. Graf Vitzthum, Gentechnologie und Menschenwürde, MedR 1985, 249; A. Weiß, Das Lebensrecht des Embryos - Ein Menschenrecht, JR 1992, 182.

3) 특히 다음 문헌과 비교하라. J. Rau, Wird alles gut? - Für einen Fortschritt nach menschlichem Maß, Berliner Rede 2001; C. Starck, Der moralische Status des Embryos, NZZ v. 14./15. 4. 2001; W. Höfling, Zygote - Mensch - Person, FAZ v. 10. 7. 2001; W. Frühwald, Billige Konfessionspolemik, SZ v. 2. 8. 2001, S. 13.

4) J. Ipsen/D. Murswiek/B. Schlink, Die Bewältigung der wissenschaftlichen und technischen Entwicklungen durch das Verwaltungsrecht, VVDStRL 48(1990), 177, 207, 235.

5) 이에 대해서는 특히 H. L. Hart, The Concept of Law, 1961, S. 181 ff.; K. F. Röhl, Allgemeine Rechtslehre, 1994, S. 313 ff와 비교하라.

# Ⅰ. 배아보호법의 개념

독일 배아보호법 제8조 제1항에 따르면, 이 법이 정의하는 "배아"는 세포핵융합 이후 수정되어 분화능력이 있는 인간 난자를 말하며, 필요한 조건이 충족될 경우 인간 개체로 발전할 수 있는 배아로부터 채취된 만능세포를 포함한다. '체외' 배아는 인공수정(체외수정) 과정을 거친 정자세포와 난자세포의 융합이다. 이러한 종류의 배아생산과 사용은 1990년 12월 13일에 제정된 배아보호법에 의해 광범위하게 제한된다.

배아보호법 제1조 제1항 제2호에 따르면, 난자를 채취한 여자에게 임신 이외의 목적으로 인공수정을 시행한 자는 3년 이하의 징역 또는 벌금에 처해진다. 인간 정자를 인간 난자에 인위적으로 주입한 자나, 난자를 채취한 여자에게 임신을 하게 할 목적 없이 인간 정자를 인간 난자에 인위적으로 주입한 자도 마찬가지로 처벌받는다(배아보호법 제1조 제2항). 이외에도 인간 배아의 부당한 사용(제2조), 성별선택(제3조), 동의없는 수정, 동의없는 배아이식과 사망 후의 인공수정(제4조), 인간 생식세포의 인위적 변경(제5조), 복제(제6조), 키메라 생성과 잡종생성(제7조)은 금지되고, 형벌에 처해진다.

거의 빠짐없는 형벌구성요건과 형법 제218조와 일치하는 형벌위협의 상한선은 체외배아의 "헌법적 지위"에 대한 물음을 거의 쓸모없어 보이게 하는데, 적어도 첫눈에 보기에는 체외배아가 포괄적인 '단행법'의 보호를 향유하기 때문이다.[6] 이와는 반대로 배아보호법의 광범위한 형벌구성요건은 독일 기본법 제5조 제3항 제1문(연구의 자유)과의 조화가능성에 대한 질문을 던지는데, 이 문제는 똑같은 이목을 끌지는 못했었

---

6) 이에 대한 비판으로는 K. Braun, Kapitulation des Rechts vor der Innovationsdynamik, KJ 2000, 332; M. Frommel, Taugt das Embryonenschutzgesetz als ethisches Minimum gegen Versuche der Menschenzüchtung?, KJ 2000, 341.

다.[7] 따라서 체외배아의 "헌법적 지위"에 대한 물음은 실제적 관심처럼 이론적 관심 또한 높다. 왜냐하면 이 물음에 대한 대답이 입법자의 헌법상 의무에 대한 계속되는 물음에 대한 선결사항이기 때문이다.

## II. 인간존엄의 불가침성(기본법 제1조 제1항)

일반적으로는[8] 유전공학에 대한 논문에서, 구체적으로는[9] 체외수정에 대한 논문에서 인간존엄의 불가침성은 헌법적 척도로서 원용되었다. 인간존엄 개념의 적극적인 개념내용은 기본법 제1조 제1항 제1문에서 우리 문명의 근본적 물음에 대한 대답을 얻을 수 있으리라는 기대를 명백하게 키웠다. 헌법학자는 이러한 기대를 불가피하게 실망시켜야 한다. 왜냐하면 인간존엄에 대한 상세한 학문적 노력[10]에도 불구하고, 기본법 제1조 제1항은 도그마틱으로 당장 다룰 수 있는 것과는 거리가 멀기 때문이다. 이미 인간존엄을 헌법에 어떻게 자리매김할 것인가(기본권 내지 기본원칙)에 대해 의견이 분분하다. 그럼에도 이에 대해 명백히 해두는 것은 인간존엄에 근거한다고 통상 이야기되는 '헌법적 지위'에 대한 토론에 절대적으로 필요한 전제조건이다.

---

7) H. Hofmann, JZ 1986, 253 ff; R. Keller, Das Recht und die medizinische Forschung, MedR 1991, 11; A. Laufs, NJW 2000, 2716.

8) W. Graf Vitzthum, MedR 1995, 249.

9) A. Laufs, NJW 2000, 2716.

10) 수없이 많은 문헌 중에서 특히 다음 문헌과 비교하라. C. Enders, Die Menschenwürde in der Verfassungsordnung, 1997; T. Geddert-Steinacher, Menschenwürde als Verfassungsbegriff, 1990; H. Hofmann, Die versprochene Menschenwürde, AöR 18(1993), 353; C. Starck, Menschenwürde als Verfassungsgarantie im modernen Staat, JZ 1981, 457; W. Graf Vitzthum, Die Menschenwürde als Verfassungsbegriff, JZ 1985, 201.

## 1. 인간존엄 – 기본권인가 기본원칙인가

권터 뒤리히(Günter Dürig)의 뛰어난 논문[11]에서 시작하여, 최근까지도 계속해서[12] 인간존엄의 기본권성에 대한 의심이 제기되었다. 주목할 만한 수많은 논거들을 이 자리에서 다시 반복할 수는 없다.[13] 물론이 논쟁의 서로 다른 입장은 여기서 다루어야 할 문제에 결정적인 의미를 지닌다. 인간존엄이 헌법'원칙'이라면, 이는 모든 국가권력이 이에 구속됨(기본법 제20조 제3항)을 뜻하고, 따라서 이 원칙이 침해되었는지에 대한 심사는 헌법재판소가 이에 대해 정해진 절차(추상적 규범심사와 구체적 규범심사)에서 담당한다. 반면에 '기본권성'이 부정된다면, 이는 그 침해가 헌법소원으로 비난될 수 있는 주관적 권리가 인간존엄에서는 문제되지 않음을 의미한다.[14] 이러한 결론을 많이들 따랐지만, 다른(그때마다 해당되는) 기본권을 원용함으로써 피할 수 있다고 한다.[15]

인간존엄의 원칙성을 옹호하는 여전히 많은 추종자들은 이미 헌법텍스트가 '주관적' 권리와 이를 통해 기본권을 받아들인다는 것에 대해 반론을 제기한다. 기본법 제1조 제1항 제2문에 따라 인간존엄을 "존중하고 보호하는 것"이 모든 국가권력의 의무라면, '방어청구권'(국가권력을 통한 인간존엄침해에 대해)과 '급부청구권'(제3자를 통해 인간존엄이 침해되는 것을 보호해 달라는)이 근거지워진다는 것[16]이 기본법 제1조 제1항 제2문의 기본법 텍스트에는 보기 드문 언어상의 명확함을 가지

---

11) G. Dürig, Der Grundrechtssatz von der Menschenwürde, AöR 81(1956), 117.

12) H. Dreier, in: H. Dreier(Hrsg.), Grundgesetz, Bd. I, 1996, Art. 1 I Rdnr. 72.

13) C. Starck의 요약과 비교하라: C. Starck, in: v. Mangoldt/Klein/Starck, GG, Bd. 1, 4. Aufl. 1999, Art. 1 Abs. 1 Rdnr. 24 ff.

14) C. Starck(주14), Art. 1 Abs. 1 Rdnr. 27.

15) T. Geddert-Steinacher(주1), S. 169 f.

16) J. Ipsen, Staatsrecht II(Grundrechte), 4. Aufl. 2001, Rdnr. 219 ff.

고 표현된다. 인간존엄이 침해된 경우 한결같이 다른 기본권이 침해되었다 할지라도, 기본법 제1조 제1항은 나머지 기본권을 초과하는 내용을 간직하고 있다.

헌법재판소는 이제껏 판결에서 인간존엄의 기본권성에 대한 물음을 심도깊게 다룰 계기를 가지지 못했다. 그럼에도 판결실무는 기본법 제1조 제1항의 기본권성이 항상 전제되어 있다고 보았다. 헌법재판소가 몇몇 헌법소원절차에서 인용한 인간존엄침해는 비난받았다.[17] 이러한 사정은 다른 곳에서의 모호한 언급보다 더 신빙성이 있는데,[18] 여기서 다른 곳이라 함은 문헌상의 논쟁을 말한다.

결국 다음의 고려가 결정적임에 틀림없는데, 이는 자주 원용되는 "핵심적 구성원칙,"[19] "헌법국가의 아르키메데스 점"[20] 또는 "헌법의 최고법 가치"[21]에 비추어 헌법소송을 통해 관철될 가능성이 매우 높다는 점이다. 인간존엄이 (유전공학논쟁에서 현재 팽창하는 수사학의 경우처럼) 항상 고백적으로 원용될 경우에, 인간존엄에 기본권의 성질이 결여되기 때문에 아무도 인간존엄을 원용할 수 없다는 것은 명백한 개념적 모순이 될 것이다.[22]

따라서 이하의 고려에서는 인간존엄의 기본권으로서 성질과 주관적, 공적 권리로서의 성질을 전제하겠다. 이는 또한 체외배아의 '헌법적 지

17) BVerfGE 49, 286 = JZ 1979, 65(양성애자); 50, 256(묘지강제와 납골강제); 72, 105 = JZ 1986, 846. Laubenthal(무기자유형); § 57 a StGB.

18) BVerfGE 61, 126(137): "기본권조항에 있는 기본권뿐만 아니라, 기본법 제1조 제1항에 보장된 기본권도 그러한 (척도를) 만들 수 있다. 기본법 제1조 제1항이 '기본권 조항에 있는' 기본권이 아니라는 점은 국가권력이 이러한 기본법의 최고의 구성원칙에 구속됨을 배제하지 않는다."

19) BVerfGE 6, 32(36); 45, 187(227).

20) W. Höfling, in: M. Sachs(Hrsg.), Grundesetz, 2. Aufl. 1999, Art. 1 Rdnr. 43.

21) G. Haverkate, Verfassungslehre, 1992, S. 142.

22) 비슷한 견해로는 W. Höfling(주21), Art. 1 Rdnr. 4 f.

위'를 고려하는 것이 불가능하지 않음을 의미한다. [게오르그 옐리네크 (Georg Jellinek)에 의해 시작된] 지위 개념은 항상 주관적 권리설정의 의미에서 사용되었다.[23] 인간존엄이 단지 '기본원칙'이라면, 이는 체외 배아에 대해 보호효력을 발휘할 수는 있지만, 법적 "지위"에 대해서는 말할 수 없다.

## 2. 기본권주체와 권리능력

기본권에 부여되는 주관적, 공적 권리의 성질은 '기본권보유자', '기본권수범자', '기본권내용' 세 부분으로 이루어진 구조를 띤다.[24] 기본권에 귀속되는 다른 "차원"이나 "기능"에도 불구하고, 기본법의 역사적 발전은 주관적, 공적 권리로서 기본권을 인정한 것과 소송을 통한 기본권의 관철 가능성에 있다.[25] 따라서 "기본권주체"는 권리주체에게 권리를 귀속하는 것을 의미하며, 권리주체에게 단지 반사이익의 혜택을 부여하는 것이 아니다. 기본권주체(또는 유사어인 "권리소유"나 "권한")에 대해서는 '권리'와 '권리주체'가 연결되는 경우에만 말할 수 있다.

이하 논의의 결론을 먼저 말하면 다음과 같다: 배아는('체외'배아도) 주관적 권리설정의 의미에서 기본법 제1조 제1항이 말하는 인간존엄의 보유자가 아니며, 따라서 '헌법적 지위'의 소유자도 아니다. 첫눈에 보기에 지배적 견해[26]와 다른 입장[27]으로 보이지만, 이러한 입장이 현행

---

23) R. Alexy, Theorie der Grundrechte, 1985, S. 229 ff.

24) J. Ipsen(주17), Rdnr. 45 ff.

25) H. Bauer, Geschichtliche Grundlagen der Lehre vom subjektiven Recht, 1986, S. 117 ff.; R. Alexy(주24), S. 159 ff.; K. F. Röhl(주5), S. 358 ff.

26) W. Höfling(주21), Art. 1 Rdnr. 51; H.-D. Jarass/B. Pieroh, Grundgesetz, 5. Aufl. 2000, Art. 1 Rdnr. 5; P. Kunig, in: I. v. Münch/P. Kunig(hrsg.), Grundgesetz, Bd. 1, 5. Aufl. 2000, Art. 1 Rdnr. 14; T. Geddert-Steinacher(주11), S. 62 ff.

27) H. Dreier(주13), Art. 1 Rdnr. 47 ff; H. Dreier, Menschenwürdegarantie und

헌법상황의 불가피한 결론임이 밝혀진다. 이에 대한 전제는 물론 헌법재판소도 여러 번 사용했던 온갖 '존엄수사학'에서 벗어나는 것이다.[28]

일반적으로 권리능력은 출생의 완료로부터 시작한다(독일 민법 제1조). 권리능력의 시작은 '기본권능력'("기본권주체") 역시 출생의 완료에 서야 비로소 시작될 수 있다는 것을 꼭 뜻하지 않는다. 오히려 기본법은 기본권능력을 더 앞당길 수 있고, 출생과 다른 생성상태에 연결했었을 수도 있다. 대부분의 기본권이 출생되어 있음을 구성요건에서 전제하기 때문에, 출생전에 시작되는 기본권능력에 대해서는 단지 몇몇 기본권만이 고려된다는 점은, 출생되어 있음에 대해서는 경우에 따라서 "기본권 행사능력" 개념으로 다뤄야 함을 말한다.[29] 반면에 '체내'배아처럼 '체외'배아가 인간존엄 기본권의 보유자일 수 있는지의 문제는 ('권리주체'의 의미에서), 임신중절에 대한 형벌규정과 이의 기본법과의 조화가능성을 통해, 간접적이지만 명확하게 대답된다.

태어나지 않은 생명 보호를 위한 헌법재판소의 10년이 넘는 투쟁은 이때 주장된 (서로 다른) 윤리적 입장과 마찬가지로 여기서 매우 인정받는다. 현재의 법상황이 간략하게 다음과 같이 요약될 때, 수많은 가치있는 논거들[30]이 하찮은 것으로 간주되어서도 안 된다.

- 착상 후 12주 내의 배아는 상담의무라는 형태로만 보호된다(형법 제218a조 제1항).

---

Schwangerschaftsabbruch, in: DÖV 1995, 1037; H. Hofmann, AöR 118(1993), 376; J. Ipsen(주17), Rdnr. 213. 회의적인 시각으로는 R. Zippelius, in: Bonner Kommentar, Art. 1 Abs. 1 u. 2 Rdnr. 51.

28) BVerfGE 39, 1(41); 88, 203(251).

29) 이 개념에 대한 비판적인 견해로는 J, Ipsen(주17), Rdnr. 69.

30) 최근에 나온 C. Starck, Verfassungsrechtliche Probleme der deutschen Abtreibungsgesetzgebung, in: Festschrift H. Schiedermair, 2001, S, 377과 비교하라. 또한 헌법재판소 판결 이전에 나온 B. Schünemann, Quo vadis § 218 StGB, ZRP 1991, S. 379와 비교하라.

- 의학적, 사회적 적응사유의 경우는 전혀 보호되지 않는다(형법 제218조 제2항).
- 범죄학적 적응사유일 때에도 특정한 기한이 지난 후에 비로소 보호된다(형법 제218조 제3항, 제4항).

헌법재판소는 1993년 5월 28일 결정에서 태어나지 않은 생명에 대해 기본법 제1조 제1항에 따른 국가의 보호의무를 인정했고, 인간존엄도 부여된다고 강조했다.[31] 헌법재판소는 임신중절을 원칙적으로 불법으로 간주했고, 따라서 법적으로 금지해야 한다는 결론을 내렸다.[32] 그뿐만 아니라 국가는 "과소금지(Untermaßverbot)"에 얽매여 있는데, 이는 인간생명을 위한 형법투입을 포기하는 것을 허용하지 않는다.[33] 물론 다음 내용이 입법자에게 금지되어서는 안 된다.

> "태어나지 않은 생명 보호를 위해, 임신 초기단계에 임신으로 인해 갈등하는 임산부와의 상담에 중점을 두는 구상으로 바뀌는 것인데, 이는 임산부가 아기를 떼지 않도록 하기 위함이다. 이는 상담의 필수적인 개방성과 효력에 비추어, 적응사유에 따른 형벌위협과 제3자를 통한 적응사유 구성요건의 확정을 포기한다."[34]

결정 당시 제2재판부가 처했던 한계상황을 인식함에도 불구하고, 생성중인 생명을 가능한 한 보호하려는 시도를 높이 평가할지라도,[35] (헌

---

31) BVerfGE 88, 203(251 f); BVerfGE 39, 1(41).

32) BVerfGE 88, 203(255); BVerfGE 39, 1(44).

33) BVerfGE 88, 203(254).

34) BVerfGE 88, 203(264).

35) 임신중절이 "불법"임에도 기한모델과 상담모델의 범위 내에서 "처벌할 수 없다"는 제2재판부의 구상이 타당한지에 대해서는 의문이 있다. 행위의 가벌성은 사람들이 그 행위가 "허용되는지" 여부를 결정하는 중요한 척도이다. 같은 행동이 여러 법영역에서(민법, 사회법) 다르게 평가될 수 있는데, 이는 제2재판부가 보충의견으로(BVerfGE 88, 203 LS 14) 확인하였다. 합의부를 소집할 근거가 없다고 본 제1재판

법재판소가 합헌으로 본) 현행법에 따르면, 임신 첫 12주 내의 배아는 임산부의 처분에 맡겨져 있다는 결과를 피할 수 없다. 의사의 진단에 따른 요건이 존재하는 한, 의학적, 사회적 적응사유의 경우에도 마찬가지이다.[36]

시간적으로 제한되지 않은 적응사유모델의 헌법에 합치하고, 기한모델과 상담모델이 헌법에 합치한다는 점에서 배아는 인간존엄 기본권의 "보유자일 수 없다"는 결론이 필연적으로 도출된다. 헌법재판소가 기본법 제1조 제1항을 원용하는 것과 이로부터 도출되는 보호의무[37]는 배아에게 기본권주체성이 인정되었거나 인정될 수 있다는 것을 의미하지 않는다. 인간존엄의 내용이 어떻게 규정되든지 간에, 인간을 '권리주체'로 인정하는 것은 매우 중요하다.[38] 뒤리히[39]의 유명한 "객체공식"을 뒤집어 보아도 역시 이러한 결과에 도달한다. 기본법 제1조 제1항을 근거로 모든 사람은 권리주체로서 다루어질 것을 요구할 권리가 있다. 그러나 배아를 임산부 자신의 결정에 따라 특정 기한 이내나 특정한 적응사유를 근거로 낙태하는 것이 허용된다면(처벌되지 않기 때문에), 이것으로 (가정된) 권리주체성도 제거될 것이다. 왜냐하면 (가정된 인간존엄의) 권리주체가 더 이상 존재하지 않기 때문이다. 따라서 기본법 도그마틱으로는 다음과 같은 양자택일이 있을 뿐이다: 배아가 인간존엄의 보

---

부의 상반되는 결정(BVerfGE 96, 375=JZ 998, 352)은 (이에 대한 제2재판부의 결정은 BVerfGE 96, 409=JZ 1998, 356) 행위의 (결여된) 가벌성이 다른 영역에서의 다른 판단을 통해 대체될 수 없다는 점을 암시한다.

36) A. Eser, in: Schönke/Schröder, StGB, 26. Aufl. 2001, § 218 a Rdnr. 36 f.; H.-J. Rudolphi, in: Systematischer Kommentar zum StGB, 6. Aufl. 2000, Bd. II, § 218 a Rdnr. 8 ff.; Tröndle/Fischer, 50. Aufl. 2001, § 218 a Rdnr. 21 ff와 비교하라.

37) BVerfGE39, 1(41); 88, 203(252).

38) H. Dreier(주13), Art. 1 I Rdnr. 44; W. Höfling(주21), Art. 1 Rdnr. 28 ff.; C. Starck(주14), GG, Bd. 1, Art. 1 Abs. 1 Rdnr. 26.

39) G. Dürig, AöR 81(1956), 127: "인간존엄 그 자체는 구체적인 인간이 객체로, 단순한 수단으로, 대체할 수 있는 양적 크기로 비하될 때 침해된다."

유자이고, 그의 존재가 임산부의 처분에 전적으로 맡겨져 있다면, 이는 인간존엄을 침해하는 것이다. 배아가 인간존엄의 보유자가 아니고, 배아보호를 인간존엄보장의 객관적 효력에서 이끌어 낼 경우는, 낙태로 권리주체가 제거되는 것이 아니며, 따라서 권리주체성이 침해되는 것이 아니다. 헌법에서는 이러한 조건에서 입법자가 생성중인 생명이라는 보호법익을 충분한 보호할 수 있는지 여부에 대한 물음만이 제기된다.

재판부가 결정에서 필요 이상의 논거들을 통해 처음에 언급한 견해에 기울었다는 인상을 불러일으킬지는 몰라도, 헌법재판소는 후자의 견해를 취하기로 결정했다.[40] 사람을 죽이는 것과 그 사람의 존엄을 침해하는 것이 필연적으로 결합되지는 않는다.[41] 정당방위와 긴급구조의 수많은 경우들이 (침해권한이라는 공법적 형태 또한) 이에 해당되며, 사람의 생명을 다른 사람의 처분에 종속시키는 것은 이에 해당되지 않는다. 인간존엄이 권리주체성의 인정과 권리주체의 인정을 의미한다면, 긴급피난상황에 있지 않음에도 사람을 죽이는 것은 필연적으로 해당 권리주체의 인간존엄 또한 침해한다. 그러나 이와 같다 할지라도, 헌법재판소가 기본법 제1조 제1항을 원용한 것이 배아의 기본권주체성의 의미로 의도된 것일 리는 없다.

특정된 기한 동안이나 (시간적으로 제한되지 않은) 특정된 적용사유에 따라 임산부의 의지행위만으로 제거될 수 있는 "권리주체성"이라면, 이는 권리주체성의 자격이 없다. 헌법재판소의 인간존엄 원용은 (모든 윤리적인 개입에도 불구하고) 보호의무의 객관적, 법적 근거설정으로서 도그마틱적으로 합당할 뿐이며, 이는 모든 개별 사안에서 효과를 발휘해야 하며, 태어나지 않은 생명 "그 자체"의 보존에 기여하는 것은 아니다.[42]

---

40) 특히 BVerfGE 88, 203, 251 ff.

41) H. Dreier(주13), Art. 1 I Rdnr. 86; C. Starck(주14), Art. 1 Abs. 1 Rdnr. 71.

42) BVerGE 88, 203(252).

반대쪽 입장을 (이에 따르면 배아를 보호대상뿐만 아니라, 인간존엄의 주체로 이해하는데) 헌법재판소는 첫 번째 낙태판결뿐만 아니라 두 번째 낙태판결에서도 명시적으로 주장하지 않았으며, 만약 주장했더라면 명백한 내부 모순을 감수하고서야 주장할 수 있었을 것이다.[43]

이미 여기서 체내배아가 권리주체성과 "헌법적 지위"를 갖고 있지 않은 것과 마찬가지로, 체외배아에게 그러한 지위가 부여되지 않는다는 결론이 내려진다.

## 3. 인간존엄 보장의 법적 내용에 대해서

인간존엄의 기본권성과 (출생한) 인간만이 인간존엄의 보유자가 될 수 있다는 인식은 체외배아의 "헌법적 지위"에 대한 잠정적인 대답을 가능케 하였다. 이는 무엇보다도 헌법재판소의 판결로부터 도출되었다. 그뿐만 아니라 인간존엄의 내용으로부터도 배아의 기본권주체성이 문제되지 않음을 알 수 있다.

인간존엄에 도그마틱으로의 윤곽을 부여하기 위해서 상당히 오랫동안 귄터 뒤리히의 "객체공식"이 원용된 후에,[44] 인간존엄은 점점 더 "사회적 존중요구"로 파악되었다.[45] 그 외에도 호프만(Hasso Hofmann)은 3가지 근본원칙으로 요약했는데, 이에 대해 문헌에서는 광범위한 일치를 보인다.

  1. 기본법 제1조 제1항은 모든 인간의 원칙적인 법적 평등을 보장한다. 따라서 본 조항은 모든 종류의 체계화된 차별대우 또는 멸시를

---

43) J. Ipsen(주17), Rdnr. 213.

44) T. Geddert-Steinacher (주11). S. 31 ff.

45) 특히 H. Hofmann, AöR 118 (1993), 376; BVerfG 45, 187 (228): "헌법적으로 보호된 사회적 가치청구권과 존중청구권"

금지한다.

2. 인간존엄원칙은 인간주체성의 보존을 요구하는데, 특히 신체적, 정신적 동일성의 보호와 완전성의 보호를 요구한다. 이로부터 고문, 학대, 굴욕과 신체형의 금지뿐만 아니라, 주체의 동일성 파괴 금지 또는 약물투여, 거짓말탐지기 등을 통한 주체의 동일성 해체 금지와 인간의 은밀한 보호 요구가 나온다.

3. 기본법 제1조 제1항은 모든 사람, 예컨대 수감 중인 사람을 위해서도 인간존엄에 상응하는 생존 보장을 요구한다. 이외에도 기본법 제1조는 최소한의 물질적 생존조건을 반드시 보장한다.[46]

특성, 능력 또는 사회적 지위를 고려함이 없는 똑같은 존엄이라는 의미에서 최근 문헌에서 강조되는 '권리평등'과 '인간존엄'[47]의 결합은 존엄을 배아의 주관적 권리로서 주장하는 견해가 어떤 도그마틱적 난점에 처해 있는지를 뚜렷이 보여준다. 좋은 뜻으로 의도되었다 할지라도, 다음 사실을 간과할 수는 없는데, 이는 전체 법질서가 태어난 생명과 태어나지 않은 생명을 구별하고, 따라서 주관적 권리로서의 인간존엄에 대한 전제조건인 '평등'과 '비교가능성'이 애당초 존재하지 않는다는 점이다. 인간존엄에 고유한 사회적 존중요구는 ("관계개념 또는 의사소통 개념으로서 존엄")[48] 인간의 태어남을 전제한다. 따라서 배아에게 권리주체성과 기본권주체성이 결여되어 있다는 주장이 너무 법기술적이고 피상적이라고 여겨지는 사람에게, 주관적 권리로서 인간존엄은 태어나지 않은 생명에게 적용가능하지 않다는 점이 적어도 분명해져야 한다.

---

46) H. Hofmann, AöR 118 (1993), 363.

47) W. Höfling (주21), Art. 1 Rdnr. 27; H.-D. Jarass/B. Pieroth (주27), Rdnr. 4; H. Dreier (주13), Art. 1 I Rdnr. 44.

48) H. Hofmann, AöR 118 (1993), 364.

## 4. 인간존엄의 사전효과와 사후효과

배아의 기본권주체성 부정과 이에 따른 '헌법적 지위'의 부정은 기본법 제1조 제1항이 체외배아의 보호를 위해서 중요하지 않다는 것을 의미하지 않는다. 첫 낙태판결에서 시작하여 헌법재판소는 이후의 판결에서 입법자의 보호의무를 기본권에서 도출했는데, 보호의무는 항상 주관적 권리에 (보호청구의 형태로) 의해야 하는 것은 아니다.[49] 재판소는 태어나지 않은 생명에 대한 보호의무를 항상 강조했고, 이로부터 임신중절의 처벌할 수 없음 또는 처벌가능성에 대한 결정기준을 이끌어냈다.[50] 보호의무라는 법형상을 통해 인간존엄은 사전효과(Vorwirkung)뿐만 아니라 사후효과(Nachwirkung)도 발휘할 수 있다.

사람의 권리능력은 죽음으로 끝난다.[51] 사자(死者)에게는 권리주체성과 기본권주체성이 부여되지 않는다.[52] 그럼에도 이는 사자에게 살아있는 사람들이 존중해야 할 "존엄"이 부여되는 것을 배제하지 않으며, 사자를 법적으로 쓰레기 처리되어야 할 물건으로 규정하는 것을 배제한다. 죽음의 시점을 넘는 인간존엄의 '사후효과'는 입법자를 구속하는 프로그램을 전개하지는 않지만, (과소금지[53]의 의미에서) 최소한의 법적 보호조치에 대한 의무를 부과한다. 입법자가 인간존엄의 사후효과를 소홀히 하는 것이 인간존엄의 법적 작용에 '파급효과'를 미치는 것은 필연적이다. 문화적 전승에 반하여 법률에 사자안식(Totenruhe) 보호에 대

---

49) 특히 BVerfGE 75, 40 (66); 84, 133 (147); 89, 276 (286); 91, 335 (339)와 비교하라, "보호의무"에 비판적인 견해로는 T. Koch, Der Grundrechtsschutz des Drittbetroffenen, 2000, S. 306 ff.

50) BVerfGE 39, 1 (42 ff); 88, 203 (251 ff).

51) 특히 K. Larenz/M. Wolf, Allgemeiner teil des Bürgerlichen Rechts, 8. Aufl. 1997, § Rdnr. 20과 비교하라.

52) J. Ipsen (주17), Rdnr. 214.

53) 헌법재판소는 이 개념을 BVerfGE 88, 203 (254)에서 처음으로 사용하였다.

한 특별한 규정을 없다고 가설로 가정해 본다면, 이는 필연적으로 '살아있는 사람'의 인간존엄에 대한 존중에 파급을 가져올 것이다. 여기서 일어나는 사회심리학적 과정은 모든 문화와 문명에서 알 수 있으며, 다음과 같이 요약할 수 있다. 한 인간이 살아있는 동안의 명성(그리고 그 자신의 인간존엄은) 죽은 사람을 매장하는 데와 그를 추모하는 데에 반영된다. 이와 마찬가지로 역이 되는 결론을 내릴 수 있다. 매장문화를 소홀히 하는 것은 추측하건대 가치붕괴의 결과이고, 또한 가치질서의 정점에 서있는 인간존엄 붕괴의 결과이다.[54] 이러한 배경에서 사자안식 보호를 위한 형법규정(독일 형법 제168조)뿐만 아니라, 장기이식에 대한 규정[55]을 보아야 한다. 독일 장기이식법 제17조 제1항에 따르면 치료에 쓰이는 것으로 정해진 장기를 거래하는 것은 금지된다. 마찬가지로 금지된 거래대상인 장기를 추출하거나, 다른 사람에게 양도하거나 양도하게 하는 것은 금지된다(장기이식법 제17조 제2항). 장기거래는 5년 이하의 징역형으로 처벌된다(장기이식법 제18조). 장기이식법에 반하는 다른 위반행위도 역시 처벌되며(장기이식법 제19조), 질서위반죄에 처해질 수도 있다(장기이식법 제20조).

장기이식법은 기본법 제1조 제1항의 '사후효과'에 대해서뿐만 아니라, '기본권'과 기본권의 '보호대상'은 구별되어야 한다는 기본권 도그마틱에 대해서도 명백한 예를 제공한다.[56] 독일 장기보호법 제6조 제1항에 따라 존중되어야 하는 "장기기증자의 존엄"과 시체가 매장될 때의 "존엄에 상응하는 상태"(장기보호법 제6조 제2항)는 똑같이 기본법 제1조

---

54) 이에 대해서는 R. Gröschner, Menschenwürde und Sepulkralkultur in der grundgesetzlichen Ordnung, 1995.

55) Gesetz über die Spende, Entnahme und Übertragung von Organen (Transplantationsgesetz-TPG) v. 5. 11. 1997(BGB1. I S. 2631).

56) 이에 대해서는 J. Ipsen(주17), Rdnr. 60 ff; J. Ipsen, Gesetzliche Einwirkungen auf grundrechtlich geschützte Rechtsgüter, JZ 1997, 473.

제1항의 사후효과이다. 짧은 공식으로 표현하면 다음과 같다. "존엄"이 "보유자"의 주관적 권리에 상응하지 않더라도 "존엄"은 존중될 수 있다.[57]

구조적으로 사후효과와 비교할 수 있는 방법으로 입법자는 인간존엄의 '사전효과'를 근거로 체외배아의 보호를 위한 법률 규정을 공포해야 할 의무가 있을 수 있다. 배아를 임의로 생산하고, 죽이고, 제3자가 임의대로 처리할 수 있다면(민법 제903조), 사자의 존엄이 법률로 보호되지 않을 경우, 사자와 관련해서 추측할 수 있는 것과 비슷한 인간존엄에의 '파급효과'를 각오해야 할 것이다. 따라서 기본법 제1조 제1항 제2문에서 '체외'배아를 위해서도 입법자의 '보호의무'를 근거지울 수 있다. 왜냐하면 '체외'배아 스스로는 권리주체성을 가지고 있지 않고, 따라서 인간존엄 기본권의 보유자가 아니기 때문이다.[58]

## 5. 과다금지와 과소금지 사이의 입법자의 보호의무

인간존엄에서 도출되는 보호의무는 입법자가 활동해야 한다는 것을 의미하지만, 보호조치가 개별 경우에 어떻게 마련되어야 한다는 것을 의미하지는 않는다. 물론 헌법재판소는 어떤 종류의 보호조치가 행해진 것으로 만족해서는 안 된다. 보호조치의 범위는 오히려 "한편으로는 보호되어야 하는 법익(여기서는 태어나지 않은 인간생명)의 의미와 보호 필요성을 고려하고, 다른 한편으로는 그것과 충돌하는 법익을 고려하여 정해진다."[59]

---

57) J. Ipsen(주17), Rdnr. 214; 주석문헌에서 "보유자"가 기본권주체성으로 이해되는지는 언제나 명확한 것은 아니다.

58) H. Dreier (주13), Art. 1 I Rdnr. 57.

59) BVerfGE 88, 203 (254).

부가적으로 입법자의 헌법에의 구속은 평가일관성의 형태로 존재하는데, 이를 근거로 '체외'배아에게 '체내'배아보다 더 강한 보호를 보장하는 것은 배제될 것이다. 인간존엄의 권리주체는 오직 (태어난) 인간이기 때문에, 배아보호는 진행되는 성장(이와 함께 인간형태를 점점 더 띠게 됨)과 함께 강도를 증가해야 한다.[60] 헌법에서 요구되는 보호정도는 임신기한에 상관없다는[61] 헌법재판소의 견해는 기한모델과 상담모델[62]이 헌법에 합치된다고 이후에 확정됨으로써 상대화되었다. 하지만 (체외배아의 경우는) 임신이 존재하지 않으므로 여하간 해당되지 않는다.

체내배아의 축소된 형법적 보호가 '체외'배아의 강화된 보호에 의해 상쇄되어야 한다는 주장들이 있는 것을 비추어 볼 때, 평가일관성의 요구는 (이는 결국 기본권 제3조 제1항에 연원하는데)[63] 더욱더 강력하게 주장할 필요가 있다. 이러한 평가의 불일치는 헌법에 비추어 지속될 수 없는데, 이는 특히 제3자의 기본권[특히 연구의 자유(독일 기본법 제5조 제3항)]도 관련되기 때문이다.


## Ⅲ. 체외배아의 생명권?

인간존엄은 그 내용에 따르면 배아의 주관적 권리로서 고려되지 않으며, 이러한 이유로 권리주체성도 배제되는데, 인간존엄과 달리 "생명권"(기본법 제2조 제2항 제1문)의 주체성은 생각할 수 있고, 여러 번

---

60) BVerfGE 88, 203 (254). 불가벌인 상담 후 낙태를 위한 12주 기한(형법 제218a조 제1항)과 범죄학적 적응사유에 따른 22주 기한(형법 제218a조 제4항)이 이에 해당한다. 의학적·사회적 적응사유(형법 제218a조 제2항)는 무기한이다.

61) BVerfGE 88, 203 (254).

62) BVerfGE 88, 203 (264).

63) W. Heun, in: H. Dreier (Hrsg.), GG, Bd. I, 1996, Art. 3 Rdnr. 64.

주장되었다.[64] 헌법재판소는 (오해를 사는 표현이 많이 있음에도 불구하고) 배아의 권리주체성을 받아들이지 않았고, 만약 받아들였다면 판결의 명백한 내부 모순을 감수하고서야 이를 받아들일 수 있었을 것이다.[65] 인간존엄의 기본권주체성과 마찬가지로, "생명권"에 관련된 기본권주체성 또한 헌법재판소가 합헌으로 본 기한모델과 상담모델을 허용하지 않을 것이다.

어느 시점에서 독일 기본법 제2조 제2항 제1문에서의 "생명"이 시작되는가 하는 문제는 여기에서는 열린 채로 두어야 한다. 무엇보다도 정자와 난자의 결합이 결정적 시점으로 간주되나,[66] 독일 형법은 수정된 난자가 자궁에 착상했을 때부터(수정란의 자궁 내 착상) 생성중인 생명을 보호한다.[67] 법 개념인 "생명"을 결정하는 자연과학적 기준은 없다. 왜냐하면 이 개념은 불특정하게 사용되기 때문이다.[68]

생식세포융합을 생명의 시작으로 보는 문헌에서의 "지배적 견해"는 생물학적 발전의 연속성을 근거로 하며,[69] 착상 이후에야 생성중인 생명을 형법으로 보호하는 것에 원칙적으로 반대한다.[70] '체외' 배아와 관련하여 생물학적 연속성 논거는 맞지 않다. 왜냐하면 이식이 인간태아로의 발전을 위한 전제조건이기 때문이다. 따라서 지배적 견해가 생식

---

64) D. Murswiek, in: M. Sachs (Hrsg.) GG, 2. Aufl. 1999, Art. 2 Rdnr. 145; H. Schulze-Fielitz, in: H. Dreier (Hrsg.), GG, Bd. I, 1996, Art. 2 II Rdnr. 24.

65) J. Ipsen (주17), Rdnr. 233.

66) D. Murswiek(주65), Art. 2 Rdnr. 145; H. Schulze-Fielitz(주65), Art. 2 II Rdnr. 16; C. Starck(주14), Art. 2 Abs. 2 Rdnr. 176; K. Stern, Staatsrecht III/1, 1988, S. 1057 f.; W. Graf Vitzthum, JZ 1985, 208.

67) 형법 제218조 제1항 제2문: "수정란의 자궁내 착상 완료 이전에 이를 저지한 행위는 이 법에서 의미하는 낙태로 보지 아니한다."

68) H. Markl(주1), S. 7.과 비교하라. 그는 정자와 난자 또한 "살아 있지만", 생식세포융합을 통해서 인간이 최종적으로 결정되는 것은 결코 아니라고 생각한다.

69) H. Schulze-Fielitz(주65), Art. 2 II Rdnr. 16.

70) 이에 대해서는 C. Starck(주14), Art. 2 Abs. 2 Rdnr. 176.

세포융합을 생명의 시작으로 주장하는 것과 똑같은 자연과학적 명백함을 가지고, 체외수정의 경우 배아의 착상으로 생명이 시작된다고 주장할 수 있다. 서로 다른 해결책에도 불구하고 우리가 특정 시점을 결정해야 하는 데서 해방되는데, 이는 (태어나지 않은) 생명의 시작은 권리주체성과 연결되지 않는다는 점에 기인한다. 따라서 이 점은 (독일 민법 제1조와 비교가능한데) 정확히 확정되어야 한다. 이에 반해 입법자가 형성의 여지가 있는 헌법적 '보호의무'만을 수행할 경우에는, 보호를 시작하는 시점 또한 법률적으로 정할 수 있게 된다.[71]

헌법재판소 판결에 따르면 '체내'배아에게도 기본권주체성이 인정되지 않는다. 왜냐하면 그렇지 않다면 의학적 · 사회적 적응사유가 적용되는 대부분의 경우인 후기낙태뿐만 아니라 기한모델, 상담모델도 헌법적으로 정당화될 수 없기 때문이다. 기한모델과 상담모델은 임신 첫 12주 내의 배아를 임산부의 처분에 맡기는데, 이는 권리주체성이 (이를 전제하는 한) 일방의 결정을 근거로 제거될 수 있다는 결과를 수반한다. 현행법에 따라 배아병리학적 적응사유를 포함하는 의학적, 사회적 적응사유의 경우에도 마찬가지이다.[72] 형법 제218a조 제2항에 따라 더 이상 (단지) 임산부의 생명과 건강보호만이 아니고, "임산부의 현재생활 관련성와 미래생활 관련성"도 고려되어야 하기 때문에,[73] 이러한 적응사유는 임신이 '기대불가능성' 때문에 중절될 수 있다는 점을 초래하게 한다. 이 경우에도 전제된 권리주체성은 말할 수 없는데, 배아는 배아일 뿐이기 때문에 권리주체성이 제거될 수 있기 때문이다.

특별한 헌법적 논거로서 다음의 논거가 결정적인데, 이는 배아의 기본권주체성을 전제하는 한, 처음 12주 동안과 의학적, 사회적 적응사유

---

71) 그렇지 않으면 형법 제218조 제1항 제2문은 위헌이 될 것이다.

72) 특히 A. Eser(주37), § 218 a Rdnr. 37f.; H.-J. Rudolphi(주37). § 218 a Rdnr. 8 a; Tröndle/Fischer(주37), § 218 a Rdnr. 39와 비교하라.

73) 이에 대해서는 A. Eser(주37), § 218 a Rdnr. 39.

기간 동안에 임신중절의 "허가"를 근거로 입법자를 통한 보호를 포괄적으로 거부하는 것은 기본법 제19조 제2항에 반한다는 점이다. 기본권은 주관적 권리(방어청구권과 급부청구권)로서 더 이상 기능을 가지지 않을 것이다. 왜냐하면 '권리주체'와 그의 권리주체성은 모든 시점에서 제거될 수 있을 것이기 때문이다. 기본권의 "본질내용"이 어떻게 규정되든지 간에,[74] 법질서가 권리주체성의 제거를 허용하는 경우에는, 주관적 권리의 결과로서 "침해방어청구권"[75]은 더 이상 이야기될 수 없다.


## Ⅳ. 결론

지금까지의 고찰에 따르면, 입법자가 고려해야 하고 경우에 따라서는 침해할 수도 있는 권리주체성을 전제로 한 권리지위의 의미에서의 "헌법적 지위"가 '체외'배아에게는 부여되지 않는다. 물론 기본법 제1조 제1항과 제2조 제2항 제2문에 근거한 보호의무는 입법자의 의무이다. 보호의무는 한편으로는 인간존엄의 사전효과에서 나오는데, 이는 (태어난) 인간으로의 발전단계도 보호할 것을 요구한다. 이외에도 보호의무는 지배적 견해와 같이 기본법 제2조 제2항 제1문의 기본권의 의미에서 "생명"이 생식세포융합으로 시작된다고 보는 한, 기본법 제2조 제2항 제1문을 근거로 할 수 있다. 이로부터 '체외'배아는 입법자가 보호할 책임을 지는 헌법의 보호대상이라는 점이 나온다. 하지만 입법자의 행위는 (기본법 제3조에 있는) 평가일관성의 원칙을 고려해야 하는데, 이

---

74) 이에 대해서는 J. Ipsen(주17), Rdnr. 198 ff.

75) BVerfGE 61, 82 (113): "법질서가 기본권의 보호를 위해 마련한 침해방어청구권이 실체법에 없거나, 침해방어청구권이나 이를 보장하기 위한 기본권이 실체법에 존재한다고 하더라도 절차법에서 침해방어청구권이 효과를 발휘하도록 보장되지 않으면, 기본권의 본질적 내용은 침해될 수 있다."

는 정당화근거 없이 비교가능한 사태를 불평등하게 다루는 것을 배제한다.

상세히 살펴보면 헌법은 현대 재생의학과 유전학연구에 제기된 문제에 대한 대답으로 사용하기에는 (불충분한) 자료이다. 따라서 이 문제에 대해 헌법의 위엄을 가진 답을 얻기 위해서, 헌법과 헌법을 해석하는 헌법학에 매우 특별한 성격의 질문목록을 제시한다면, 헌법과 헌법학은 과중한 요구를 받을 것이다. 헌법적 연역논리에 의해서보다도 훨씬 더 현재 논의는 '윤리적' 입장들에서 의해 정해지는데, 이 입장들은 헌법적 구속력을 요구하고, 공권력으로 관철시키는 것을 목표로 삼는다.[76] 혼란스럽게 얽힌 것을 풀고, 개인 고백의 차원을 넘어서서 논의의 구체화에 기여하는 과제가 학문에 주어진다. 왜냐하면 다음 사정이 간과되면 안 되기 때문인데, 이는 법적 금지가 헌법적으로 요구되어서 만들어질 경우, 특히 좋은 의도로 공포되는 '법적 금지'가 독일에서 너무 자주 중심을 이루고 있다는 점이다.

이하에서는 헌법에 근거할 수 있는 규범라인을 하나씩 계속 끌어내고, 입법자가 이 예민한 영역을 규정할 때 놓이게 되는 한계를 해석하는 시도를 할 것이다.

## 1. 착상전 진단술

착상전 진단술로 체외배아는 유전병이 예상되는 유전질환이 있는지 여부를 조사받는다. 연방의사협회는 이에 대해 지침안을 내놓았다.[77] 착

---

76) H. Markl (주1), S. 6: "자비없는 도덕과 이에 따르는 법적 강제의 정신은 공동체의 이익에 대한 봉사로서 관련 당사자 개개인에게 미친다. 이러한 엄격한 윤리는 임신 중절이 임산부의 인격권에 의해 보장되는 결정이라는 똑같이 엄격한 견해와 드물지 않게 연결된다."

77) Bundesärztekammer, Diskussionsentwurf zu einer Richtlinie zur Präimplantationsdiagnostik,

상전 진단술은 독일 연방의회 윤리위원회인 '법과 의료윤리'의 자문대상이고, 그 자체로 의견이 분분했다.

착상전 진단술의 전반적인 문제점을 여기서 일목요연하게 설명할 수는 없다.[78] 다만 위에서 전개한 기본원칙에서 착상전 진단술의 제한 내지 금지에 대한 헌법적 근거는 존재하지 않는다는 결론을 도출해낼 수 있다. '체외'배아는 보호대상일 뿐, 권리주체는 아니기 때문에, 기본권 침해를 언급할 수 없다. 착상전 진단술은 오히려 윤리적으로나 헌법적으로 인정된 목적에 기여하는데, 체외수정에 의해 심리적으로나 신체적으로(여성의 경우) 매우 부담을 느끼는 부모에게 선천적 장애아이가 경우에 따라서는 태어날 수 있다는 염려를 없앤다.[79]

이에 반해 착상전 진단술을 법으로 제한하는 것이 가능한지 여부는 헌법적 문제임이 틀림없다. 왜냐하면 착상전 진단술을 법으로 제한하는 것은 독일 기본법 제2조 제2항에 의해 보호되는, 손상된 배아의 이식을 결정하는 임산부의 자유를 동시에 제한하기 때문이다. 착상전 진단술에 대하여 특정한 '윤리적인'(특히 종교적으로 작용하는) 입장만을 취하는 것에 반대할 수 있는 것은 다음의 간단한 고려에서 확인되는데, 이는 출산전진단술이 허용되고, 널리 행해질 뿐만 아니라, (독일 형법 제218a조에 따른 배아병리학적 적응사유의 경우) 손상된 배아의 불가벌적 낙태의 법적 전제에 시간적 제약이 없다는 점이다.[80] 착상후 배아의 후기 발전단계에는 진단이 허용되는 반면에, 의학발전에 따라 가능해진 더 이른 시기의 진단은 허용되지 않고 심지어 형벌로 위협된다면, 이는 평가일관성의 원칙에 명확한 모순이 될 것이고, 부모의 인간존엄 또한

---

Stand: 24. 2. 2000.

78) 이에 대해서는 W. Brohm, JuS 1998, 197; R. Neidert, Medr 1998, 348; R. Ratzel/N. Neinemann, MedR 2000, 360.

79) 비슷한 견해로는 H. Markl(주1), S. 6.

80) 이에 대해서는 A. Eser(주37), §218a Rdnr. 43.

침해하는 것이다. 문헌과 신문방송에서의 경고 목소리에 대해서는 다음의 근본적인 반론이 제기되어야 하는데, 착상전 진단술의 경우 금지된 진단방법의 "허용"이 헌법학에서 문제되는 것이 아니고, 기본권의 척도에서 법적 제한이 '정당화'될 수 있는지의 문제가 거꾸로 제기된다는 점이다. 이에 대한 헌법적 근거들은 문헌과 신문방송에서 보이지 않는다.

## 2. 배아연구

연구와 학문은 자유이다(독일 기본법 제5조 제3항 제1문). 기본권은 법률유보 아래 있지 않기 때문에, 연구자유의 제한은 근본적으로 허용되지 않고, 다만 기본권의 내재적 한계라는 장치에 의해서만 정당화된다.[81] 독일 기본법 제5조 제3항 제1문에 의한 개인자유의 보장은 모든 제한에 정당화가 필요하다. '자유'의 실현(연구의 '자유') 뿐만 아니라, 자유의 '제한'도 헌법의 척도에서 정당화를 요구한다.[82] 기본권에 규정된 효력은 지금의 논의에서 강력한 힘을 얻는다. 왜냐하면 특정대상이 자연과학연구에 특별히 허용되어야 할 것 같거나, 자연과학연구 쪽에 헌법의 척도에서 정당화가 필요할 것 같은 인상이 공공의 논의에서 때때로 일어나기 때문이다.

이는 권리주체성에 연결된 '헌법적 지위'가 부여되지 않는 인간배아에 대한 연구에도 마찬가지이다. 역으로 독일 배아보호법 제1조 제2항과 제2조 제2항이 기본법 제5조 제3항 제1문과 조화되는지에 대한 질문이 제기되어야 한다. 왜냐하면 이들 규정은 연구유보를 규정하고 있지 않기 때문이다.

---

81) 이에 대해 기초가 되는 논문은 H. Hofmann, JZ 1986, 253 ff.

82) J. Ipsen(주17), Rdnr. 60 ff.: 자유권은 보호되는 행동을 "허가"하는 것이 아니라, 행동의 법적 제한을 각각의 기본권의 척도를 따라 정당화할 것을 요구한다.

잔여배아(체외수정에 더 이상 필요 없게 된 배아)로부터 줄기세포의 추출 또한 헌법적 제한에 저촉되지 않는다. 배아에게 "생명"이 있다는 사실에서 권리주체성과 헌법에 의해 요구되는 형법적 보호가 나오지 않는다. 인간존엄의 사전효과도 줄기세포연구의 제한을 (기본권의 "내재적 한계"라는 의미에서) 정당화할 수 없다. 줄기세포연구가 치료목적에 기여하는 한, 줄기세포연구의 결과가 인간의 고통을 막거나 줄이는 데 기여하는 한, (헌법윤리적 원칙으로도 이해되는) 인간존엄에서 이러한 연구의 '명령'이 헌법적으로 정당화되지, '금지'가 헌법적으로 정당화되는 것은 아니다. 독일 장기이식법과 장기이식법에서 고려된 인간존엄의 사후효과와의 유사성은 명백하다.

## 3. 배아생산과 '치료적 복제'

인간존엄의 사전효과는 생식 외에 다른 목적의 배아 생산을 금지하거나 제한하는 것을 정당화할 수 없다. 이 논의에는 다양한 근원에서 나오는 '윤리적' 입장들이 다투고 있다. 헌법적 판단을 시도하기 위해서는 '체외'배아와 '체내'배아를 명확하게 구별하는 것이 매우 중요하다. '체내'배아는 유산되거나 낙태되지 않는 한 인간으로 발전할 수 있다. 결국 '무엇이 인간을 이루는가'라는 불필요한 문제에 다시 착수함이 없이, '체내'배아는 그 안에 존재하는 프로그램을 근거로 잠재적 인간으로 간주될 수 있다. '체외'배아의 경우는 사정이 다르다. 왜냐하면 배아가 인간으로 발전하기 위해서는 이식이 필요하기 때문이다. 배아가 다른 용도로 생산되었기 때문에 그러한 발전이 처음부터 의도되지 않았다면, 인간존엄의 사전효과 또한 이에 맞게 줄어든다. 인간존엄의 사전효과는 (다시 독일 장기이식법에 발맞추어) 배아가 거래상품으로 다뤄지는 것을 배제할지 모른다. '체외'배아에 대한 연구와 줄기세포치료의 발전에 대해서는 인간존엄은 이를 직접 명령한 것으로 보인다. 왜냐하면 그렇지 않으면 인간에게 고통이 주어지게 될 것인데, 이러한 고통의 감소 또는 치료는 매우 중대한 헌법의 보호법익이기 때문이다.


## V. 전망

유전공학문제에 대해 현재 활발히 진행되는 논의는 핵심이 되는 윤리적 논의로 되돌아가야 한다. 헌법학은 이 논의의 입장들을 기본법에서 도출하려는 유혹을 뿌리쳐야 한다. 왜냐하면 인간존엄의 불가침성도, 생명에 대한 권리도 이 복잡한 문제의 해결을 위한 충분한 규범의 연결점을 제공하지 않기 때문이다. 체외배아의 '헌법적 지위'는 (권리주체성의 의미에서) 근거지울 수 없고, 다만 고백의 대상일 뿐이다. 이에 반해 연구의 자유가 아니라, 그 제한이 헌법적 정당화를 필요로 한다는 점이 현재의 논의에서는 너무 적게 다루어지고 있다. 이러한 관점에서 볼 때, 독일 배아보호법을 독일 기본법 제5조 제3항과의 조화가능성을 통해 조사해 볼 시점이 되었다.

원자력발전에 대한 토론이 잠잠해진 후, 이로써 비게 된 정치적 공간을 유전공학과 배아연구에 대한 논의가 차지했다. 특정 연구대상을 "생물학적 플로리움"으로 타부시하고 연구활동에 법적 금지를 두려는 경향은 너무나 명백하다. 기본법이 이러한 경향을 정당화하려고 노력하는 것은 전망있는 강행이 아니다. 헌법은 (연구의 자유를 포함한) '자유'를 위하고, '계몽'을 위해서 있다. 양자는 이제껏 제대로 취급받지 못했다.

# 제4장
# 국가의 보호의무와 낙태규범

'법으로 보호해야 할' 인간생명의 시작과 끝을 결정하는 기준은 이전과 비교해 많이 달라졌으며, 이에 대한 우리의 인식도 많이 달라졌다. 뿐만 아니라 생명의 시작과 생명의 끝을 결정하는 기준에는 단 하나의 기준만이 있는 것이 아니라, 보는 시각에 따라 기준이 달라질 수 있고, 문화에 따라서도 기준이 달라질 수 있다는 점이 (널리 혹은 혹자에 따라) 인정되고 있다. 이처럼 생명의 시작과 생명의 끝에 대한 법적 기준을 정함에 있어 우리는 과도기에 있으며,[1] 이 과도기가 언제까지 갈지, 과도기를 지나 대다수의 사람들이 받아들이는 기준이 확립될 수 있을지는 명확하지 않다.

제4장에서 필자는 드워킨(Ronald Dworkin)이 제시하는 낙태에 대한 2가지 반대사유, 즉 '파생된 반대(derivative objection)'와 '독립적 반대(detached objection)'를 독일 연방헌법재판소와 미국 연방대법원의 낙태판결 내용에 대입하여 설명해 보고, 이를 토대로 '국가의 보호의무'에 부합하는 낙태규범을 구상해 보고자 한다. 낙태규범을 찾아가는 과정에서는 우리나라 낙태규범과 현실을 전제로 할 것이다. (私見에 따르면) '파생된 반대' 주장의 기초인 "생명에 대한 기초적인 이익"이 태아에게 주어져 있는지, 아니면 '독립적 반대' 주장의 기초인 "인간생명의 내재적 가치"를 태아가 지닌 것인지에 따라, 낙태규범은 달리 구성되어진다. 낙태에 대한 반대가 '파생된 반대'인지 '독립된 반대'인지 여부에 따라 '국가의 보호의무'의 내용과 정도는 달라지기 때문에, '파생된 반대'와 '독립된 반대'에 대한 고찰은 '국가의 보호의무' 논의에 대한 선결문제도 된다.[2] ('국가의 보호의무'는 여러가지 의미를 가지고 있는데,[3] 여기

---

* 법철학연구 제15권 제1호, 한국법철학회, 2012. 6, 161면 이하.

1) 최근 우리나라에 2개의 중요한 판결이 있었다. 초기배아의 법적 지위와 관련된 헌법재판소 2010. 5. 27. 2005헌마346 결정과 연명치료중단에 대한 대법원 2009. 5. 21. 선고 2009다17417 판결이 그것이다.

2) 출생전 인간생명(초기배아, 배아, 태아)에 대한 '국가의 보호의무'는 "출생전 인간생

서는 '파생된 반대'와 '독립된 반대'와 관련하여 '국가의 보호의무'를 다룰 것이다.)

## Ⅰ. 인간생명의 시작단계에서 '국가의 보호의무'

필자는 (이 장의 후반부에서 밝히듯이) 태아는 생명에 대한 기초적인 이익을 가진 인간존재와 인간생명의 내재적 가치를 지니는 인간존재로 구분할 수 있다고 생각한다. 생명에 대한 기초적인 이익을 가지는 태아는 생명권의 주체가 되며, 이로부터 임산부의 자기결정권보다 더 보호해야 하는 국가의 보호의무가 발생한다. 따라서 태아가 기초적인 이익을 가지는 시점부터는 '파생적 반대'에 기초해서 낙태를 형법으로 규율

---

명이 생명권을 갖는지 여부에 따라" 달라진다. 생명권이 인정된다면 국가에 '기본권 보호의무'가 생기는 반면에, 생명권이 인정되지 않으면 '국가의 보호의무'가 문제 될 수는 있어도 '국가의 기본권 보호의무'는 발생하지 않는다. 헌법재판소는 최근 결정에서 생명권 인정 여부와 국가의 생명권 보호의무의 인정 여부를 초기 인간생명의 단계에 따라 달리 규정하였다. 즉, 헌법재판소 2008. 7. 31. 2004헌바81 결정은 태아의 생명권을 인정하고 국가에게 태아의 생명권을 보호해야 할 의무를 부여한 반면에, 헌법재판소 2010. 5. 27. 2005헌마346 결정은 초기배아의 생명권과 국가의 기본권 보호의무를 부정하였으나, 인간의 존엄과 가치가 갖는 헌법상 가치질서로서의 성격을 고려하여 인간으로 발전할 초기배아의 잠재성을 이유로 국가의 보호의무를 인정하고 있다.

3) 잘 알려진 것으로는 헌법재판소의 위헌법률심판 심사기준으로 쓰이는 '국가의 생명권 보호의무'이다. 예컨대 헌법재판소 2008. 7. 31. 2004헌바81 결정은 사산한 태아에게 손해배상청구권을 인정하지 않는 것이 국가의 기본권(생명권) 보호의무에 반하는가를 다루고 있다; "이때 헌법재판소는 권력분립의 관점에서 소위 '과소보호금지 원칙'을, 즉 국가가 국민의 기본권 보호를 위하여 적어도 적절하고 효율적인 최소한의 보호조치를 취했는가를 기준으로 심사하게 된다. 따라서 입법부작위나 불완전한 입법에 의한 기본권의 침해는 입법자의 보호의무에 대한 명백한 위반이 있는 경우에만 인정될 수 있다. 다시 말하면 국가가 국민의 법익을 보호하기 위하여 아무런 보호조치를 취하지 않았든지 아니면 취한 조치가 법익을 보호하기에 명백하게 부적합하거나 불충분한 경우에 한하여 헌법재판소는 국가의 보호의무의 위반을 확인할 수 있을 뿐이다."

할 수 있다. 하지만 태아가 생명에 대한 기초적인 이익을 가지지 않고 인간생명의 내재적 가치만을 지닐 경우에는 사정이 다르다. 이 경우에는 '파생적 반대'가 아닌 '독립적 반대'에 기초해서 낙태에 반대하게 되는데, (私見에 따르면) 이 경우에는 임산부의 자기결정권이 태아의 생명가치보다 더 중요하게 고려될 수도 있기 때문에 상담모델에 의한 법적 규율이 가능할 것으로 보인다. 이런 이해를 토대로, 필자는 우리나라 낙태규범이 적용사유모델을 그대로 둔 상태에서 적용사유를 축소 내지 확장하는 방법보다는, 상담을 통한 기한모델을 태아가 생명에 대한 기초적인 이익을 갖지 않고, 인간생명의 내재적 가치로만 파악되는 시점에 도입하는 방식을 취할 필요가 있다고 생각한다. 이런 주장의 또 다른 배경에는 현행 낙태규범의 적용사유모델이 규범의 실효성을 상실했다는 점과 상담을 통한 기한모델과 적용사유모델을 적절하게 함께 규율한다면 현재의 문제점을 개선할 수 있지 않을까 하는 기대감이 자리 잡고 있다. 드워킨(Ronald Dworkin)의 '파생된 반대'와 '독립적 반대' 논의는 우리나라 낙태규범에 대한 私見을 펼치는 데 중요한 기초가 된다.

## 1. 파생된 반대 vs. 독립된 반대

드워킨은 그의 저서 '생명의 지배영역(Life's Dominion)'에서 낙태에 대한 반대사유를 '파생된 반대(derivative objection)'와 '독립적 반대(detached objection)' 2가지로 구분한다.[4] 낙태에 대한 '파생된 반대'를 주장하는 견해는 태아는 처음부터 자신 스스로의 이해관계 또는 이익을 가진 생명체이며, 이 전제로부터 낙태에 대한 반대가 파생된다고 주장

---

4) Ronald Dworkin(박경신·김지미 역), 『생명의 지배영역』(이화여자대학교 생명의료법 연구소, 2008), 12면 이하; 드워킨에 따르면, 인간생명을 보호할 파생적 근거와 독립적 근거의 구별은 안락사의 맥락에서 더욱 이해하기 쉽다.

한다. 즉, 낙태는 태아의 살해당하지 않을 권리를 침해하는 것이며, 낙태에 대한 반대는 태아의 권리로부터 파생되는 것이다. 이러한 주장을 드워킨이 '파생적 반대'라고 이름붙이는 이유는 이 주장이 모든 인간이 갖는 권익이 존재하고 태아도 이를 가지고 있으며, 이로부터 낙태에 대한 반대가 파생되기 때문이다.[5] "모든 인간이 갖는 권익이 존재함을 전제하고, 태아도 이를 가진다고 주장하는 점"에 그 논증의 특징이 있겠다.

반면에 '독립적 반대'는 "모든 사람이 갖는 권익이 존재하고 태아도 이를 가진다"는 파생된 반대의 당연한 '전제'를 부정한다. 그 대신에 '독립된 반대'를 주장하는 견해는 태아의 생명이 "인간생명의 내재적 가치"를 지닌다는 이유로 낙태를 반대한다. 특정한 권익의 존재를 전제하거나 이에 의존하지 않기 때문에, 드워킨은 이러한 주장을 '파생된 반대'와 비교하여 '독립적 반대'라고 지칭한다.[6] 인간생명이 신성하여 낙태가 죄스럽다거나 사악하다는 생각(독립적 반대)은 태아가 권리나 이해관계를 가진 사람이라는 전제를 하지 않고도 낙태에 반대할 근거를 제시한다는 점에서, 태아가 살 권리가 있어서 낙태가 죄스럽다거나 사악하다는 생각(파생된 반대)과는 매우 다르다.[7]

'생명옹호' 운동의 신랄한 구호들은 태아가 수정 시점부터 도덕적 공동체의 다른 구성원들과 똑같이 중요한 권리와 이해관계를 갖춘 도덕적으로 완전한 사람이라는 파생적 주장을 전제로 하고 있으나, 드워킨이 보기에는, 매우 소수의 사람들만이 이러한 구호의 내용을 실제로 믿고

---

5) Ronald Dworkin(박경신·김지미 역), 위의 책(주4), 12면.

6) Ronald Dworkin(박경신·김지미 역), 위의 책(주4), 13면.

7) Ronald Dworkin(박경신·김지미 역), 위의 책(주4), 14면; "태아가 인간이라는 관점에서는 강간에 대한 예외는 산모의 생명을 구하기 위한 예외보다 정당화하기 힘들다. 태아가 왜 타인의 악행에 대해 자신의 생명을 포기하며 그 죗값을 치러야 하는가? 그러나 우리가 태아가 인간이라는 관점으로부터 인간생명에 투여된 신적·자연적 창조력을 보호하자는 관점으로 이동하면 이 예외는 이해하기가 더욱 쉬워진다." Ronald Dworkin(박경신·김지미 역), 위의 책(주4), 104면.

있다. 그리고 낙태를 반대하는 거의 모든 이들은 약간의 성찰만으로도 파생적 근거가 아닌 독립적 근거 때문에 낙태에 반대한다는 것을 인정할 거라고 본다.8) 드워킨은 낙태에 대한 종교적인 교리의 견해 또한 태아가 자신의 이익과 권리를 갖는 사람이라는 파생적인 생각보다는 인간 생명은 고유한 가치를 가지고 있다는 독립적인 가정에 기반을 둔 것으로 더 잘 이해될 수 있다고 주장한다.9) 드워킨에 따르면, '독립적' 근거에 기초하여 낙태를 반대하는 그의 논거는 '파생적' 근거에 의한 경우보다 낙태 반대의 내용을 더욱 일관성있게 하는 장점을 가지고 있다.10)

드워킨은 도구적 가치("무엇의 가치가 효용성이나 사람들이 원하는 것을 가지도록 도와주는 능력에 달려 있다면 그것은 도구적으로 중요한 것이다"), 주관적 가치("무엇이 그것을 원하는 사람들에게만 가치가 있다면 이것은 주관적으로 가치가 있다")와 비교하여 '내재적 가치'를 설명하고 있다. 무엇의 가치가 사람들이 즐기거나 원하거나 필요하거나 그들에게 좋은 것과는 독립적인 가치를 지니고 있다면 이것은 내재적으로 가치가 있는 것이다. 우리 대부분은 최소한 일부 사물들과 사건들을 그러한 방식으로 내재적 가치가 있는 것으로 다룬다.11)

---

8) Ronald Dworkin(박경신·김지미 역), 위의 책(주4), 14면; 이러한 주장에 따르면, 태아는 뇌가 충분히 발육되지 않았기 때문에 임신 후기 전에는 고통을 의식하지 못한다. 드워킨은 최근의 연구를 토대로 태아가 고통을 의식할 수 있는 시점을 약 25주째인 것으로 추정하며, 고통을 경험하기에 충분한 뉴런층은 임신 7개월(30주) 정도는 되어야 형성된다는 몇몇 연구자의 주장도 소개하였다. 드워킨은 이미 생겼을지도 모를 의식체를 존중하고 보호함에 있어서 극도의 주의를 기울여야 하므로 26주 정도에 잠정적 경계를 설정하는 것이 합리적인 우려에 대한 배려가 될 것이라고 보았다 [Ronald Dworkin(박경신·김지미 역), 위의 책(주4), 18-19면].

9) Ronald Dworkin(박경신·김지미 역), 위의 책(주4), 40면 이하, 56면, 101면.

10) Ronald Dworkin(박경신·김지미 역), 위의 책(주4), 21-22면.

11) Ronald Dworkin(박경신·김지미 역), 위의 책(주4), 79면; 드워킨은 내재적 가치를 가지고 있는 것의 예로 '위대한 회화'를 든다. (Ronald Dworkin, 박경신·김지미 역), 위의 책(주4), 80면) "우리가 태아를 포함한 인간유기체의 생명은 도구적·대인적 가치와 관계없이 내재적 가치를 가지고 있다고 생각한다면 - 즉, 우리가 인간 생명의 모든 형태를 그 스스로가 경이라며 존중하고 찬탄하며 보호한다면 - 낙태

드워킨은 종교적 전통의 낙태에 대한 반대가 인간생명이 객관적 내재적 가치를 가지고 있다는 새로운 전제에 근거하고 있다고 지적하는데,[12] 이는 독일 제1차 낙태판결에서 더 자세히 확인할 수 있다.

## 2. 독일 제1차 낙태판결 – '독립적 반대'의 강한 형태

1975년 독일 연방헌법재판소 제1차 낙태판결의 심판대상은 수정 후 12주까지의 낙태는 허용하고, 12주 이후의 낙태는 적응사유요건과 상담요건 하에서 형벌로 처벌하지 않는다는 독일 제5차 개정형법의 기한규정이었다.[13] 연방헌법재판소는 이 판결에서 모든 인간생명을 보호해야하는 국가의 의무는 독일 기본법의 '인간존엄 조항'으로부터 도출된다고 보았다.[14] "인간생명이 존재하는 곳에 인간존엄이 부여된다. 태아가 이 존엄을 의식하고 있는지 여부나 스스로 지킬 수 있는지 여부는 중요하지 않으며, 인간존엄을 근거짓는 데에는 태아가 지닌 잠재된 능력만으로도 충분하다."[15]

연방헌법재판소의 이론구성을 드워킨의 언어로 표현한다면, 연방헌법재판소는 '독립적 반대'에 기초해서 태아에 대한 낙태를 반대한다. 특

---

는 도덕적으로 아직도 문제가 있는 것이다. 그림이 사람이 아님에도 불구하고 그림 한 점의 파괴가 경악스러운 모독이라면, 그 내재적 가치가 훨씬 더 큰 것의 파괴는 훨씬 더 큰 모독이 아니겠는가?" Ronald Dworkin(박경신·김지미 역), 위의 책(주4), 81면.

12) Ronald Dworkin(박경신·김지미 역), 위의 책(주4), 101면, 174면.

13) BVerfGE 39, 1 - NJW 1975, 575면.

14) 독일 연방헌법재판소는 인간생명, 생명권, 인간존엄의 연결을 통해 국가의 생명 보호의무는 기본법 제2조 제1항에서만 도출되는 것이 아니라, 기본법 제1조 제1항 제2문에서도 도출된다고 보았다. BVerfGE 39, 1 - NJW 1975, 575면.

15) "Wo menschliches Leben existiert, kommt ihm Menschenwürde zu; es ist nicht entscheidend, ob der Träger sich dieser Würde bewusst ist und sie selbst zu wahren weiss. Die von Anfang an im menschlichen Sein angelegten potentiellen Fähigkeiten genügen, um die Menschenwürde zu begründen."

이한 점은 연방헌법재판소가 태아의 생명권과 인간존엄을 독일 기본법의 객관적 가치질서(objektive Wertordnung)로 근거지운다는 점이다. 이 점에서 연방헌법재판소의 주장은 "독립적 반대의 매우 강한 형태"로 파악되는데, 이는 인간생명의 내재적 가치에 기초한 '독립적 반대'가 이익형량이 불가능한 인간존엄의 가치에 기초한 '독립적 반대'로 강화되었기 때문이다. 인간생명의 신성성이라는 '종교적이고 윤리적인 차원의 가치'는 이익형량이 불가능한 인간존엄이라는 '법률적인 가치'로 주장된다. 이에 따라 태아의 생명은 인간생명으로서 '인간생명의 내재적 가치'를 지닐 뿐만 아니라, 기본법의 '객관적 가치질서'의 최상위에 있는 '인간존엄'의 가치로 다루어져야 한다.

반면에 연방헌법재판소는 '파생된 반대'를 논증의 도구로 사용하지 않았다. '파생된 반대'에 기초해 낙태를 반대하려면, 태아는 이미 생명에 대한 기초적인 이익을 가진다는 '파생된 반대'의 '전제'를 상술해야 하는데, 연방헌법재판소는 잠재성논증에 기초해 인간생명의 잠재성으로 태아의 인간존엄을 근거지웠을 뿐이지, 태아가 생명에 대한 기초적인 이익을 가지는지 여부에 대해서는 자세히 언급하고 있지 않다. 연방헌법재판소는 수정 후 14일이 지난 후(착상 후) 태아의 발달과정이 구분이 불가능한 연속되는 과정임을 강조하였지, 태아가 생명에 대한 기초적인 이익을 가진다고 주장하지 않았다. 이는 연방헌법재판소가 개인을 특징짓는 의식현상은 출생 후에야 비로소 나타나며, '인간존엄 조항'의 적용은 출생 후의 인간이나 독립적으로 살 수 있는 태아에 제한되지 않는다는 주장에 잘 드러난다.[16]

(私見에 따르면) 독립적 반대의 매우 강한 형태(또는 최고로 강한 형태)로 파악되는 독일 연방헌법재판소의 '객관적 가치질서'에 따른 태아 생명 보호는 '국가의 보호의무'에 직접적으로 영향을 미친다. 인간생명

---

16) BVerfGE 39, 1 - NJW 1975, 574-575면.

은 기본법의 객관적 가치질서 내에서 최고가치로서 다루어지며, 따라서 인간생명에 대한 국가의 보호의무는 진지하게 다루어져야 한다. 연방헌법재판소는 태아의 생명과 임산부의 자기결정권은 독일 기본법의 객관적 가치질서 내에서 어떠한 위치를 차지하는가에 따라 그 보호정도가 결정된다고 보았으며("문제되는 법익이 기본법의 가치질서 내에서 높은 위치를 점하면 점할수록, 국가의 보호의무는 더 신중하게 고려되어야 한다"),[17] 기본법의 객관적 가치질서의 중심에 있는 인간존엄을 근거로, 태아생명의 가치가 임산부의 자기결정권보다도 우위에 있다고 보았다: "모든 인간생명, 이제 막 생성되는 생명이라도, 그 자체로 똑같이 귀중하며, 따라서 서로 다른 평가가 주어지거나, 이익형량에 맡겨져서는 안 된다."[18]

따라서 낙태는 불법으로 간주되며, 형법은 기본법의 객관적 가치질서 내에서 인간생명의 보호수단으로 사용되어야 한다.[19] 인간생명의 보호수단이 아니라 인간생명을 침해하는 독일 제5차 개정형법의 기한모델은 기본법의 객관적 가치질서에 반하며,[20] 개정형법 제218c조에 규정된

---

17) BVerfGE 39, 1 - NJW 1975, 575면.

18) BVerfGE 39, 1 - NJW 1975, 580면.

19) 하지만 태아생명의 가치가 임산부의 자기결정권보다 항상 우위에 놓이는 것은 아니다. 이는 '형법의 최후수단성(ultima ratio)'과 '임산부의 기대불가능성(Unzumutbarkeit)'과 관련한 독일 연방헌방재판소의 언급에서 확인할 수 있다. 연방헌법재판소에 따르면, 낙태를 불법으로 규정함으로써 형법은 기본법의 객관적 가치질서 내에서 인간생명의 보호수단으로 사용되지만, 태어나지 않은 인간생명의 효율적이고 효과적인 보호와 형법의 최후수단성과 관련하여 형법을 최우선수단(prima ratio)으로 투입해서는 안 된다. 또한 연방헌법재판소에 따르면, 4가지 경우(임산부의 생명이 위태롭거나 건강상태가 심하게 약화되는 경우, 우생학적 사유, 윤리적 사유, 낙태를 할 수밖에 없는 위급상황의 경우)에는 임산부에게 출산을 기대할 수 없음을 이유로 임산부의 자기결정권이 특별히 고려되어야 한다(BVerfGE 39, 1 - NJW 1975, 577면).

20) 기본법의 객관적 가치질서의 중심인 인간존엄 가치에 따라 태아생명의 보호를 임산부의 자기결정권보다 우위에 둠으로써, 독일 연방헌법재판소의 제1차 낙태판결은 그 자체에 모순을 간직하고 있지는 않다. 하지만 기본법의 객관적 가치질서 아래에서 제1차 낙태판결의 정당성과 일관성이 두드러졌음에도 불구하고, 제1차 낙태판결

임산부 상담과 교육이 헌법의 객관적 가치질서와 맞지 않을 뿐만 아니라, 태어나지 않은 생명을 효과적으로 보호하는데 적합하지 않다고 연방헌법재판소는 판시하였다.

## 3. 미국 Roe vs. Wade 판결 - '파생된 반대'에 기초

독일에서 낙태판결이 있기 2년 전인 1973년에 미국 연방대법원은 Roe vs. Wade 판결에서 산모의 생명을 살리기 위한 경우를 제외한 모든 낙태는 범죄라고 규율한 텍사스 주의 낙태법(이 법은 낙태에 대한 매우 엄격한 가톨릭의 주장과 비슷한 내용을 담고 있었다)[21]의 위헌 여부를 다루었다.[22] 미국에서 Roe vs. Wade 판결은 중요하게 다루어졌는데, 특히 Roe vs. Wade 판결에서 주목해야 할 점은 심판대상이 독일의 것과 정반대의 것이고, 심판결과 또한 독일의 것과 정반대로 나왔다는 점이다.

---

이후 개정된 형법의 '적응사유모델'이 규범과 현실 사이의 간격을 좁히지 못해 '적응사유모델'의 규범실효성에 대한 의문이 계속 제기되었다.

[21] 당시 미국은 뉴욕, 워싱턴, 알래스카, 하와이 등 4개 주(州)는 면허증이 있는 의사에 의해 특정 임신기간 이내에 시술된 낙태에 대한 모든 형사처분을 폐지했고, 기타 13개 주는 '개선(reform)' 법령을 통과시켜, 낙태 허용 범위를 확대했다. 그러나 32개 주는 여전히 거의 모든 상황에서의 낙태를 불법으로 규정했다. 텍사스 주법은 19세기 후반 '낙태를 범죄로 규정하는 운동'(텍사스 주는 1854년 이 운동에 합류했다)이 전국을 휩쓸면서 대부분의 주에서 제정한 법안의 전형적인 예였다. Linda Greenhouse(안기순 역), 『블랙먼, 판사가 되다』(청림출판, 2005), 114면, 122면.

[22] Roe vs. Wade 판결의 명칭은 텍사스 주 댈러스에 살던 여인 '제인 로(Jane Roe)'와 댈러스 카운티 지방 검사 헨리 '웨이드(Henry Wade)'에서 유래했다. Gregory E. Pence(구영모・김장한・이재담 역), 『의료윤리I』(광연재, 2003), 315면. Roe vs. Wade 판결과 그 파장에 대한 자세한 설명으로는 Gregory E. Pence(구영모・김장한・이재담 역), 앞의 책(주22), 315면 이하; Ronald Dworkin(박경신・김지미 역), 위의 책(주4), 6면 이하; Bob Woodward・Scott Armstrong(안경환 역), 『지혜의 아홉 기둥』(라이프맵, 2008), 469면 이하; Jeffrey Toobin(강건우 역), 『더 나인(The NINE)』(라이프맵, 2010), 70면 이하; Linda Greenhouse(안기순 역), 위의 책(주21), 114면 이하, 265면 이하.

연방대법원은 태아가 체외에서 생존가능한 시점 이전에 낙태하는 것은 임산부의 낙태할 권리에 속한다고 보았으며, 프라이버시권으로부터 낙태권을 도출하였다.[23] 연방대법원은 임신중절할 수 있는 여성의 권리는 임신기간과 함께 늘어나는 태아의 권리와 알맞게 균형을 맞추어야 한다고 보아 체외생존가능성(viability)을 기준으로 한 3분기 체계(trimester system)를 수립하였다. 연방대법원은 체외생존가능성을 태아가 "엄마의 자궁 밖에서 인공적인 도움을 받을지라도 살아갈 수 있는 가능성이 있는 시점"이라고 정의하였으며, 일반적으로 체외생존가능성은 7개월(28주)이지만 더 빠를 수도 있으며, 24주일 때도 가능하다고 보았다.[24] 연방대법원은 3분기 체계(trimester system)를 다음과 같이 요약하고 있다.

산모의 생명을 구하기 위한 경우를 제외하고는, 임신 기간이나 당사자의 이해관계와는 무관하게 일체의 낙태를 금지하는 텍사스 주법과 같은 법령은 적정절차를 규정한 수정헌법 제14조에 위배된다.

(a) 제1분기말이 되기까지, 낙태결정과 그 시행은 임산부의 주치의의 의학적 소견에 맡긴다.

(b) 제1분기말 이후부터, 산모의 건강에 관한 주의 이익을 증진시키기 위하여, 산모의 건강과 관련하여 합리적인 방식으로 낙태과정을 규제할 수 있다.

(c) 체외생존가능성이 발생한 이후, 주는 인간생명의 잠재성을 우선적

---

23) 연방대법원은 이미 그리스울드(Griswold) 대 코네티컷(Connecticut) 사건(1965)에서 프라이버시에 대한 권리는 이미 헌법에 내재되어 있으며, 부부는 피임약(그리스울드 사건의 쟁점은 주가 피임을 금지시킬 수 있느냐 하는 것이었다)을 구입할 수 있다고 하였다. Gregory E. Pence(구영모·김장한·이재담 역), 위의 책(주21), 315면; Griswold vs. Connecticut 판결은 '프라이버시권'에 근거해서 성립되었고, 이후 낙태 법안에 대항하는 변호사들은 이 개념을 자신의 변론에 포함시키기 시작했다. Linda Greenhouse(안기순 역), 위의 책(주21), 119면.

24) Gregory E. Pence(구영모·김장한·이재담 역), 위의 책(주22), 316면.

으로 고려하여, 이 경우 낙태를 규제할 수 있으며, 금지할 수도 있다. 그러나 산모의 생명 혹은 건강을 보호하기 위해 낙태가 필요하다는 적절한 의학적 소견이 있을 경우는 예외로 한다.[25]

Roe vs. Wade 판결에 의해 주는 전체 낙태의 0.1%만이 이루어지는 제3분기에서조차 산모의 생명을 보호하기 위해서뿐만 아니라 건강을 보호하기 위해서 낙태를 합법화할 수 있는데, 제3분기 낙태의 대부분은 어차피 허용되는 성질의 것이어서 사실상 주는 실제 출생할 때까지 언제든지 낙태를 합법화할 수 있게 되었다. Roe vs. Wade 판결의 주요 논거인 낙태에 대한 헌법적 권리와 체외생존가능성(viability)을 기준으로 한 3분기 체계(trimester system)는 이후 1992년 Planned Parenthood of Southeastern Pennsylvania vs. Casey 판결에서도 유지되었다.[26]

---

25) Gregory E. Pence(구영모·김장한·이재담 역), 위의 책(주22), 316면, "A state criminal abortion statute of the current Texas type, that excepts from criminality only a lifesaving procedure on behalf of the mother, without regard to pregnancy stage and without recognition of the other interests involved, is violative of the Due Process Clause of the Fourteenth Amendment.
(a) For the stage prior to approximately the end of the first trimester, the abortion decision and its effectuation must be left to the medical judgement of the pregnant wowan's attending physician.
(b) For the stage subsequent to approximately the end of the first trimester, the State, in promoting its interest in the health of the mother, may, if it chooses, regulate the abortion procedure in ways that are reasonably related to maternal health.
(c) For the stage subsequent to viability, the State in promoting its interest in the potentiality of human life may, if it chooses, regulate, and even proscribe, abortion except where it is necessary, in appropriate medical judgment, for the preservation of the life or health of the mother."
소수의견을 내던 2명의 대법관[윌리엄 렌퀴스트(William Rehnquist)와 바이런 화이트(Byron R. White)] 중 한 명인 화이트는 법원이 아니라 각 주정부가 낙태의 제한 여부를 결정해야 한다며, 블랙먼의 '3분기 체계'는 사법(司法)이 아니라 순수한 입법(立法)행위라며 반대의견을 내었다. Bob Woodward·Scott Armstrong(안경환 역), 위의 책(주22), 481면.
26) 레이건과 부시가 임명한 대법관 중 3명(오코너, 케네디, 수터)이 Roe vs. Wade 판결

Roe v. Wade 판결의 이론구성을 드워킨의 언어로 표현한다면, 미국 대법원은 "파생된 반대에 기초하여" 낙태에 찬성함을 알 수 있다. '파생된 반대'에 기초해 낙태를 반대하려면, 태아는 이미 생명에 대한 기초적인 이익을 가진다는 '파생된 반대'의 '전제'가 충족되어야 하는데, 연방대법원은 이 전제가 태아가 체외에서 생존가능한 제3분기 이전에는 충족되지 않는다고 보았다. 미국의 경우 '주(州)의 보호의무'가 아닌 '주(州)의 이해관계'가 문제되는데, 주의 중요한 이해관계가 생기면 주정부의 개입은 필수불가결하게 정당화된다. 주정부가 개입해야 하는 시점은 태아의 이익을 보호해야 할 시점이며, 태아의 이익은 태아가 체외에서 생존가능한 제3분기 이후에야 생긴다. 제3분기에 이르러서야 비로소 임산부의 프라이버시권에 태아의 생명이 개입되어 단독이 아닌 두 사람이 관련되게 되며, 주정부의 이해와 균형을 유지할 필요가 있게 된다.[27] 제1분기 말 이후부터 주(州)정부는 개입할 수 있는 것은 태아의 이익 때문이 아니라, 산모의 건강에 관한 주의 이익을 증진시키기 위함이다.[28]

반면에 태아의 생명이 '인간생명의 내재적 가치'를 지닌다는 이유로

---

에 대한 지지를 선언한 반면, 레이건과 부시가 임명한 나머지 2명(스칼리아, 토머스)은 다음 기회가 온다면 Roe vs. Wade 판결에 대한 번복의견을 낼 것임을 분명히 하고 있다. Ronald Dworkin(박경신·김지미 역), 위의 책(주4), 8-9면; Planned Parenthood of Southeastern Pennsylvania vs. Casey 판결에 대한 자세한 설명은 Jeffrey Toobin(강건우 역), 위의 책(주22), 70면 이하.

27) Roe vs. Wade 판결문 집필자인 해리 A. 블랙먼(Harry A. Blackmun)이 쓴 '의견 제안서'의 내용이다. Linda Greenhouse(안기순 역), 위의 책(주21), 136면.

28) 이를 단순화시켜 유형화하면 다음과 같다.
   1. 최초 12주(제1분기): 주의 이익이 전무(全無)한 단계: 낙태는 무제한이며 전적으로 의사의 의학적 판단에 의한다.
   2. 12주-24주(제2분기): 주의 이익이 발생하는 단계: 임부의 건강을 보호할 목적으로만 낙태를 제한할 수 있다.
   3. 24주 이후(제3분기): 태아의 잠재적 생명보호라는 주의 이익이 발생하는 단계 [Bob Woodward·Scott Armstrong(안경환 역), 위의 책(주22), 475면]

낙태에 반대하는 '독립된 반대'의 근거는 어디에도 보이지 않는다. 연방대법원은 태아가 독립생존능력을 갖춘 이후에(대략 임신 24~28주)[29] 주(州)는 태아의 잠재적 생명을 보호하는데 이해관계를 가짐으로써 법을 통해 낙태를 규제할 수 있다고 논증할 뿐, '인간생명의 내재적 가치'에 대한 어떠한 고찰도 없다. 대신에 임산부의 자기결정권을 '프라이버시권'을 통해 광범위하게 보장하고 있다.[30] 이에 따라 첫 두 3분기 동안의 낙태는 허용될 수 있고 허용되어야 하며, 제3분기 이전에는 주(州)의 간섭이 배제된다.[31]

## 4. 헌법재판소 2010. 5. 27. 2005헌마346 결정
### - '인간생명의 내재적 가치'의 또 다른 의미

낙태를 반대하는 '독립된 근거'는 초기배아를 이용한 줄기세포연구에 대한 반대에도 적용될 수 있다.[32] '독립된 반대'에 따르면, 초기배아는 생명에 대한 기초적인 이익을 갖기 때문이 아니라, 초기배아의 생명이 인간생명의 내재적 가치를 지니기 때문에 배아줄기세포연구는 금지되어야 한다. 이는 독일 연방헌법재판소 제1차 낙태판결에서처럼 '객관적 가치질서'로 인간생명의 내재적 가치를 평가하면 더더욱 그러하다.

(하지만 필자가 보기에) 초기배아와 태아에서(배아줄기세포연구의 경

---

29) 의학의 발전에 따라 태아의 독립생존 가능시기가 점차 앞당겨질 수 있으며, 블랙먼도 이를 인정하였다.

30) 블랙먼은 Roe vs. Wade 판결과 동일시되면서 낙태권리의 옹호자일 뿐 아니라, 여권(女權)의 옹호자로 인식되었다. Linda Greenhouse(안기순 역), 위의 책(주21), 299면.

31) Bob Woodward·Scott Armstrong(안경환 역), 위의 책(주22), 471면.

32) 헌법재판소는 2010. 5. 27. 2005헌마346판결에서 수정 후 14일이 경과하여 원시선이 나타나기 전의 수정란 상태, 즉 일반적인 임신의 경우라면 수정란이 모체에 착상하여 원시선이 나타나는 그 시점의 배아 상태에 이르지 않은 배아를 '초기배아'로 정의하였다.

우와 낙태의 경우에서) '인간생명의 내재적 가치'의 의미는 사뭇 다르다. 헌법재판소 2010. 5. 27. 2005헌마346판결은 초기배아의 생명권과 국가의 기본권 보호의무를 부정하면서, 동시에 인간의 존엄과 가치가 갖는 헌법상 가치질서로서의 성격을 고려하여 인간으로 발전할 초기배아의 잠재성을 이유로 국가의 보호의무를 인정하고 있다. "오늘날 생명 공학 등의 발전과정에 비추어 인간의 존엄과 가치가 갖는 헌법상 가치질서로서의 성격을 고려할 때 인간으로 발전할 잠재성을 가진 초기배아라는 원시생명체에 대하여도 위와 같은 헌법상 가치가 소홀히 취급되지 않도록 노력해야 할 국가의 보호의무가 있음을 인정하지 않을 수 없다 할 것이다."

헌법재판소의 입장이 '인간존엄의 사전효과(Vorwirkung)'를 통해서 국가의 보호의무를 인정한 것인지 여부는 명확하지 않다. '인간의 존엄과 가치가 갖는 헌법상 가치질서의 성격을 고려하여'라는 결정은 문구의 표현이 명확하게 인간존엄의 사전효과를 나타내고 있지는 않기 때문이다. 헌법재판소의 입장이 인간존엄의 사전효과를 인정하는 것이라면, 이에 대한 더 구체적인 논증이 필요해 보인다. 예컨대 입센(Jörn Ipsen)은 인간존엄의 사전효과를 통한 보호의무를 인간존엄의 사후효과를 통한 보호의무와 비교함으로써 밝힌다. 입센에 따르면 인간존엄은 보호의무라는 법형상을 통해 사전효과뿐만 아니라 사후효과도 발휘할 수 있다. 사람의 권리능력은 죽음으로 끝난다. 사자(死者)에게는 권리주체성과 기본권주체성이 부여되지 않는다. 그럼에도 이는 사자에게 살아있는 사람들이 존중해야 할 '존엄'이 부여되는 것을 배제하지 않으며, 사자를 법적으로 쓰레기 처리되어야 할 물건으로 규정하는 것을 배제한다. 죽음의 시점을 넘는 인간존엄의 사후효과는 입법자를 구속하는 프로그램을 전개하지는 않지만, (과소보호의 의미에서) 최소한의 법적 보호조치에 대한 의무를 부과한다. 구조적으로 사후효과와 비교할 수 있는 방법으로 입법자는 인간존엄의 사전효과를 근거로 초기배아의 보호를 위한 법률규정을 공포해야 할 의무가 있을 수 있다. 배아를 임의로 생산하고, 죽이고, 제3자가 임의대로 처리할 수 있다면, 사자의 존엄이 법률로 보호되지 않을 경우, 사자와 관련해서 추측할 수 있는 것과 비슷한 인간존엄에의 파급효과를 각오해야 할 것이다. 따라서 인간존엄을 통해 초기배아를 위해서도 입법자의 보호의무를 근거지울 수 있다. 왜냐하면 초기배아 스스로는 권리주체성을 가지고 있지 않고, 따라서 인간존엄 기본권의 보유자가 아니기 때문이다.[33]

私見에 따르면, 인간존엄을 매개하지 않고서라도 국가의 보호의무를 인정할 수 있다면, 굳이 인간존엄의 사전효과를 통해 국가의 보호의무를 인정할 필요는 없다. 메르켈(Reinhard Merkel)은 규범적 의무의 근원으로서 3가지 원칙, 즉 침해금지, 연대성의무, 규범보호원칙을 구별할 것을 제안한다. 특히 초기배아의 지위를 확정함에 있어서는 침해금지와 연대성의무의 구별이 중요하다. 그의 견해에 따르면, 배아연구에서 침해금지를 근거지울 수는 없는데, 이는 초기배아가 주관적 기본권주체성을 가지고 있지 않기 때문이다. 그 대신에 그는 인간종연대성을 제안하는데, 연대성의무는 침해금지와는 달리 기본권주체성을 전제로 하지 않는다.[34] 인간종논증, 계속성논증, 동일성논증, 잠재성논증은 초기배아의 인간존엄이나 생명권을 근거짓는 논증이 아니라, 초기배아에 대한 연대성의무를 근거짓는 논증인 셈이다. 인간사체의 경우 그분에 대한 존경과 사체 또한 인간종으로서 함부로 처리해서는 안 된다는 점에 기해 국가의 보호의무를 인정할 수 있다. 그리고 이는 형법으로도 처벌할 수 있는 강력한 힘이 있는 것도 현실이다. 초기배아의 잠재성 또한 인간존

---

33) Jörn Ipsen(고봉진 역), 「체외배아의 헌법상 지위」, 법과정책 제16집 제1호, 제주대 법과정책연구소, 2010, 315면 이하.

34) Reinhard Merkel, Forschungsobjekt Embryo(dtv., 2002), 143면 이하.

엄을 매개하지 않고서라도 국가의 보호의무를 이끌어내기에 충분하다. 초기배아는 수정 이후의 발전과정을 통해 생명권의 주체가 될 수 있는 잠재성이 있기 때문에 이를 보호해야 할 필요가 있게 된다. 이때 보호의 의미는 배아의 생명을 보호한다는 적극적 의미가 아니라 배아가 함부로 처리되는 것을 막는다는 소극적 의미이다.[35)]

## Ⅱ. 우리나라 낙태규범과 현실

### 1. 낙태규범

낙태에 대한 주요 법규정에는 형법 제269조와 제270조, 모자보건법 제14조와 제28조, 모자보건법 시행령 제15조가 있다. 형법 제269조와

---

35) 고봉진, 「초기배아의 헌법상 지위」, 헌법학연구 제17권 제2호, 2011, 345면 이하; 구체적인 내용이 무엇인지를 헌법재판소 2010. 5. 27. 2005헌마346 결정은 밝히지 않고 있는 반면에, '국가생명윤리심의위원회의 의견요지'(이는 판결문에 부기되어 있다)와 '인간 배아줄기세포연구를 위한 미국 국립과학원(The National Academy of Science: NAS) 가이드라인'에서는 구체적인 내용을 확인할 수 있다. "국가생명윤리심의위원회 내부의 의견이 만장일치로 되어 있는 것은 아니나, 동위원회의 다수의견에 따르면 인간배아는 '잠재적 인간존재'로서의 지위를 가진다. 즉, 인간배아는 성장하면서 점차 도덕적 지위를 얻게 되며, 원시선이 출현하기 이전의 배아도 생명권의 존중대상인 인간의 잠재성을 부인할 수 없다. 다만, 인간배아를 완전히 인간과 동등한 존재 내지 생명권의 주체로서 인격을 가지는 존재로 볼 수는 없다. 그렇다면 인간배아는 단순한 세포덩어리인 것은 아니며 인간으로 발전할 가능성이 있는 존재이기 때문에 착상 이전의 초기배아의 경우에도 연구자에 의한 임의적 처분이 가능한 연구 또는 실험의 대상이 될 수 없고, 인간배아를 이용한 연구는 연구나 치료의 이익이 큰 경우에 한하여 법률규정을 두어 엄격한 관리하에 배아줄기세포 연구를 위한 목적으로 허용할 수 있다(이상 국가생명윤리심의위원회의 의견요지)." "초기배아의 잠재성에 기초한 국가의 보호의무는 인간 배아줄기세포연구의 포기를 요구하는 것은 아니다. 오히려 이는 우리 사회가 적절한 도덕적 진지성을 갖추고 인간배아의 특수한 지위를 고려하는 인간 배아줄기세포연구의 감독 제도들을 고안할 것을 요청한다(이상 인간 배아줄기세포연구를 위한 미국 국립과학원(The National Academy of Science: NAS) 가이드라인]."

제270조는 낙태죄를 형벌로 처벌하는 데 반해, 모자보건법 제14조와 모자보건법 시행령 제15조는 낙태죄에 대한 위법성조각사유를 규정하고 있다. 형법이 규율하는 낙태죄를 살펴보면, 형법 제269조는 자기낙태죄(제1항), 동의낙태죄(제2항), 동의낙태죄의 결과적 가중범인 낙태치사상죄(제3항)를, 형법 제270조는 업무상 동의낙태죄(제1항), 부동의낙태죄(제2항), 업무상 동의낙태죄·부동의낙태죄의 결과적 가중범인 낙태치사상죄(제3항)를 규율하고 있다. 낙태미수죄와 과실에 의한 낙태죄에 대한 처벌조항은 없다. 반면에 모자보건법 제14조와 모자보건법 시행령 제15조는 인공임신중절수술의 허용요건을 규정하고 있는데, 모자보건법 규정에 의한 인공임신중절수술을 받은 자와 수술을 행한 자는 형법 제269조 제1항, 제2항 및 동법 제270조 제1항의 규정에 불구하고 처벌하지 않는다(모자보건법 제28조).[36] 이는 낙태죄의 위법성조각사유로서, '법령에 의한 정당행위'에 해당한다.

낙태죄에 대한 형법의 적용이 배제되기 위해서는, 인공임신중절수술이 모자보건법 제14조와 모자보건법 시행령 제15조에 규정되어 있는 허용요건 4가지를 충족하여야 한다. 인공임신중절수술은 ① 의사에 의해 행해져야 한다. 산부인과 전문의일 필요는 없다. ② 본인과 배우자(사실상의 혼인관계에 있는 사람을 포함함)의 동의가 있어야 한다.[37] 배우자의 동의까지 필요로 하는 점에 특색이 있는데, 사실상 배우자의 동

---

36) 주의할 점은 모자보건법 제28조가 자기낙태죄(제269조 제1항), 동의낙태죄(제269조 제2항), 업무상 동의낙태죄(제270조 제1항)에 적용되지, 부동의 낙태죄(제270조 제2항), 동의낙태죄의 결과적 가중범인 낙태치사상죄(제269조 제3항), 업무상 동의낙태죄·부동의낙태죄의 결과적 가중범인 낙태치사상죄(제270조 제3항)에는 적용되지 않는다는 점이다.

37) 배우자가 사망, 실종, 행방불명 기타 부득이한 사유로 인하여 동의를 할 수 없는 때에는 본인의 동의로 족하고(모자보건법 제14조 제2항), 본인이나 배우자가 심신장애로 의사표시를 할 수 없을 때에는 그 친권자나 후견인의 동의로, 친권자나 후견인이 없을 때에는 부양의무자의 동의로 각각 그 동의를 갈음할 수 있다(모자보건법 제14조 제3항).

의요건은 거의 준수하지 않고 있다. 이에 따라 법조항을 존치시킬 필요
성 여부에 대한 문제가 제기됨은 물론 임신중절의 당사자도 아닌 배우
자의 동의를 그 요건으로 하고 있어 피시술자 본인의 자기결정권을 침
해하고 있다는 점에서도 비난받을 소지를 안고 있다는 비판이 제기된
다.[38] ③ 임신한 날로부터 24주일 이내에 행해져야 한다. 이전 시행령
(개정 2006. 6. 7)에는 임신한 날로부터 28주일 이내에 인공임신중절수
술이 가능하도록 규정되었으나,[39] 개정 시행령(전문개정 2009. 7. 7)은
임신한 날로부터 24주일 이내로 개정하였다. 이에 대해서는 태아의 생
존능력은 오늘날 산부인과 의료기술의 발달수준에 비추어 임신후 약 20
주 이후로 잡는 것이 좋다는 견해를 주목하고 임신 20주 이내로 개정
해야 한다는 견해가 있다.[40] ④ 모자보건법 제14조 제1항 제1호 내지
제5호 중 어느 하나에 해당하는 정당화사유가 존재하여야 한다. 5가지
정당화사유는 우생학적 정당화사유, 윤리적 정당화사유, 의학적 정당화
사유로 다시 분류된다.

우생학적 정당화사유에는 본인이나 배우자가 대통령령으로 정하는
우생학적 또는 유전학적 정신장애나 신체질환이 있는 경우(제1호)와 본
인이나 배우자가 대통령령으로 정하는 전염성 질환이 있는 경우(제2호)
가 해당한다. 주요 특징은 대통령령이 정하는 우생학적 또는 유전학적
정신장애나 신체질환, 전염성 질환의 주체를 '태아'가 아니라, '본인이
나 배우자'로 하였다는 점에 있다. 이에 대해서는 우생학적 또는 유전

---

38) 김해중, 「인공임신중절 실태조사 및 종합대책수립」(보건복지부 지원 연구보고서),
　　고려대학교, 1995, 204면.

39) 의학의 발달로 임신 24주가 경과한 태아의 생존 가능성이 매우 높아졌음에도 불구
　　하고 모자보건법은 생존이 가능한 임신 후 24주 이후 28주일 이내에 있는 태아의
　　경우도 임신중절을 허용하는 결과를 가져온 점에 대한 비판으로는 김해중, 위의 보
　　고서(주38), 203면.

40) 김일수, 「살인과 낙태의 한계 – 모자보건법 개정안의 모색」, 오선주교수 정년기념
　　논문집, 2001, 293면.

학적 정신장애나 신체질환, 전염성 질환이 유전되는지 여부가 불명확하고, 유전된다고 하더라도 이를 낙태의 허용사유로 삼는 것은 정신질환자, 장애아 등 동(同) 장해나 질환이 있는 자들의 기본적인 인권을 침해하는 요인을 포함하고 있다는 비판이 있다.[41] 따라서 과거와는 달리 과학기술의 발달로 산전진단 등을 통해 태아에게 일어나는 질환을 알 수 있는 방법이 있으므로 태아 자체를 기준으로 정당화사유를 판단하는 입법형식이 더 타당하다는 주장이 제기된다.[42] 본인이나 배우자가 유전학적 정신장애나 신체질환이 없는 경우에도 태아에게 다양한 유전학적 이상과 선천성 이상이 발생할 가능성이 있고, 본인이나 배우자가 전염성 질환에 감염이 되더라도 배아 혹은 태아에게 반드시 감염을 일으키는 것은 아니기 때문이다.[43] 구체적으로 우생학적 정당화사유에 해당하는 질환은 모자보건법 시행령(전문개정 2009. 7. 7) 제15조 제2항과 제3항에 규정되어 있는데,[44] 이전 시행령(개정 2006. 6. 7) 제2항과 제3항에서 문제시되었던 질환이 삭제되었다.[45] 판례에 따르면, 다운증후군은

---

41) 김해중, 위의 보고서(주38), 202면.
42) 권복규·김현철, 『생명윤리와 법』(이화여자대학교 출판부, 2009), 98면; 김향미, 「모자보건법상 의학적 인공임신중절 허용사유」, 2010년 제96차 대한산부인과학회 학술대회지, 115면.
43) 김향미, 위의 글(주42), 115면.
44) 제15조(인공임신중절수술의 허용한계) ② 법 제14조 제1항 제1호에 따라 인공임신중절수술을 할 수 있는 우생학적 또는 유전학적 정신장애나 신체질환은 연골무형성증, 낭성섬유증 및 그 밖의 유전성 질환으로서 그 질환이 태아에 미치는 위험성이 높은 질환으로 한다. ③ 법 제14조 제1항 제2호에 따라 인공임신중절수술을 할 수 있는 전염성 질환은 풍진, 톡소플라즈마증 및 그 밖에 의학적으로 태아에 미치는 위험성이 높은 전염성 질환으로 한다(전문개정 2009. 7. 7).
45) 제15조(인공임신중절수술의 허용한계) ② 법 제14조 제1항 제1호의 규정에 의하여 인공임신중절수술을 할 수 있는 우생학적 또는 유전학적 정신장애나 신체질환은 다음 각호와 같다.
   1. 유전성 정신분열증
   2. 유전성 조울증
   3. 유전성 간질증
   4. 유전성 정신박약

모자보건법 시행령 제15조 제2항의 인공임신중절사유에 해당하지 않음이 명백하여 부모가 태아가 다운증후군에 걸려 있음을 알았다고 하더라도 태아를 적법하게 낙태할 결정권을 가지고 있지 않으며, 다운증후군을 가진 아이가 태어나더라도 부모의 적법한 낙태결정권은 침해되지 않는다.[46] 반면에 출생 후 생존이 불가능한 일부 질환은 임신을 유지한다고 하더라도 출생 후 생존 자체가 불가능하여 임신을 유지할 필요나 실익이 전혀 없고 따라서 임신 중 발견이 되는 경우에는 임신중절이 허용되어야 할 필요가 큰 질환들 - 예컨대 무뇌아 - 도 단지 유전학적 질환이나 장애가 아니라는 이유만으로 그 임신중절이 현행법 하에서는 허용되지 않는 낙태시술이 되어 불법적인 것으로 간주되는 불합리한 결과를 초래한다는 지적이 있다.[47]

윤리적 정당화사유에는 강간 또는 준강간에 의하여 임신한 경우(제3호)와 법률상 혼인할 수 없는 혈족 또는 인척간에 임신한 경우(제4호)가 해당한다. 후자는 혼인신고가 불가능한 사이에 잉태된 아이는 국가가 죽여도 괜찮다는 면죄부를 주는 꼴이어서, 생명이 혼인의 적법성 여부에 좌우되는 것은 이론적 설명가능성을 완전히 뛰어넘는다는 비판이 있다.[48]

의학적 정당화사유에는 임신의 지속이 보건의학적 이유로 모체의 건

---

5. 유전성 운동신경원 질환
6. 혈우병
7. 현저한 범죄경향이 있는 유전성 정신장애
8. 기타 유전성 질환으로서 그 질환이 태아에 미치는 위험성이 현저한 질환
③ 법 제14조 제1항 제2호의 규정에 의하여 인공임신중절수술을 할 수 있는 전염성 질환은 태아에 미치는 위험성이 높은 풍진・수두・간염・후천성면역결핍증 및 전염병예방법 제2조 제1항의 전염병을 말한다(개정 2006. 6. 7).

46) 대법원 1999. 6. 11. 선고 98다22857 판결; 대법원 2002. 3. 29. 선고 2000다61947 판결.
47) 김해중, 위의 보고서(주38), 202면.
48) 배종대, 「낙태에 대한 형법정책」, 고려법학 제50호, 2008, 239면. 동시에 배종대 교수는 법률상 혼인신고가 불가능한 범위라는 민법상의 가변적 기준에 형법의 정당화사유를 종속시키는 것은 문제라는 지적을 한다[배종대, 앞의 글(주48), 239면].

강을 심각하게 해치고 있거나 해칠 우려가 있는 경우(제5호)가 해당한
다. 판례에 따르면, 임신의 지속이 모체의 생명과 건강에 심각한 위험
을 초래하게 되어 모체의 생명과 건강만이라도 구하기 위하여 임공임신
중절수술이 부득이하다고 인정되는 경우이며,[49] 이러한 판단은 치료행
위에 임하는 의사의 건전하고도 신중한 판단에 위임되어 있다.[50] 하지
만 의학적 정당화사유에는 '모체의 건강'이라는 매우 광범위한 개념을
사용하고 있을 뿐만 아니라 '해칠 우려가 있는 경우'라는 위험범까지
포함하고 있어 의학적 정당화사유의 본래 의미는 퇴색하고 '귀에 걸면
귀걸이 코에 걸면 코걸이'식의 고무줄 사유가 될 수 있는 가능성이 있
다는 지적이 있다. 이에 따르면 의학적 정당화사유는 모체의 생명이 위
협받는 상황으로 제한해야 하고, 생명에 지장이 없는 신체에 대한 일반
적 위험은 제외하는 것이 바람직하다.[51]

## 2. 낙태현실

  미국 연방대법원에는 두 가지 종류의 사건, 즉 낙태사건과 그 외의
모든 사건이 있다고 할 정도로 낙태의 정당화사유에 대한 문제는 매우
중요하게 다루어졌다.[52] 독일 연방헌법재판소 또한 2차(1975년, 1993
년)에 걸친 낙태판결에서 낙태의 정당화 모델을 어떻게 가져가는 것이
독일 기본법에 합치되는가를 두고 고민을 거듭하였다. 재판소 밖에서는
'선택우선론(pro-choice)'과 '생명우선론(pro-life)' 사이에 '합의불가능한'
가치대립이 벌어졌고, 지금도 계속되고 있다. 낙태논쟁을 통해 쟁점을

49) 대법원 1985. 6. 11. 선고 4도1958 판결; 대법원 2005. 4. 15. 선고 2003도2780 판결.
50) 대법원 1985. 6. 11. 선고 4도1958 판결.
51) 배종대, 위의 글(주48), 238면.
52) Jeffrey Toobin(강건우 역), 위의 책(주22), 70면.

파악할 수 있고, 헌법재판을 통해 (잠정적) 결론이 내려졌다 하더라도 낙태문제는 합의가 불가능한 '가치충돌'의 성격을 지니고 있어 계속되는 충돌상황을 피할 수 없다. 미국, 독일과 달리, 우리나라는 낙태의 정당화사유를 규정하고 있는 모자보건법에 대해 헌법재판이 있지도 않았고, 논쟁이 뜨겁게 붙지도 않았다.53)

인구증가억제정책의 일환으로 1973년에 제정된 모자보건법의 비호 아래 낙태는 불법적으로 이루어졌고, 정부당국은 이를 단속하려고 시도조차 하지 않았다. 이는 공식적으로 342,433건으로 추정되고,54) 비공식적으로는 150만 건으로 추정되는 '인공임신중절 시술건수'와 2007년 1심 선고 7건(집행유예 4명, 선고유예 3명), 2008년 1심 선고 3건(집행유예 2건, 선고유예 1건), 2009년 1심 선고 5건(집행유예 1건, 선고유예 4건)에 지나지 않는 '처벌건수와 처벌 정도'를 보면 잘 알 수 있다. 사정이 이러하다면, 낙태죄를 규율한 형법 제269조와 제270조는 법규범의 실효성을 상실하여 사문화되었다고 평가할 수 있겠다.55) 모자보건법 또한 법규범의 실효성을 상실한 것으로 보이는데, 이는 '인공임신중

---

53) 하지만 최근 한국사회에도 약간의 움직임이 태동하고 있다. 2005년 '저출산·고령사회위원회' 출범에서 시작하여, 2010년 2월에는 프로라이프 의사회가 상습적으로 불법 낙태시술을 하는 의사 8명을 고발하는가 하면, 2010년 3월에는 보건복지가족부에서 '불법인공임신중절예방 종합계획'을 발표하기도 했다. 2010년 3월에는 프로라이프 의사회의 '2010년 태아 살리기 범국민대회'와 이에 대한 여성계의 반발이 있었다. 대한산부인과에서는 2010년 3월에 '모자보건법 개정안 마련을 위한 특별위원회(TFT)'를 출범시키고, '태아측 사유에 의한 인공임신중절 허용규정', '의학적 사유에 의한 인공임신중절 허용규정', '비의학적 사유에 의한 인공임신중절 허용규정'을 중심으로 한 공청회를 차례로 개최하였다. 현재의 불법 인공임신중절 문제 제기의 배경과 전개현황에 대해 자세히는 손영수, 「형법상 낙태와 모자보건법상 인공임신중절에 관한 의료법리학적 이해」, Korean Journal of Obstetrics and Gynecology, Vol. 53 No. 6 June 2010, 467면 이하; 김향미, 위의 글(주42), 112면 이하.

54) 이는 시술기관 평균 건수에 전체 의료기관 수를 적용하여 추정한 수치로서, 기혼은 198,515건, 미혼은 143,918건으로 추정되었다. 김해중, 위의 보고서(주38), 247면.

55) '법규범의 실효성'은 사람들이 법규범을 준수하는지 여부와 사람들이 법규범을 준수하지 않으면 법적 제재가 가해지는가 여부에 달려 있다. 법규범의 실효성에 대해서는 Robert Alexy(이준일 역), 『법의 개념과 효력』(고려대학교 출판부, 2007), 122면.

절 시술건수'에서 미혼모의 낙태 등 모자보건법의 정당화사유에 해당하지 않는 낙태가 전체 인공임신중절 시술건수의 정당화사유에 해당하는 낙태보다 훨씬 많기 때문이다.

이런 상황 하에서 최근에 여성계를 중심으로 '사회 · 경제적 사유'를 신설하여 미성년자의 임신, 양육이 현실적으로 불가능한 상태에서의 임신 등의 경우에 낙태를 허용하자는 주장이 강력하게 제기되고 있다. 이 견해에 따르면, '사회 · 경제적 사유'를 통해 미혼여성의 불법낙태를 합법화하여 미혼여성의 위험한 불법낙태시술을 막을 수 있고, 모자보건법의 실효성 또한 높일 수 있게 된다. 이에 대해서는 미혼모의 출산, 유아에 대한 사회적 편견이 팽배한 우리나라의 사정상 낙태죄가 출산을 강요하는 수단으로 작용하기는 어려워도, '사회적 사정'이 그러하다 하여 '사회 · 경제적 사유'가 정당화사유가 될 수는 없다는 견해가 있다.[56] 1995년에 발간된 '인공임신중절 실태조사 및 종합대책 수립'(연구책임자: 김해중)'에 따르면 미혼여성이 인공임신중절을 하는 이유의 96%가 미혼, 미성년자, 경제적 어려움 등 사회경제적 이유인 것으로 밝혀졌다.[57]

1995년에 발간된 '인공임신중절 실태조사 및 종합대책 수립'(연구책임자: 김해중)'은 임신 12주 이내, 임신 24주 이내(태아가 모체 밖에서 생존이 가능하기 전), 임신 24주 이후(태아가 모체 밖에서 생존이 가능

---

56) 배종대, 위의 글(주48), 240면. "현실이 그러하니 낙태를 처벌해서는 안 된다는 경험주의자들의 주장은 당위가 현실로부터 직접 나오는 것으로 잘못 생각한데 기인하는 것으로 본다. 범죄화 · 비범죄화의 규범결단, 형사정책적 결단을 내리는 일은 규범학자들이 총체적 형법학의 세 기둥(범죄학, 형사정책, 형법도그마틱)을 통해 해야 한다." (231-232면, 258면) 배종대 교수는 김영환 교수의 논거를 인용한다. 김영환, 「낙태죄 논쟁의 재구성(토론문)」, 형사정책연구 제2권 제2호, 1991, 409면 이하. 이에 따르면 임신중절행위에 관한 논쟁을 재구성하기 위해서는 서로 독립적이면서 그러나 상호연관을 맺는 경험적인 범죄학, 해석학적인 형법학 그리고 규범적인 형사정책이라는 세 가지의 구성요소를 받아들여야 한다.

57) 김해중, 위의 보고서(주38), 248면.

한 경우)로 나누어 임신중절 허용기준을 마련하였는데, 이에 따르면 사회경제적 사유'(사회경제적인 이유로 인해 임신의 유지나 출산 후 양육이 어렵다고 판단되는 경우)는 임신 12주 이내에만 허용하고, '미성년자가 임신한 경우'는 임신 24주 이내이면 허용된다. 임신중절은 의사와 상담을 시행한 경우에 한하여 허용하고, 상담일로부터 4일 이상이 경과한 후에 시술하여야 한다. 시술의는 임신중절 허용사유가 존재한다는 점을 당해 시술과 관련이 없는 1인 이상의 의사가 확인하여 작성한 서면을 제출받아 확인하여야 하며, 시술 후 일정기간이 경과한 후에 임신중절의 사유 등을 해당 관청에 보고하여야 한다.[58]

## Ⅲ. 낙태규범에 대한 私見

### 1. 독일 제2차 낙태판결 - '국가의 보호의무'에 대한 새로운 구성

1993년 연방헌법재판소의 제2차 낙태판결은 '임산부 및 가족보호법(SFHG)'이 규율하고 있는 상담모델의 위헌 여부를 다루었다. 주목할 점은 1975년 연방헌법재판소의 제1차 낙태판결과 비교하여 '국가의 보호의무'에 대한 구상이 달라졌다는 점이다. 제2차 낙태판결의 '국가의 보호의무'에 대한 구상은 제2차 낙태판결의 제5주문에서 잘 알 수 있다: "태어나지 않은 인간생명에 대한 보호의무의 범위는 한편으로는 보호하려는 법익, 다른 한편으로는 이와 충돌되는 법익, 양자의 의미와 보호필요성에 의해 결정된다."[59]

---

58) 김해중, 위의 보고서(주38), 254면 이하.
59) "5. Die Reichweite der Schutzpflicht für das ungeborene menschliche Leben ist im

제1차 낙태판결에서는 기본법의 객관적 가치질서의 중심인 인간존엄과 관련하여 국가의 보호의무가 정해진 반면에, 제2차 낙태판결에서는 법익의 의미와 보호필요성, 보호의 적절성과 실효성 차원에서 국가의 보호의무가 정해진다. 제2차 낙태판결에서 국가의 보호의무를 제1차 낙태판결과 다르게 구성한 것이 (私見에 따르면) 헌법재판소가 제1차 낙태판결에서 적응사유모델을 지지하는 반면에, 제2차 낙태판결에서는 상담모델을 지지하는 근거가 된다.

임산부를 통해서만 태어나지 않은 생명은 보호된다는 점 또한 적응사유모델에서 상담모델로의 교체를 뒷받침한다. 다른 한편으로는 지금까지의 적응사유모델이 태어나지 않은 생명을 제대로 보호하지 못했다는 점이 근거로 제시된다.

이처럼 적응사유모델에서 상담모델로의 교체를 주장함에는 '태어나지 않은 생명의 우월한 권리'가 아니라, '태어나지 않은 생명에 대한 더 나은 보호효과'가 그 배후에 있다. 헌법재판소는 제2차 낙태판결에서 '상담을 통한 보호효과'가 '제재를 통한 억압적인 보호효과'보다 더 효과적이고 효율적이라고 주장한다. 이는 인간존엄에 대한 제2차 낙태판결의 기본구상은 제1차 낙태판결과 같음에도, 낙태에 대한 해결책은 제1차 낙태판결을 벗어났음을 뜻한다. 적응사유모델에서 상담모델로의 교체를 통해 생명보호의 개념은 변한다.[60]

---

Blick auf die Bedeutung und Schutzbedürfigkeit des zu schützenden Rechtsguts einerseits und damit kollidierender Rechtsgüter andererseits zu bestimmen."

60) 私見에 따르면, 낙태논의의 출발점은 '인간존엄'이 아닌 '생명권'이 되어야 하며, 이를 통해 낙태논의에서의 모순을 피할 수 있게 된다. 생명윤리의 여러 문제에서 인간존엄 '개념'은 확장되어 적용되고 있으며, 이때 인간존엄 '개념'은 절대적 효력을 갖는다는 점에서 합리적 논증대화를 막고 있다. 고봉진, 「생명윤리에서 인간존엄 '개념'의 총체성」, 법철학연구 제11권 제1호, 2008, 88면 이하.

## 2. 私見

(私見에 따르면)[61] 태아는 '생명에 대한 기초적인 이익을 가진 인간 존재'와 '인간생명의 내재적 가치를 지니는 인간존재'로 구분할 수 있다. 생명에 대한 기초적인 이익을 가지는 태아는 생명권의 주체가 되며, 이로부터 임산부의 자기결정권보다 더 보호해야 하는 국가의 보호의무가 발생한다. 따라서 태아가 기초적인 이익을 가지는 시점부터는 '파생적 반대'에 기초해서 낙태를 형법으로 규율할 수 있다. 하지만 태아가 생명에 대한 기초적인 이익을 가지지 않고 인간생명의 내재적 가치만을 지닐 경우에는 사정이 다르다. 이 경우에는 '파생적 반대'가 아닌 '독립적 반대'에 기초해서 낙태에 반대하게 되는데, (私見에 따르면) 이 경우에는 임산부의 자기결정권이 태아의 생명가치보다 더 중요하게 고려될수도 있기 때문에 상담모델에 의한 법적 규율이 가능할 것으로 보인다.

따라서 (여기까지도 논란의 여지가 많겠지만) 가장 중요한 문제는 태아가 생명에 대한 기초적인 이익을 가지게 되는 시점, 즉 '독립적 반대'와 '파생적 반대'로 구분되는 시점이 언제인가 하는 것이다. 필자는 미국 연방대법원의 기준인 '체외생존가능성(viability)'은 시점을 너무 뒤로 잡은 것이 아닌가 생각한다. 임산부의 자궁에 있는 태아가 태중에서 생명에 대한 기초적인 이익을 가지는 시점과 임산부의 자궁 외에서 생존할 수 있는 시점은 엄연히 다르기 때문이다.

필자는 "감각능력의 발생"이 태아에게 생명에 대한 기초적인 이익을

---

61) 낙태규범에 대해 합의가능한 해결책을 제시하는 것이 가능하다고 생각하지 않으며, 私見에 지나지 않음을 강조하고 싶다. 더불어 존 스튜어트 밀의 『자유론』에 나오는 한 구절을 인용해 보고자 한다. "만일 그 의견이 옳다면, 인류는 오류를 진리와 교환할 기회를 상실하게 되고, 만일 그것이 틀리다면, 진리가 오류와 충돌하면서 발생하게 되는 진리에 대한 더욱 명백한 인식과 더욱 선명한 인상을 상실하게 되는 엄청난 혜택의 손실을 입게 된다." John Stuart Mill(김형철 역), 『자유론』(서광사, 2009), 43면.

인정할 수 있는 기준이 된다고 본다.[62] 언제부터 태아가 감각능력을 가지는지에 대해서는 자연과학에서의 연구가 필요하나, 그 정확한 시점을 확인하는 것은 쉬운 일이 아니다. 따라서 필자는 뇌사와 관련하여 뇌기능이 작동하는 시점에 태아에게 생명에 대한 기초적인 이익이 시작된다고 본다. 호프만(Hasso Hoffmann)의 견해에 따르면 뇌사로서 인간생명이 끝나는 것과 같이 보호해야 할 생명은 뇌기능이 작동하는 것으로부터 시작된다.[63] 자스(Hans-Martin Sass) 또한 뇌기능으로 보호해야 할 생명의 문제를 다룬다.[64]

'감각능력'을 인정하게 되는 뇌기능의 작동 시점을 태아의 생명에 대한 기초적인 이익이 생기는 시점으로 파악하면(이 시점에 태아는 생명권의 주체가 된다),[65] '독립적 반대'와 '파생적 반대'로 구분되는 시점은 미국 연방대법원의 기준인 체외생존가능성(viability) 시점보다 더 이른 시점이 된다. 이 시점을 기준으로 그 이전에는 상담모델을 통해 임산부의 자기결정권을 보장해주고(물론 이 경우 태아를 보호하는 상담이 먼저 이루어져야 하며, 상담을 통해 국가의 보호의무를 이행하게 된다), 그 이후에는 적응사유모델로 임산부의 자기결정권을 제한할 수 있지 않을까 생각한다. 태아에게 생명에 대한 기초적인 이익이 발생한 후에 적용되는 적응사유는 현행의 적응사유보다 더 엄격하게 제한되어야 할 것

---

62) 필자의 주장은 일종의 인간종주의인데, 감각능력을 지닌 인간이 아닌 존재는 생명권을 통해 보호하지 않기 때문이다. 私見에 따르면, 인간존재가 느낄 수 있는 순간부터 개인이 되며, 인간의 감각능력을 통한다면 '존재 - 당위 오류'를 피할 수 있다.

63) Hasso Hofmann, "Die Pflicht des Staates zum Schutz des menschlichen Lebens", in: Festschrift für Krause, 1990, 119면.

64) Hans-Martin Sass, "Extrakorporale Fertilisation und Embryotransfer", in: Rainer Flöhl (Hrsg.), Genforschung Fluch oder Segen?, 1985, 46면.

65) 수정시 유전프로그램이 확정되는 사실에서 배아의 생명권을 인정하는 견해로부터 인격(Person)과 결부된 생명권 개념을 주장하는 싱어의 견해, 생존이익과 결부된 생명권 개념을 주장하는 회르스트의 예에서처럼, 초기 인간생명의 생명권에 대해 매우 다양한 견해가 있다. 이에 대한 상세한 논의는 고봉진, 위의 글(주35), 334면 이하.

으로 보인다.

　앞에서 살펴본 바대로, 현재는 현행 적응사유모델을 그대로 둔 상태에서, 적응사유를 좀 더 엄격하게 축소하자는 주장(현행 우생학적 정당화사유, 윤리적 정당화사유, 의학적 정당화사유의 부당한 점을 지적하는 견해)과 적응사유를 현실에 맞게 확대하자는 주장(예컨대 '사회경제적 사유'를 신설하여 미성년자의 임신, 양육이 현실적으로 불가능한 상태에서의 임신 등의 경우에 낙태를 허용하자는 견해)이 강력하게 대립하고 있다. 필자는 적응사유모델을 그대로 둔 상태에서 적응사유를 축소 내지 확장하는 방법보다는, 상담을 통한 기한모델을 '태아가 생명에 대한 기초적인 이익을 갖지 않고, 인간생명의 내재적 가치로만 파악되는 시점'에 도입하는 방식을 취할 필요가 있다고 생각한다. 그리고 '태아가 생명에 대한 기초적인 이익을 갖지 않고, 인간생명의 내재적 가치로만 파악되는 시점'에 상담을 통한 기한모델이 도입된다는 전제하에서, '태아가 내재적 가치로만이 아니라, 생명에 대한 기초적인 이익을 갖는 시점'에 적용되는 적응사유모델이 제대로 작동할 것으로 본다.

　낙태 관련 법규범을 완벽하게 만든다고 생명(권)을 보호할 의무를 국가가 충실하게 이행했다고 할 수 없다. 필자가 보기에 현행 적응사유모델을 그대로 두고 적응사유를 더 엄격하게 고치려는 견해는 낙태현실은 외면한 채 낙태 관련 법규범만을 완벽하게 만드는 시도일 수 있다.[66] 국가의 보호의무는 법규범만으로 이루어지는 것이 아니라 법현실을 실

---

66) 현재 행해지는 낙태는 모자보건법에 따른 정당화사유에 해당하는 경우보다 해당하지 않는 경우가 훨씬 많다. 이러한 상황이라면 필자는 낙태의 정당화사유에 무리하게 손을 대는 것보다는 "문제가 있더라도" 이를 그대로 두고 이를 지키는 노력이 우선시되어야 한다는 입장이다. 지켜지지 않는 규범을 더 엄격하게 손질하기보다 우선시되어야 할 것은 규범을 지키는 것 자체이기 때문이다. 낙태사유를 더 엄격하게 제한하고자 하는 견해가 더 타당하다고 하더라도, 낙태규범이 전혀 준수되지 않고 처벌되지 않는 상황에서 낙태사유마저 더 제한한다면 "규범과 현실의 괴리"를 오히려 더 증폭시키는 결과가 되지 않을까 우려스럽다.

질적으로 규율할 때 이행된다고 본다. 하지만 최근의 헌법재판소 결정을 살펴보면, 다수의견은 현행 낙태 관련 법규범만으로 국가의 보호의무를 충실히 이행했다고 보는 것 같다. 예컨대 사산한 태아에게 손해배상청구권을 인정하지 않는 것이 국가의 기본권(생명권) 보호의무에 반하는가를 다루고 있는 헌법재판소 2008. 7. 31. 2004헌바81 결정에서,[67] 다수의견은 "입법자는 형법과 모자보건법 등 관련 규정들을 통하여 태아의 생명에 대한 직접적 침해위험을 규범적으로 충분히 방지하고 있다"고 보고 있다.[68] 국가의 보호의무는 낙태현실을 실질적으로 규율하고 있어야 비로소 충실하게 이행되는 것이지, 규범을 갖추고 있다고 해서 (설사 그 규범이 완벽하다 할지라도) 이행되는 것은 아니다. 법규범이 정당하다고 평가받기 위해서는 법규범의 도덕성 못지않게 법규범의 실효성까지 함께 고려해야 한다는 점을 생각해 보면, 이는 더 명료해진다.[69]

---

67) 이 결정에서는 민법 제762조("태아는 손해배상의 청구권에 관하여는 이미 출생한 것으로 본다.")를 해석함에 있어 민법 제3조("사람은 생존한 동안 권리와 의무의 주체가 된다.")를 전제로 하여야 하는지, 아니면 민법 제3조의 예외조항으로 해석하여야 하는지가 문제되었다. 7인의 다수의견은 민법 제762조를 민법 제3조의 예외조항으로 보지 않고, 민법 제762조를 해석함에 있어 민법 제3조를 적극적으로 끌어들여 사산한 태아의 손해배상청구권을 부정한다. 다수의견은 '살아서 출생한 태아'와는 달리 '살아서 출생하지 못한 태아'에 대해서는 손해배상청구권을 부정함으로써 후자에게 불리한 결과를 초래하고 있으나 이러한 결과는 사법(私法)관계에서 요구되는 법적 안정성의 요청이라는 법치국가이념에 의한 것으로 헌법적으로 정당화되며, 입법자는 형법과 모자보건법 등 관련 규정들을 통하여 태아의 생명에 대한 직접적 침해위험을 규범적으로 충분히 방지하고 있다는 논거를 펼친다. 반면에 2인(조대현, 김종대)의 한정위헌의견은 민법 제762조를 민법 제3조의 예외조항으로 보며, 민법 제762조를 문면 그대로 해석하여 사산된 태아의 손해배상청구권을 인정한다. 특히 한정위헌의견은 태아가 불법적인 침해행위로 사망한 경우와 단지 상해만을 입어 출생한 경우를 비교함으로써 사산한 태아에게 손해배상청구권을 인정하지 않는 것이 국가의 기본권(생명권) 보호의무에 반한다고 주장한다.

68) 정확한 문장은 다음과 같다. "입법자는 형법과 모자보건법 등 관련 규정들을 통하여 태아의 생명에 대한 직접적 침해위험을 규범적으로 충분히 방지하고 있으므로, 이 사건 법률조항들이 태아가 사산한 경우에 한해서 태아 자신에게 불법적인 생명침해로 인한 손해배상청구권을 인정하지 않고 있다고 하여 단지 그 이유만으로 입법자가 태아의 생명보호를 위해 국가에게 요구되는 최소한의 보호조치마저 취하지 않은 것이라 비난할 수 없다."

반면에 필자는 최근 여성계를 중심으로 '사회·경제적 사유'를 신설하여 미성년자의 임신, 양육이 현실적으로 불가능한 상태에서의 임신 등의 경우에 낙태를 허용하자는 주장은 '사회경제적 사유'가 태아가 생명에 대한 기초적인 이익을 가지게 되는 시점, 즉 낙태에 대한 '파생적 반대'가 가능한 시점에도 적용될 수 있다는 점에서 반대한다. 한국사회에서 미혼모와 아이에 대한 사회적 지원책이 부족하고, 미혼여성의 불법낙태 현실을 고려할 때 이해가 되고, 상대적으로 모자보건법의 실효성을 높일 수 있는지 모르지만, 이는 '법규범의 도덕성' 차원에서 문제가 된다. '사회·경제적 사유'를 신설하려고 하는 목적은 태아가 기초적인 이익을 가지지 않고 인간생명의 내재적 가치만을 지니는 경우, 즉 낙태에 대한 반대가 '독립적 반대'인 경우에는 상담모델을 도입함을 통해 어느 정도 이룰 수 있을 거라 생각한다. 다만 한국사회에서 미혼모와 아이에 대한 사회적 지원책을 대폭 확대되고, 미혼모에 대한 사회적 인식 또한 전환되어 상담을 통해 낙태하는 것이 아니라, 상담을 통해 태아를 살리는 길이 열렸으면 한다.

---

69) 법규범의 실효성은 규범의 사실적 효력, 규범의 사회학적 효력의 다른 말이다. 법규범은 법적 제재에 의해 강제될 뿐 아니라, 자발적인 규범합치행위가 현실에 존재할 때야 비로소 구속력을 발휘한다. 법규범이 실효성을 가지려면, 법규범은 최대한 이상과 현실의 괴리를 지양해야 한다. 이영희, 『법사회학』(법문사, 2003), 245면; 뿐만 아니라 법집행기관이 법집행을 공정하게 하는가 여부 또한 규범의 실효성에 영향을 미친다. 이영희, 앞의 책(주69), 244면.

# 제5 장
# 연명치료중단에서 이익형량의 구조와 내용

연명치료중단은 기본적으로 '가치충돌'의 성격을 지니고 있기에 모든 사람을 납득시키는 해결책을 찾기는 매우 어렵다. 하지만 그렇다고 해서 연명치료중단에서 문제되는 이익형량의 구조와 내용을 분석해 보려는 시도가 무의미하지는 않을 것이다. 필자는 알렉시(Robert Alexy)의 분석틀이 '연명치료중단의 이익형량의 구조와 내용'을 분석하는데 적절한 도구가 될 수 있다고 생각되었다.

알렉시(Robert Alexy)는 그의 책 '기본권이론'에서 '원칙충돌'을 해결하는 4가지 선호관계를 제시한다.[1] 이에 따르면 무조건적 우열관계와 조건부 우열관계로 양분되며, 무조건적 우열관계는 'P1 P P2'나 'P2 P P1'로, 조건부 우열관계는 '(P1 P P2) C'나 '(P2 P P1) C'로 표시할 수 있다.[2] 여기서 P1과 P2는 대립되는 원칙을 나타내며, P는 우열관계를 표시하는 기호이며, C는 하나의 원칙이 다른 원칙에 우선하는 조건을 표시하는 기호이다.[3]

제5장에서는 알렉시가 제시하는 4가지 선호관계는 원칙충돌뿐만 아니라 이익형량 일반에 적용된다고 보아,[4] 알렉시가 제시한 기준에 기초하여 ① 연명치료중단에 대한 최근 판결 내용을 분석하고, ② 필자가 생각하는 선호구조를 제시하고자 한다.

---

* 법철학연구 제13권 제2호, 한국법철학회, 2010. 8, 155면 이하.
1) Robert Alexy(이준일 역), 『기본권이론』(한길사, 2007), 120면 이하.
2) 알렉시(Robert Alexy)는 '기본권이론' 제3장 '기본권규범의 구조'에서 G. H. v. Wright, The Logic of Preference, Edinburgh, 1963, 19면을 참조하고 있다.
3) Robert Alexy(이준일 역), 위의 책(주1), 124면.
4) 알렉시는 원칙충돌을 해결하는 예로 독일 연방헌법재판소의 수많은 이익형량을 든다. Robert Alexy(이준일 역), 위의 책(주1), 121면.

# Ⅰ. 연명치료중단의 선호구조

## 1. 절대적 우열관계?

환자의 생명(P1)과 환자의 자기결정권(P2) 중 어느 하나의 절대적 우위를 인정하는 견해는 'P1 P P2'나 'P2 P P1'의 선호구조를 따른다. 특히 환자의 생명에 절대적 가치를 부여하는 입장은 절대적인 인간존엄의 효력을 주장하곤 한다. 즉, 환자의 생명을 절대적 인간존엄과 동일시함으로써 절대적 우열관계를 선점하여, 이익형량의 가능성을 애초부터 배제시킨다.[5] 이러한 입장은 안락사, 의사조력자살이나 연명치료중단을 인정하는 입장과 해결할 수 없는 가치충돌에 빠지게 된다. 환자의 자기결정권에 절대적 우위를 인정하는 견해 또한 마찬가지이다. 이에 따르면 환자의 '자살'은 어느 상황에서든 정당화된다.

환자의 생명이나 환자의 자기결정에 절대적인 효력을 인정하는 견해는 2가지 문제점을 드러내는데, 첫 번째 문제점은 입증책임 완화의 문제이다. 연명치료중단의 옳고 그름에 대한 물음을 이미 존재하는 절대적 효력의 물음으로 대체하여 의무론적 논증에 가해지는 정당성 입증부담을 완화시킨다.[6] 즉, 연명치료중단에 대한 구체적인 논증을 선재하는

---

5) 비슷한 예로 독일 연방헌법재판소 제1차 낙태판결(BVerGE 39, 1)을 들 수 있다. 독일 연방헌법재판소는 1975년 제1차 낙태판결에서 태어나지 않은 인간생명의 가치가 임산부의 자기결정권보다도 우위에 있음을 독일 기본법의 가치체계의 중심에 있는 인간존엄과의 관련성 여부로 근거지웠다. 인간생명은 인간존엄의 아주 중요한 기반이며, 다른 모든 기본권의 전제이다. "모든 인간생명, 이제 막 생성되는 생명이라도, 그 자체로 똑같이 귀중하며, 따라서 서로 다른 평가가 주어지거나, 이익형량에 맡겨져서는 안 된다." 이에 대해서는 고봉진, 「생명윤리에서 인간존엄 '개념'의 총체성」, 법철학연구 제11권 제1호, 2008, 86면 이하.

6) 인간존엄논증은 존재론적 자연법논증의 결점을 가지고 있다. 존재론적 자연법논증의 문제점에 대해서는 Hans Welzel(박은정 역), 『자연법과 실질적 정의』(삼영사, 2005), 29면, 41면, 50면, 93-94면, 124면, 162-163면, 199면, 202면, 316면, 338면, 348면.

생명가치 논증이 대체함으로써 연명치료중단에 대한 구체적인 입증을 회피하게 된다. 두 번째 문제점은 실재존재론에 기초한 논증이 논증대화를 불가능하게 한다는 점이다. 절대적으로 존재한다는 실재존재론에 기초한 논증은 스스로 입증책임을 회피할 뿐만 아니라 상대방의 구체적 주장을 눌러버리는 강력한 힘을 가지고 있다는 점이다. 근거를 제시하는 상대방의 논증을 고려함이 없이, 논증대화를 더 이상 이끌어낼 수 없게 되며, 논증대화는 곧 단절하게 된다.[7]

## 2. 조건부 우열관계

이 장에서 필자가 다루려고 하는 연명치료중단은 절대적 우열관계(P P P)가 아니라, 조건부 우열관계[(P P P) C]에 놓여 있다. 최근 연명치료중단에 대한 대법원 판결, 제1심, 제2심판결, 가처분 기각결정은 이익형량의 조건(C)의 내용에 대해서는 상이한 점을 드러내고 있으나, 조건부 우열관계라는 점에 대해서는 견해가 일치한다.[8]

조건부 우열관계에서는 원칙 P1이 원칙 P2에 조건(사정) C에서 우선하고: (P1 P P2) C, 조건(사정) C에서 P1으로부터 법적 효과 R이 발생한다면 구성요건으로서 C는 법적 효과로서 R을 내포한다: C → R(하나의 원칙이 다른 원칙에 우선하는 조건은 그 우선하는 원칙의 법적 효과를 표현하는 규칙의 구성요건을 형성한다).[9]

조건부 우열관계에서 중요한 2가지 문제는 ① 어떠한 원칙이 서로

---

7) 인간존엄논증이 가지는 2가지 문제점에 대해서는 고봉진, 「상호승인의 결과로서 인간존엄」, 법철학연구 제10권 제2호, 2007, 198면 이하.

8) 김할머니 사건(세브란스 사건)에 대해서는 4개의 판결이 있다: 가처분 기각결정(서울서부지방법원 2008.7.10. 선고 2008카합822), 제1심 판결(서울서부지방법원 제12민사부 2008.11.28 선고 2008가합5877), 제2심 판결(서울고등법원 2009.2.10. 선고 2008나116869), 대법원 판결(대법원 2009.5.21. 선고 2009다17417).

9) Robert Alexy(이준일 역), 위의 책(주1), 127면.

이익형량되는지, ② 어떠한 내용이 이익형량을 정당화하는 조건(C)으로 제시되는지이다.[10] 연명치료중단에서 어떠한 원칙이 서로 이익형량하는지는 (후술하듯이) 자기결정권의 행사 유무에 따라, 즉 사전의료지시가 있는 경우와 사전의료지시가 없는 경우를 나누어서 고려해야 한다. 특히 사전의료지시가 없는 경우에 조건부 우열관계에서 조건(C)을 어떻게 구성할 것인가를 두고 의견이 첨예하게 대립된다. 이는 연명치료중단에 대한 대법원 판결, 제1심판결, 제2심판결, 또한 대법원 판결 내에서도 다수의견과 반대의견의 대립을 통해 확인할 수 있다.

## II. 사전의료지시가 있는 경우: '죽음을 맞이할 권리'

### 1. '자기결정권'의 내용: 죽음을 맞이할 권리

네덜란드 안락사법은 적극사 안락사와 의사조력자살이 인정되는 요건으로 ① 환자가 숙고하여 자발적인 요청을 할 것, ② 환자의 고통은 극심하고 치료가능성이 없을 것, ③ 의사는 환자에게 현 상태에 대해 정확하게 알려줄 것, ④ 환자의 상태로 보아 합리적인 대안이 없다는 결론에 환자와 의사가 함께 도달할 것, ⑤ 최소한 1인 이상의 독립적인 의사와 협의해야 하고, 이 의사는 의료적 주의를 다해 안락사 혹은 의사조력자살을 시행할 것을 규정하고 있다.[11]

이를 도입부에서 언급한 선호구조에 적용하면 다음과 같다: (죽음을

---

10) "충돌의 해결은 사안의 사정을 고려하여 원칙들 사이에 조건부 우열관계가 확정된다는 데 그 본질이 있다. 조건부 우열관계의 확정은 그 사안과의 관련 속에서 하나의 원칙이 다른 원칙보다 우선하게 되는 조건들이 제시된다는 데 그 본질이 있다." Robert Alexy(이준일 역), 위의 책(주1), 123면.

11) 권복규·김현철, 『생명윤리와 법』(이화여자대학교 출판부, 2009), 140면.

선택할 권리 P 생명권) C. 네덜란드 안락사법은 위에서 언급한 여러 요건(C)이 충족될 때에 환자의 자기결정권을 환자의 생명권보다 우위에 두어 의사에 의한 안락사를 허용한다. 반면에 우리나라 형법은 제252조에 '촉탁, 승낙에 의한 살인죄'와 '자살방조죄'를 두어, 환자의 생명권을 환자의 자기결정권보다 우위에 두고 있다.[12] 이처럼 적극적 안락사와 의사조력자살의 중심에는 환자의 생명권뿐만 아니라 환자의 '자기결정권'이 논증의 중심에 있으며, 적극적 안락사와 의사조력자살을 인정하는 법제에 따르면 적극적 안락사와 의사조력자살이 허용되는 조건(C)이 매우 중요한 역할을 담당한다.

하지만 사전의료지시에 따른 연명치료중단은 적극적 안락사와 의사조력자살의 경우와 비교할 때 그 선호논리의 구조는 같으나, 그 내용은 달라진다. 왜냐하면 적극적 안락사의 경우와는 달리, '사전의료지시에 따른 연명치료중단'에서 문제되는 환자의 권리는 '죽음을 선택할 권리'가 아니라, '죽음을 맞이할 권리'이기 때문이다. 요컨대 적극적 안락사나 의사조력자살에서 자기결정권의 내용을 이루는 것은 '죽음을 선택할 권리'인 반면에, 사전의료지시에 따른 연명치료중단에서는 '죽음을 맞이할 권리'가 자기결정권의 내용을 이룬다.

## 2. (죽음을 맞이할 권리 P 생명권) C

환자가 연명치료중단 의사를 사전의료지시를 통해 미리 밝힌 경우에

---

12) 반면에 적극적 안락사를 허용해야 한다는 주장으로는 임웅, 「안락사 허용론」, 형사법연구 제16호 특집호, 2001, 224면 이하. 임웅 교수는 적극적 안락사를 예외적으로 허용해야 한다고 주장하면서, 가족 내지 친족이 안락사를 남용할 위험성은 안락사의 남용 방지를 위한 보장책을 통하여 해결하는 방안을 강구할 것은 제안한다. 그리고 환자가 경솔하게 안락사할 것을 결정하는 것에 대해서는 환자의 의사의 자의성과 진실성을 검증하는 방법에 의해 방지할 것을 제안한다. 무엇보다도 생명에 대한 개인의 '자기결정권'의 관점에서 적극적 안락사의 예외적 허용을 숙고할 것을 주장한다.

는 환자의 의사가 바뀌었다고 볼 만한 특별한 사정이 없는 한, 환자의 자기결정권이 인정된다. 자기결정권의 내용은 '죽음을 선택할 권리'가 아니라 '죽음을 맞이할 권리'이다. 사전의료지시는 치료를 계속하더라도 회복가능성이 없어 치료가 의학적으로 무의미하다고 판단하는 시점을 기준으로 하며, 환자는 사전의료지시를 통해 그러한 상황(C)에 빠진다면 죽음을 맞이하겠다는 의사를 표시한 것이다.[13]

(私見에 따라) 이를 선호구조로 표시하면 다음과 같다: (죽음을 맞이할 권리 P 생명권) C

C1: 치료를 계속하더라도 회복가능성이 없어 치료가 의학적으로 무의미할 것[14]

C2: 사전의료지시에 의한 자기결정권의 확인

필자의 이러한 견해는 대법원 판결(다수의견)이 제시하는 선호구조와는 사뭇 다르다. 대법원 판결(다수의견)에서는 '회복불가능한 사망의 단계'가 결정적인 조건(C) 내용으로 제시되며, '사전의료지시'는 회복불가능한 사망의 단계에 이르렀을 경우에 대비하여 미리 의료인에게 자신의 연명치료 거부 내지 중단에 관한 의사를 밝힌 경우라고 정의내리면서,

---

13) 필자는 '죽음을 선택할 권리'와 '죽음을 맞이할 권리' 개념의 구별을 통해 '적극적 안락사'와 '사전의료지시에 따른 연명치료중단'을 구별하여 설명하려고 시도했다. '사전의료지시에 따른 연명치료중단'에서 환자의 자기결정권은 '죽음을 선택할 권리'가 아닌 '죽음을 맞이할 권리'로 나타나며, 환자는 사전의료지시를 통해 치료를 계속하더라도 회복가능성이 없어 치료가 의학적으로 무의미하다고 판단하는 상황에 빠진다면 죽음을 맞이하겠다는 의사를 표시한 것이다.

14) 이는 김할머니 사건(세브란스 사건)에 대한 제1심 판결(서울서부지방법원 제12민사부 2008.11.28 선고 2008가합5877)의 기준이기도 하다. 하지만 필자는 이 기준은 사전의료지시서를 통해서 환자의 자기결정권을 행사할 수 있는 경우에 한정하였다. 따라서 제1심 판결과 다른 점은, 제1심 판결이 사전의료지시서가 없는 김할머니의 경우에도 이 기준을 적용한 반면에, 필자는 (후술하듯이) 사전의료지시서가 없는 김할머니의 경우에는 '회복불가능한 사망의 단계'(대법원 판결 다수의견의 기준)를 따른다는 점이다.

'회복불가능한 사망의 단계' 기준에 대해 보완적인 역할을 수행할 뿐, 적극적인 역할을 담당하지 못한다. 대법원 판결(다수의견)에 따르면, 생명권은 가장 중요한 기본권이라고 하더라도 인간의 생명 역시 인간으로서의 존엄성이라는 인간 존재의 근원적인 가치에 부합하는 방식으로 보호되어야 하며, 따라서 이미 의식의 회복가능성을 상실하여 더 이상 인격체로서의 활동을 기대할 수 없고 자연적으로도 이미 죽음의 과정이 시작되었다고 볼 수 있는 회복불가능한 사망의 단계에 이른 후에는, 의학적으로 무의미한 신체 침해 행위에 해당하는 연명치료를 환자에게 강요하는 것이 오히려 인간의 존엄과 가치를 해하게 되므로, 이와 같은 예외적인 상황에서 죽음을 맞이하려는 환자의 의사결정을 존중하여 환자의 인간으로서의 존엄과 가치 및 행복추구권을 보호하는 것이 사회상규에 부합하고 헌법정신에도 어긋나지 않는다.[15] 대법원 판결(다수의견)의 논증 중심에 있는 것은 회복불가능한 사망의 단계이지, 사전의료지시에 따른 자기결정권의 행사가 아니다.

이에 대해 이홍훈, 김능환 대법관의 반대의견은 "다수의견이 회복불가능한 사망의 단계에 이른 환자에 대한 인공호흡기 등에 의한 치료는 의학적인 의미에서 치료의 목적을 상실한 신체침해행위가 계속적으로 이루어지는 것이어서 환자의 인간으로서의 존엄과 가치 및 행복추구권에 반한다고 하는 가치판단에서 그 치료중단행위의 정당성의 근거를 찾는 취지라면, 굳이 환자의 '자기결정권'에 기한 입론을 할 필요도 없을 것이다"라고 하면서, 다수의견을 비판하고 있다.

---

15) 대법원 판결(다수의견)은 환자의 인간으로서의 존엄과 가치를 이익형량 전의 P(원칙)로 다루지 않고, 이익형량 후의 R(법적 효과)로 다룬다. 이는 절대적 우열관계에서의 인간존엄논증과는 아주 다르다.

## Ⅲ. 사전의료지시가 없는 경우: '죽음을 맞이할 이익'

위에서 살펴본 대로 사전의료지시가 있는 경우에는 이에 의한 환자의 자기결정권(私見에 따르면, '자기결정권'의 구체적인 내용은 '죽음을 선택할 권리'가 아니라 '죽음을 맞이할 권리'임!)의 행사를 토대로 연명치료중단을 근거지울 수 있다. 문제가 되는 것은 사전의료지시가 없는 경우이며, 최근 문제가 된 김할머니 사건의 경우도 이에 해당한다. 사전의료지시가 없는 경우에까지 자기결정권을 논거로 끌어들이는 것은 문제인데, 사전의료지시가 없는 경우에는 설사 추정적 의사를 통해 환자의 의사를 확인할 수 있다고 하더라도,[16] 추정적 의사를 환자의 자기결정권 행사로 볼 수는 없기 때문이다. 환자의 사전의료지시가 없는 경우에까지 추정적 의사를 토대로 자기결정권과 연결하여 논증을 전개하는 것은 타당하지 않으며, 혼동을 초래할 뿐이다. 환자의 사전의료지시가 없는 경우에는 환자의 자기결정권이 아니라 '환자의 최선의 이익'을 중심으로 논의하는 것이 타당하며, 구체적으로는 죽음을 맞이할 이익이 생명을 유지할 이익보다 우위에 놓이는 조건(C)을 구성하는 것이 중요한 과제가 된다. 따라서 사전의료지시가 없는 경우에 (私見에 따르면) 선호구조는 '(자기결정권 P 생명권) C'가 아니라 '(죽음을 맞이할 이익 P 생명을 유지할 이익) C'이다. 즉, 사전의료지시에 따른 연명치료중단의 선호구조는 (죽음을 맞이할 권리 P 생명권) C임에 반해, 사전의료지시가 없는 연명치료중단의 선호구조는 (죽음을 맞이할 이익 P 생명을 유지할 이익) C이다.

대법원 2009.5.21. 선고 2009다17417 전원합의체 판결은 연명치료중단의 허용기준으로 '회복불가능한 사망의 단계'와 '추정적 의사'를 들고

---

16) 반면에 필자는 후술하는 바와 같이 추정적 의사를 통해서는 환자의 구체적 의사를 확인할 수 없다는 입장을 취한다.

있다. 양 기준에 대해 제1심, 제2심, 대법원 판결 간에, 그리고 대법원 판결 내에서도 첨예한 대립이 있다. ① '회복불가능한 사망의 단계' 기준에 대해서는 '돌이킬 수 없는 사망의 과정'이라는 기준을 제시하는 견해(이홍훈, 김능환 대법관의 반대의견)와 '치료가 계속되더라도 회복 가능성이 없어 치료가 의학적으로 무의미할 것'이라는 기준을 제시하는 견해(제1심판결)가 대비되고, ② '추정적 의사' 기준에 대해서는 대법원 판결(다수의견)이 제시하는 '추정적 의사'는 '가정적 의사'임을 지적하면서, '환자 가족의 의사'가 연명치료중단의 독자적인 요건이 될 수 있을 것이라는 견해(안대희, 양창수 대법관의 반대의견)와 문제된 사건에서는 김할머니의 추정적 의사를 인정하면서도, 향후 입법과정에서는 일정한 범위 내에서 가족들의 의사, 일반인의 합리적인 가치관, 환자에 대한 최선의 이익이라는 관점 등을 통하여 연명치료중단을 인정하자는 견해(제2심판결)가 대비된다. ③ '연명치료중단의 법적 판단절차'에 대해서는 대법원 판결(다수의견)은 전문의사 등으로 구성된 위원회 등의 판단을 거치는 것이 바람직하다는 견해를 아주 짧은 문장으로 제시하나, 김지형, 박일환 대법관은 별개의견에서 '법원의 허가' 절차가 필요하다는 의견을 꽤 길게 상술하고 있다.

## 1. 연명치료중단의 제1기준(C1)

### (1) '회복불가능한 사망의 단계' - 대법원 다수의견의 기준

대법원 판결(다수의견)은 연명치료중단의 요건으로 환자가 '회복불가능한 사망의 단계'에 있음을 요한다. 대법원 판결의 정의에 따르면, '회복불가능한 사망의 단계'는 '의학적으로 환자가 ① 의식의 회복가능성이 없을 것, ② 생명과 관련된 중요한 생체기능의 상실을 회복할 수 없을 것, ③ 환자의 신체상태에 비추어 짧은 시간 내에 사망에 이를 수 있음이 명백할 것'이라는 3가지 세부 요건으로 구성되어 있다.

장기적 식물인간 상태이기는 하나 뇌사에 가까운 상태였던 김할머니가 '회복불가능한 사망의 단계'에 해당하는지에 대해, 대법원 다수의견과 반대의견 사이에 첨예한 대립이 있었다. 대법원 다수의견은 의식을 회복할 가능성을 5% 미만이라는 담당 주치의의 의견을 따르지 않고, 진료기록 감정의와 신체 감정의의 의견에 따라 '회복불가능한 사망의 단계'에 진입하였다고 판단하고 있다[뇌 자기공명영상(MRI) 검사에서 뇌간 및 소뇌도 심한 손상으로 위축되어 있는 사실도 들고 있다]. 반면에 안대희, 양창수 대법관의 반대의견은 '회복불가능한 사망의 단계'에 진입하였다고 단정할 수 없다는 견해를 피력하면서, 근거로 대법원 다수의견의 근거와는 달리 담당 주치의의 의견을 그 근거로 내세운다.[17)

### (2) '돌이킬 수 없는 사망의 과정' - 대법원 반대의견(이홍훈, 김능환 대법관)의 기준

이홍훈, 김능환 대법관은 반대의견에서 '돌이킬 수 없는 사망의 과정'에 진입할 것을 요구하면서,[18) 다수의견은 사망에 근접한 경우로 볼 수

---

17) 안대희, 양창수 대법관의 반대의견에 따르면, 담당 주치의는 환자를 계속적으로 진료하여 옴으로써 환자의 상태를 직접적으로 얻은 자료에 의해 가장 잘 알고 있기 때문에, 비록 그가 소송당사자의 일방에 속하여 일하는 경우라고 하더라도, 다른 특별한 사정이 없는 한, 단지 의료기록만을 통하여 환자의 상태에 접근한 다른 전문가의 견해에 비교하여 그에 일정한 무게를 두지 않을 수 없다.

18) 이홍훈, 김능환 대법관의 반대견해에 따르면, 생명에 직결되는 진료에 있어서 환자의 '자기결정권'은 소극적으로 그 진료 내지 치료를 거부하는 방법으로는 행사할 수 있어도 이미 환자의 신체에 삽입·정착되어 있는 인공호흡기 등의 생명유지장치를 제거하는 방법으로 치료를 중단하는 것과 같이 적극적인 방법으로 행사되는 것은 허용되지 않는다고 본다. 다만 예외적으로 생명유지장치가 삽입·장착되어 있는 경우에서도 환자가 몇 시간 또는 며칠 내와 같이 비교적 짧은 시간 내에 사망할 것으로 예측, 판단되는 '이미 돌이킬 수 없는 사망의 과정'에 진입한 경우에는 연명

있는 범위를 지나치게 확장하여 인정함으로써 오히려 생명의 침해를 용인하는 결과로 될 위험이 있어 부당하다고 지적한다. 대법원 다수의견에 따르면 '생명유지장치가 장착되지 않은 신체상태'를 기준으로 환자가 짧은 시간 내에 사망에 이를 것인지 여부를 판단한다고 해석하면서, 이홍훈, 김능환 대법관은 오히려 '생명유지장치가 장착된 신체상태'를 기준으로 짧은 시간 내에 사망에 이를 것인지 여부를 판단하여야 한다는 주장을 펼친다. 따라서 이홍훈, 김능환 대법관의 반대의견이 제시하는 '돌이킬 수 없는 사망의 과정'은 다수의견의 '회복불가능한 사망의 단계'보다 더 범위가 좁다.[19] 김할머니는 '돌이킬 수 없는 사망의 과정'에 진입하지 않았기 때문에 예외적으로 연명치료를 중단할 수 있는 경우에 해당하지 않는다. 그 근거로는 환자가 아직 뇌사 상태에는 이르지 아니한 지속적 식물인간 상태이고(아직 뇌사상태에는 이르지 아니한 지속적 식물인간 상태라는 점에 대하여는 담당 주치의와 감정의의 의견이 일치되었다는 점을 언급한다), 기대여명이 적어도 4개월 이상인 점을 든다.

## (3) '치료가 계속되더라도 회복가능성이 없어 치료가 의학적으로 무의미할 것' – 제1심 판결의 기준

'회복불가능한 사망의 단계'를 연명치료중단의 조건으로 내세운 대법원 판결과 비교하여, 제1심 판결(서울서부지방법원 제12민사부 2008.11.28. 선고 2008가합5977)[20]이 차이를 드러내는 점은 대법원 판결과 달리

---

치료가 더 이상 의학적으로 의미가 없으며, 연명치료중단이 인정된다.

19) '돌이킬 수 없는 사망의 과정' 기준은 '환자의 회생가능성' 외에도 '환자의 상태가 비가역적 사망과정에 진입'할 것을 요구하는 제2심 법원(서울고법 2009.2.10. 선고 2008나116869)의 주장과, 같은 용어를 사용하고 있으나, 그 내용은 다르다. 제2심 판결은 이홍훈, 김능환 대법관의 반대의견과는 달리 김할머니의 상태가 비가역적 사망과정에 진입한 것으로 판단한다.

20) 제1심 판결은 헌법 제10조가 보장하는 개인의 인격권・행복추구권에는 개인의 자

'회복불가능한 사망의 단계'를 기준으로 제시하지 않고, '치료가 계속되더라도 회복가능성이 없어 치료가 의학적으로 무의미할 것'을 '추정적 의사'와 함께 연명치료중단의 기준으로 제시한다는 점이다.[21] 제1심 판결의 기준을 대법원 판결의 기준인 '회복불가능한 사망의 단계'와 비교해 보면, 양자의 시각 차이는 명확해 보인다. 제1심 법원은 의식의 회복가능성이 없는 환자에게 생명연장 치료는 (생명연장에도 불구하고) 무의미할 수 있음을 지적한다. 양자 중 어느 하나에 따르면, 예컨대 뇌사자와 지속적 식물인간상태(PVS, Persistent Vegetative State)에 있는 자에 대한 연명치료중단의 허용 여부가 달라진다. 대법원 판결의 기준을 따르면, 뇌사자는 회복불가능한 사망의 단계에 있다고 판단되나, 지속적 식물인간상태에 있는 자는 의식과 생체기능도 회복 가능하며(다만 그 가능성이 매우 희박하다), 짧은 시간 내에 사망에 이르지 않기 때문에 회복불가능한 사망의 단계에 있지 않다고 판단된다. 반면에 제1심 판결의 기준을 따르면, 뇌사자뿐만 아니라 지속적 식물인간상태에 있는 자의 경우에도 회복가능성이 없어 치료가 의학적으로 무의미하다면 연명치료중단을 할 수 있는 가능성이 있게 된다.

---

기운명결정권이 전제되어 있고, 이 자기운명결정권에는 환자가 자기의 생명과 신체의 기능을 어떻게 유지하는가에 대하여 스스로 결정하는 권리 또한 포함하는 것으로 보고 있다. 제1심 판결은 현대 의료기술의 놀라운 발전에 따른 무의미한 치료연장에 대한 언급과 '치료중단'에서 소홀히 다루어진 환자의 자기결정권에 대한 언급에서, 기존 판결이 보여준 논증방식과는 사뭇 다른 논증방식을 취하고 있다.

21) "의식불명의 식물상태로 인공호흡기에 의존하여 생명을 유지하는 환자는, ① 치료가 계속되더라도 회복가능성이 없어 치료가 의학적으로 무의미하고, ② 환자가 사전에 한 의사표시, 성격, 가치관, 종교관, 가족과의 친밀도, 생활태도, 나이, 기대생존기간, 환자의 상태 등을 고려하여 환자의 치료중단 의사가 추정되는 경우, 자연스러운 죽음을 맞이함이 더 인간의 존엄과 가치에 부합하여 죽음을 맞이할 이익이 생명을 유지할 이익보다 더 크다고 할 것이어서, 생명의 연장을 원하지 아니하고 인공호흡기의 제거를 요구하는 환자의 자기결정권의 행사는 제한되지 아니하고 의사는 이를 거부할 수 없다고 봄이 상당하다(이에 따른 인공호흡기의 제거행위는 응급의료 중단의 정당한 사유가 있는 것으로 의사는 민·형사상 책임을 부담하지 않는다고 할 것이다)."

그뿐 아니라 대법원 판결의 판단자료를 제1심 판결의 판단자료와 비교해 봐도 흥미롭다. 양자의 기준이 다르기 때문에 판단자료 또한 달라짐을 확인할 수 있기 때문이다. (전술하였듯이) 제1심 법원은 연명치료중단의 기준으로 '회복불가능한 사망의 단계'를 요구하지 않고, 치료가계속되더라도 회복가능성이 없어 치료가 의학적으로 무의미할 것을 요구한다. 이에 따라 진료기록 감정의와 신체 감정의의 의견에 더 비중을 두는 대법원 다수의견과 담당 주치의의 의견을 따르는 소수의견(안대희, 양창수 대법관의 반대의견)과 달리, 담당 주치의, 진료기록 감정의, 신체 감정의 모두의 견해를 종합하여 김할머니가 현재 상태에서 의식을 회복하고 인공호흡기 등의 항시적인 도움 없이 생존이 가능한 상태로 될 가능성이 없다고 보아, 현재 김할머니에 대하여 시행되고 있는 인공호흡기 부착의 치료행위는 김할머니의 상태 회복 및 개선에 영향을 미치지 못하는 치료로서 의학적으로 무의미하다고 판단하고 있다.

## 2. 연명치료중단의 제2기준(C2)

### (1) '추정적 의사' - 제1심, 제2심, 대법원 판결의 기준

'추정적 의사'와 관련해서는, 대법원은 원심 판결의 내용을 환자의 자기결정권 및 환자 의사 추정의 법리에 부합하는 것으로 수긍하였다. 제1심 판결과 제2심 판결 모두 김할머니가 독실한 기독교 신자로서 3년 전 남편의 임종 당시 며칠 더 생명을 연장할 수 있는 기관절개술을 거부하고 그대로 임종을 맞게 하면서 "내가 병원에서 안 좋은 일이 생겨 소생하기 힘들 때 호흡기는 끼우지 말라. 기계에 의하여 연명하는 것은 바라지 않는다"라고 말한 사실, 텔레비전을 통해 병석에 누워 간호를 받으며 살아가는 모습을 보고 "나는 저렇게까지 남에게 누를 끼치며 살고 싶지 않고 깨끗이 이생을 떠나고 싶다"라고 말한 사실 등 일상생활에서의 대화 및 원고의 현 상태 등 여러 사정을 고려하여, 김할머니가 현재의 상황에 관한 정보를 충분히 제공받았을 경우 김할머니에게 현재 시행되고 있는 연명치료를 중단하고자 하는 의사가 있었을 것으로 추정하고 있다.

대법원 다수의견은 원심판결을 따라 '추정적 의사'를 긍정하는 반면에, 안대희, 양창수 대법관의 반대의견은 '추정적 의사'를 부정한다. 안대희, 양창수 대법관은 김할머니가 회복불가능한 사망의 단계에 이르렀다고 쉽사리 단정할 수 없다고 하면서, 설령 회복불가능한 상태에 이르렀다고 하더라도 연명치료중단을 구하는 김할머니의 '추정적 의사'가 있다고 할 수 없다고 한다. '추정적 의사'를 부정하는 근거로는, '추정적 의사'란 환자가 현실적으로 가지는 의사가 객관적인 정황으로부터 추단될 수 있는 경우에만 긍정될 수 있는데, 대법원 다수의견이 주장하는 '추정적 의사'는 '가정적 의사'에 지나지 않는다는 것이다. 안대희, 양창수 대법관의 반대의견은 (앞서 기술한) 김할머니의 발언이 비록 남편이라고 하더라도 역시 타인이 처한 상황에 대응하여 나온 것으로서, 그것이 과연 자신의 운명에 관하여 숙고한 끝에 진지하고 지속적인 의사에 기하여 나온 것이라고 볼 자료가 없다고 판단했다. 또한 그 발언이 그 내용 자체로 보더라도 인공호흡기와 같은 생명유지장치의 삽입·장착을 단순히 소극적으로 거부하는 것으로 볼 수는 있을지 몰라도, 생명유지장치가 이미 장착되어 있을 때 연명장치를 적극적으로 제거하기를 바라는 의미를 포함한다고 쉽사리 판단할 수 없다고 보았다.

'가처분 기각결정'(서울서부지방법원 2008.7.10. 선고 2008카합822) 또한 '추정적 의사'를 부정한다.[22] '가처분 기각결정'은 김할머니가 평소에

---

22) '가처분 기각결정'은 2008년 11월 28일에 선고된 제1심 판결에 앞서 약 4개월 전인 2008년 7월 10일에 있었다. 이 판결은 가처분신청에 대해 통상의 보전처분의 경우보다 높은 정도의 소명을 요구한다고 판시하였는데, 이는 이 사건 가처분이 본안판결을 통하여 얻고자 하는 내용과 실질적으로 동일한 내용의 권리관계를 형성

기계 등에 의한 연명치료에 대하여 거부감을 가지고 있었다는 사실을 인정할 수 있다고 하더라도, 이는 일반적인 상황에서 장래의 상황을 가상으로 예측하여 추상적이고 막연하게 형성된 의사일 뿐이므로 현재와 같은 상황에서의 김할머니의 구체적이고 진정한 의사와 곧바로 합치한다고 보기 어렵다고 보았다. '가처분 기각결정'에 따르면, '추정적 의사'는 일반적·추상적 의사가 아니고, 특정한 상황에서의 구체적이고 명확한 의사를 의미한다. 따라서 환자의 진정한 의사를 추정함에 있어서는, 환자 가족들의 개인적인 판단기준이나 생각에 따라 환자의 진정한 의사와 관계없이 함부로 그 의사를 추단하거나, 환자 본인의 의사가 아닌 환자의 가족 등 주변 사람들의 의사를 추정하는 것에 그치는 오류를 범해서는 안 되며, 환자가 의식을 회복할 가능성, 치료를 계속할 경우 환자의 상태 변화, 환자가 받게 될 통증, 후유증 등도 종합하여 객관적 관점에서 신중하게 그 의사를 추정하여야 한다.

## (2) 가족의 동의 – 대법원 반대의견(안대희, 양창수 대법관)이 '제시'하는 기준

안대희, 양창수 대법관의 견해에 따르면,[23] (위에서 언급한 대로) '가정적 의사' 그 자체만으로는 '추정적 의사'를 인정할 수 없으며, 가정적 의사에 기한 연명장치의 중단을 인정한다면, 그것은 환자의 보호자가 자신의 사정들에 기하여 또는 자신의 편의와 이익을 위하여 가정적 의사의 존재를 뒷받침하는 사정들만을 제시함으로써 환자의 '자기결정'을 왜곡하여 의료기관의 연명치료의 중단을 구하는 일이 쉽사리 일어날 수 있게 된다. 안대희, 양창수 대법관은 다수의견이 법논리적으로 김할머

---

하는 '만족적 가처분'의 경우에 해당하기 때문이다.

[23] 안대희, 양창수 대법관이 '제시'하는 기준이지만, 이를 토대로 '판단'하지는 않는다.

니의 '자기결정권'을 끌어들여 연명치료의 중단청구를 정당한 것으로 설명하면서도, 실제로는 김할머니의 가족들이 일치하여 가지는 김할머니에 대한 연명치료 중단의 의사를 관철하려는 것이라고 반박한다. 연명치료의 중단은 반드시 환자의 '자기결정권'으로부터만 인정된다고 할 것은 아니고, 비록 예외적이기는 하지만, 법질서 일반의 관점에서 정당화될 수도 있는 경우도 있다고 언급한다. 이에 따르면 그 가족을 포함한 환자 측 및 의료기관의 제반 사정을 합리적으로 고려하여야 한다. 특히 안대희, 양창수 대법관은 연명치료의 중단에 관한 환자 가족들의 의사는 '추정적 의사'라는 것을 통하여 우회적으로 관철될 것이 아니라, '환자의 자기결정권'과는 무관하게 시인할 수 있는 또 하나의 연명치료 중단청구의 허용 여부를 판단함에 있어 정면으로 그 의미와 무게가 평가되는 것이라고 평가한다(연명치료의 중단에 관한 환자 가족들의 동의 여부는 독자적인 요건에 해당할 수 있다고 한다).24)

## 3. 연명치료중단의 '법적 판단절차'(C3)

### (1) 의료기관(위원회)의 판단 – 제2심, 대법원 다수의견의 견해

대법원 다수의견은 진료기록 감정의와 신체 감정의의 의견에 따라 김할머니가 '회복불가능한 사망의 단계'에 진입하였다고 판단하면서, 연명치료중단에 관한 법적 판단절차에 관해서는 환자 측이 직접 법원에

---

24) 가족의 동의 요건 및 그 내용에 관하여는 '장기 등 이식에 관한 법률' 제18조 제3항 제2호 "본인이 뇌사 또는 사망 전에 장기 등의 적출에 동의 또는 반대하였다는 사실이 확인되지 아니한 경우로서 그 가족 또는 유족이 장기 등의 적출에 동의한 경우. 다만, 본인이 16세 미만의 미성년자인 경우에는 그 부모(부모 중 1인이 사망하였거나 행방불명 그 밖에 대통령령이 정하는 부득이한 사유로 동의를 할 수 없는 때에는 부모 중 나머지 1인)가 장기 등의 적출에 동의한 경우에 한한다." 등이 유추적용될 수 있다고 본다.

소를 제기한 경우가 아니라면, 환자가 회복불가능한 사망의 단계에 이르렀는지 여부에 관하여는 전문의사 등으로 구성된 위원회 등의 판단을 거치는 것이 바람직하다는 견해를 제시한다. 제2심 법원은 환자가 회생가능성 없는 비가역적인 사망과정에 진입한 상태인지를 판단할 주체에 대해, 담당의사의 의견이 존중되어야 함은 당연하고, 병원윤리위원회와 같은 기구의 심의 등으로 이를 보완할 필요성도 인정하지만, 연명치료중단이 인간생명에 직접 관련된 행위여서 되도록 신중하고 객관적인 판단하에 이루어질 필요가 있는 점이나 환자가 그러한 상태에 이르게 된 것이 담당의료진의 의료과실에 의하여 초래되는 등으로 환자 또는 가족과 담당의사 사이의 신뢰가 깨어진 경우도 흔히 상정할 수 있는 점 등에 비추어, 담당의사의 견해만으로 이를 판단할 수 있다고 하여서는 곤란하고, 제3의 중립적인 의료기관에 의한 판단 역시 어떤 형태로든 필요하다고 본다.

## (2) 법원의 허가 - 대법원 별개의견(김지형, 박일환 대법관)의 견해

김지형, 박일환 대법관의 별개의견은 환자의 사전의료지시가 없는 상태에서 회복불가능한 사망의 단계에 진입한 경우의 연명치료중단과 관련하여 다음 2가지 경우를 구분한다. ① 환자 측에서 연명치료중단을 요구하고 의료인도 전문의사 등으로 구성된 위원회 등의 판단에 따라 환자가 회복불가능한 사망의 단계에 이르렀고 현 상태에서 연명치료중단에 동의할 것으로 추정된다고 판단하는 경우와, ② 환자 측은 연명치료중단을 요구하였으나 의료인은 환자가 연명치료의 중단이 허용되는 회복불가능한 사망의 단계에 이르지 않았거나 환자의 추정적 의사가 불분명하다고 판단하여 연명치료중단 요구를 거부하는 경우이다. 별개의견은 ②의 경우 연명치료중단의 요건을 갖추었는지 여부에 관하여 어

떠한 형식으로든 최종적인 분쟁해결기관인 법원의 판단이 필요하다고
보며, 나아가 ①의 경우에도 의료인이 연명치료중단을 실행한 것과 관
련하여 법적 책임으로부터 완전히 자유로울 수 없다는 점을 들어,25) 연
명치료의 중단에 관한 법적 절차와 효력 등을 정하는 입법이 마련되어
있지 않은 현재의 상황에서는 법원의 사전판단을 거치는 절차가 필요하
다고 본다.

김지형, 박일환 대법관은 환자의 사전의료지시가 없는 상태에서 회복
불가능한 사망의 단계에 진입한 환자는 법적으로 심신상실의 상태에 있
는 자로 보며, 진료행위가 금치산자 본인의 생명과 직결되는 경우에는
그 중단에 관한 환자 본인의 자기결정권이 제한되는 것과 마찬가지로
후견인의 행위 또한 제한되어야 하며, 환자의 자기결정권에 의한 연명
치료중단이 허용될 수 있는 경우라고 하더라도 후견인이 금치산자의 생
명에 관한 자기결정권 자체를 대리할 수는 없으므로 후견인의 의사만으
로 그 연명치료의 중단이 허용될 수는 없다고 본다.26)

---

25) 김지형, 박일환 대법관은 예컨대 사후적으로 환자 본인이 회복불가능한 사망의 단
계에 이르지 않았다거나 환자 본인의 추정적 의사가 불분명한 것으로 판명되어 의
료인이 민·형사상 책임을 지게 될 가능성이 있다고 본다.

26) 이 경우에는 민법 제947조 제2항 본문("후견인이 금치산자를 사택에 감금하거나 정
신병원 기타 다른 장소에 감금치료함에는 법원의 허가를 얻어야 한다.")을 유추적
용하여 후견인이 의료인에게 연명치료의 중단을 요구하는 것이 금치산자의 자기결
정권을 실질적으로 보장할 수 있는 최선의 판단인지 여부에 관하여 법원의 허가를
받아야 한다고 주장한다. '민법 제947조 제2항 본문을 유추적용할 수 있다고 본 이
유는 민법 제947조 제2항 본문 규정의 취지와 법적 규율이 "환자의 사전의료지시
없는 상태에서 회복불가능한 사망의 단계에 진입한 경우의 연명치료중단"의 경우가
유사하다고 판단했기 때문이다. 민법 제947조 제2항 본문규정은 비록 금치산자의
생명 내지 건강이라는 법익을 보호하기 위하여 치료가 필요하더라도 금치산자의 행
동의 자유라는 다른 중대한 법익을 제한하는 경우에는 금치산자를 위한 최선의 판
단인지 여부에 관하여 법원의 판단을 받도록 한 것이며, 금치산의 이러한 행동의
자유보다 훨씬 막중한 법익으로서 금치산자의 생명권의 보호와 직결되는 사항에 관
하여 법원의 적정한 판단이 필요함은 두말할 나위가 없다고 보고 있다.

# Ⅳ. 연명치료중단의 조건(C)에 대한 私見

## 1. 회복불가능한 사망의 단계(C1)

제1의 정당화요건으로 필자는 대법원 다수의견이 기준으로 삼은 '회복불가능한 사망의 단계'를 따르고자 한다. '회복불가능한 사망의 단계'는 대법원 다수의견이 제시한 대로 3가지 요소로 세분된다: ① 의식의 회복가능성이 없을 것, ② 생명과 관련된 중요한 생체기능의 상실을 회복할 수 없을 것, ③ 환자의 신체상태에 비추어 짧은 시간 내에 사망에 이를 수 있음이 명백할 것이다. '회복불가능한 사망의 단계' 기준은 제1심 법원의 기준인 '치료가 계속되더라도 회복가능성이 없어 치료가 의학적으로 무의미할 것'과 이홍훈, 김능환 대법관의 반대의견이 기준으로 삼은 '돌이킬 수 없는 사망의 과정'과 비교해 볼 때 ③요건(환자의 신체상태에 비추어 짧은 시간 내에 사망에 이를 수 있음이 명백할 것)에서 차이가 있다고 여겨진다. 구체적으로 보면, 제1심 법원의 기준인 '치료가 의학적으로 무의미할 것'이라는 판단은 대법원 다수의견의 ③요건과 대치되며, 이홍훈, 김능환 대법관의 반대의견은 ③요건을 '생명유지장치가 장착되지 않은 신체상태'를 기준으로 하는 것으로 보아 '생명유지장치가 삽입, 장착되어 있는 상태'를 기준으로 함이 타당하다고 보고 있다.

필자의 입장에서 볼 때, 제1심 법원의 기준인 '치료가 계속되더라도 회복가능성이 없어 치료가 의학적으로 무의미할 것'은 장기적 식물인간 상태(PVS)의 환자에까지 확대 적용될 수 있는데, 이에 대해서는 현재 합의점을 찾기가 어렵다.[27) 또한 '치료가 의학적으로 무의미하다'는 기

---

27) 대한의사협회, 대한의학회, 대한병원협회 연명치료 중지에 관한 지침 제정 특별위원회는 2009년 9월 '연명치료 중지에 관한 지침'을 제정하였다. 연명치료 중지의

준 자체도 매우 불명확하게 보인다[반면에 전술하였듯이 사전치료지시에 따라 자기결정권(죽음을 맞이할 권리)을 행사한 경우에는 자기결정권의 행사에 의미의 중심이 놓이기 때문에, '치료가 의학적으로 무의미하다는' 기준의 모호함이 상쇄된다]. 이는 (필자가 보기에) 환자가 삶과 죽음의 경계에서 자연스러운 죽음을 맞이하는 것이 인간의 존엄과 가치에 더 부합하게 되어 죽음을 맞이할 이익이 생명을 유지할 이익보다 더 크다는 제1심 법원의 가치판단이 크게 작용한 것으로 보인다.[28] 그뿐만 아니라 환자의 추정적 의사로부터 환자의 자기결정권에 따른 연명치료중단의 정당화를 이끌어낼 수 있다는 제1심 법원의 판단이 작용한 것으로 보인다.[29]

반면에 이홍훈, 김능환 대법관이 제시하는 '돌이킬 수 없는 사망의 과정' 기준은 연명치료중단의 인정 범위를 매우 제한한다. 이는 이홍훈, 김능환 대법관의 '돌이킬 수 없는 사망의 과정' 기준이 '작위·부작위' 구분에 근거해서 인공호흡기 등 생명유지장치를 제거하는 것을 적극적인 작위로 보아 원칙적으로 허용되지 않고, 예외적으로 이 경우에도

---

대상 환자로는 말기 암 환자, 말기 후천성면역결핍증 환자, 만성 질환의 말기 상태 환자, 뇌사 상태 환자, 임종 환자, 지속적 식물상태 환자를 들고 있다. 지속적 식물 인간상태에는 말기 환자뿐만 아니라 다양한 환자가 포함되기 때문에 일률적 규제로 접근한다면 잘못 판단할 위험이 있다는 반론(허대석 교수)이 있다.

28) 이는 제1심 판결 전에 내려진 '가처분 기각결정'이 '절대적 생명 보호의 원칙'에 기초해 판단하는 것과 대비된다.

29) (私見에 따르면) 대법원 판결과 제1심 판결 모두 '추정적 의사'를 연명치료중단의 요건으로 보고 있으나, 그 중요성은 다르다. 대법원 판결은 '회복불가능한 사망의 단계'를 요구하기 때문에, 환자가 '회복불가능한 사망의 단계에 이르렀을 경우'에 '추정적 의사'를 추가적으로 살피는 반면에, 제1심 판결에서 '추정적 의사'는 '치료가 계속되더라도 회복가능성이 없어 치료가 의학적으로 무의미할 것'이라는 요건과 거의 동등한 중요성을 갖는다. 이는 (대법원 판결의 소수의견이기는 하지만, 다수의 견해처럼 '회복불가능한 사망의 단계' 기준을 적용하는) 안대희, 양창수 대법관이 연명치료의 중단은 반드시 환자의 자기결정권으로부터만 인정된다고 할 것은 아니고, 예외적으로 법질서 일반의 관점에서 정당화될 수 있다고 언급하는 것으로부터 추론할 수 있다.

'생명유지장치가 삽입·정착되어 있는 상태'에 환자가 몇시간 또는 며칠 내와 같이 비교적 아주 짧은 시간 내에 사망할 것으로 예측·판단되는 경우에만 연명치료중단을 인정하고 있기 때문이다. 이홍훈, 김능환 대 법관이 생명유지장치를 제거하는 행위를 '작위'로 평가하는 것은 행위 에 대한 '자연주의적 해석'에 따른 것으로 보이는데, 반면에 행위에 대 한 '규범주의적 해석'에 따르면 생명유지장치를 제거하는 행위는 '부작 위'로 평가될 수 있다.30) 따라서 '생명유지장치가 삽입·장착되어 있는 상태'에서 '회복할 수 없는 사망의 과정'에 진입할 것을 요구하는 것은 지나치게 엄격한 요청이 될 것이다. 생명유지장치를 제거하는 행위가 부작위로 평가된다면, 대법원 다수의견의 견해의 입장에 따른 '생명유 지장치가 삽입·장착되지 않은 상태'에서 짧은 시간 내에 사망에 이를 것이 명백한 경우가 그 기준으로 합당할 것이다.

## 2. 환자의 '일반적' 의사와 환자 가족의 의사를 함께 고려할 것(C2)

연명치료중단의 제2의 정당화 요건으로 제1심 판결, 제2심 판결, 대 법원 판결은 모두 환자의 '추정적 의사'를 요구하고 있다. 필자가 의문 을 제기하는 것은 두 가지인데, 첫째는 환자의 사전의료지시가 없는 상 태에서 회복불가능한 사망의 단계에 진입한 경우에까지 '추정적 의사' 를 연명치료중단의 요건으로 삼는 것이 타당한가 하는 점이고, 둘째는 이 경우 '추정적 의사'로부터 환자의 자기결정권을 도출해내는 것이 가

---

30) 싱어(Peter Singer)는 생명유지장치를 제거하는 행위를 '작위'로 평가하면서 고프 경 이 언급되는 작위와 부작위 사이의 루비콘 강이 그렇게 넓은 강이 아니라고 강조한 다. Peter Singer(장동익·구영모·황상익 역), 『삶과 죽음』(철학과 현실사, 2003), 103면.

능한가 하는 점이다. '환자의 자기결정권'이 명료하게 문제되는 경우는, 환자가 의식이 있는 상태에서 충분한 정보에 기초한 동의(informed consent)를 한 경우인데, '적극적 안락사'는 안락사법이 제정된 네덜란드와 벨기에와는 달리 우리나라에서는 형법 제252조에 따라 금지되며, 환자의 생명권이 환자의 자기결정권을 우선한다고 보아 환자의 자기결정권이 인정되지 않는다. 반면에 회복가능성이 없는 말기 환자의 경우에, 환자가 의식이 있는 상태에서 심폐소생술을 받지 않겠다든가(DNR), 인공호흡기를 달지 않겠다는 의사표시를 하였다면, 이는 환자의 자기결정권의 행사로서 인정되어야 할 것이다. 다만 환자가 사전의료지시서를 작성하지도 않은 상태에서 회복불가능한 사망의 단계에 이른 경우 '추정적 의사'를 확인하기가 쉽지 않고, 이 때문에 환자의 '자기결정권'과 연결하는 것이 문제가 될 수 있다. 제2심 판결은 김할머니 사건과 같이 환자가 의식을 상실하여 환자의 직접적이고 명시적인 의사를 바로 확인할 수 없는 상황에서 환자의 주관적 의사의 확인을 지나치게 강조하는 것은 자칫 불가능한 요건을 요구하는 것이 될 수도 있다는 점을 지적한다 (다만 제2심 판결은 연명치료중단에 대한 입법이 이루어지지 않은 현 상황에서 환자 본인의 의사는 유사한 치료행위에 관한 견해 등을 포함한 환자의 평소 언행과 생활태도, 인생관 및 종교관 등을 통하여 환자가 현재의 상태에 관한 정보를 충분히 제공받았다면 표시하였을 진정한 의사를 구체적으로 추정할 수 있어야 한다고 볼 수밖에 없다고 판시한다). 그뿐 아니라 안대희, 양창수 대법관이 반대의견에서 지적한 것처럼 '환자의 추정적 의사'만을 기준으로 한다면 환자 가족의 의사가 '환자의 추정적 의사'로 둔갑하는 경우도 있을 것으로 보인다. 사전의료지시서가 이미 작성된 경우와 같이 환자의 추정적 의사를 확인할 수 있는 경우를 제외하고는 환자의 추정적 의사를 명확하게 알 수 없다면,[31] 이

---

31) 사전의료지시서조차도 가족주의적 색채가 강한 우리나라에서 얼마나 환자의 자기

를 통해서 환자의 '자기결정권'으로부터 연명치료중단의 정당화근거를 이끌어내는 것은 무리일 것이다.

2009.11.26. 2008헌마385 헌법재판소 결정은 환자가 장차 죽음에 임박한 상태에 이를 경우에 대비하여 미리 의료인 등에게 연명치료거부 또는 중단에 관한 의사를 밝히는 등의 방법으로 죽음에 임박한 상태에서 인간으로서의 존엄과 가치를 지키기 위하여 연명치료의 거부 또는 중단을 결정할 수 있다 할 것이고, 위 결정은 헌법상 기본권인 자기결정권의 내용으로 보장된다고 판시하고 있다. 필자가 생각하기에도 자기결정권에 의해 연명치료중단의 정당화를 이끌어낼 수 있는 경우는 환자가 회복불가능한 사망의 단계에 이르렀을 경우에 대비하여 사전의료지시서를 통해 자신의 연명치료 거부 내지 중단에 관한 의사를 밝힌 경우에 한정되며, 환자의 '추정적 의사'를 인정할 수 있는 경우도 환자가 사전의료지시서에 의해 자기결정권을 행사한 후 환자의 의사가 바뀌었다고 볼 만한 특별한 사정이 없는 경우에 한하여야 한다. 이 경우에만 환자의 추정적 의사는 환자의 자기결정권의 행사와 연결되어져, 기준으로서의 역할을 담당할 수 있을 것이다.

그렇다면 김할머니처럼 사전의료지시서를 작성하지 않은 상태에서 예기치 못한 사고로 회복불가능한 사망의 단계에 이른 경우에는 어떻게 할 것인가? 필자는 안대희, 양창수 대법관의 반대의견이 지적하듯이, 연명치료의 중단은 반드시 환자의 자기결정권으로부터만 인정된다고 할 것은 아니고, 예외적으로 법질서 일반의 관점에서 정당화될 수 있을 것이라고 생각한다. 이때 '환자 가족의 의사'도 매우 중요한 기준이 될 것이다. 필자는 환자의 사전의료지시가 없는 상태에서 환자가 회복불가

---

결정권에 기여할 수 있을지 의문을 제기하는 견해도 있다. 이에 대해서는 이석배, 「연명치료중단의 기준과 절차 – 대법원 2009.5.21. 선고 2009다17417 판결이 가지는 문제점을 중심으로 – 」, 형사법연구 제21권 제2호, 2009, 159면.

능한 사망의 단계에 빠진 경우에 '환자의 추정적 의사'를 알아내려고 하는 것보다는, 오히려 환자의 '일반적' 의사를 알 수 있는 사실과 더불어 환자 가족의 의사를 드러내놓고 함께 고려하는 것이 더 타당하지 않을까 생각된다.32) 다만 이를 확인하고 평가하는 절차는 엄격하게 구성되어야 할 것이다.

## 3. 법원의 허가절차와 내용(C3)

누가 연명치료중단의 여부를 판단할 것인가는 연명치료중단의 허용기준만큼이나 중요하다. 필자는 전문의사 등으로 구성된 위원회보다는 법원이 담당하는 것이 더 낫다는 입장이다. 전문의사 등의 감정의견을 기초로, 법원은 환자가 '회복불가능한 사망의 단계'에 이르렀는지를 판단하고, '사전의료지시서'를 확인한 후 연명치료의 중단을 허가하게 된다. 전문의사가 감정한 자료를 토대로 법원이 판단하는 절차를 거치게 함으로써, 연명치료중단의 허용기준에 해당하는지 여부를 감정하는 의료인은 법적 책임에서 자유로울 수 있게 된다는 장점도 있다. '사전의료지시서'가 작성되지 않아 환자의 추정적 의사를 확인할 수 없는 경우에는, 법원은 환자의 '일반적' 의사를 알 수 있는 사실과 환자 가족의 의사를 객관적인 입장에서 확인하기에 전문의사 등으로 구성된 위원회보다 더 적절한 기관이 될 것이다.33) 이때 중단이 결정되는 연명치료는

---

32) 가족은 고통받고 있는 환자를 가장 잘 이해할 수 있고 환자의 편에 서서 결정할 수 있는 위치에 있기 때문에 의사결정에서 가족에 대한 고려가 있어야 한다고 주장하면서(환자 중심의 의사결정의 한계점을 동시에 지적하면서), 의학적 의사결정에 있어 가족의 역할을 강조하는 견해로는 이상목, 「의학적 의사결정에서 환자의 결정과 가족의 결정」, 한국의료윤리학회지 제12권 제4호, 2009, 323면 이하 참조.

33) 반면에 결정의 주체는 환자와 의사이며(최소 15일간의 숙고기간이 경과한 후에 시술이 가능함), 보호자와의 상담절차, 병원윤리위원회의 사전심의 등을 요하는 입법규율모델을 제시하는 견해로는 정효성, 「환자의 죽을 권리에 대한 고찰」, 제50회

특수 연명치료에 국한해야 하며, 일반 연명치료를 중단해서는 안 될 것이다.[34]

## 4. 연명치료중단의 정당화입법

앞에서 살핀 여러 판결에서 '연명치료중단의 허용기준'은 다르게 설정될 뿐만 아니라, 동일한 기준을 적용하는 경우에도 구체적인 사안이 이에 해당하는지에 대한 판단 여부는 달라진다. '회복불가능한 사망의 단계' 기준을 설정하는 견해(대법원 다수의견)가 있는가 하면, 이보다 앞서 적용될 수 있는 '치료가 계속되더라도 회복가능성이 없어 치료가 의학적으로 무의미할 것'이라는 기준을 설정하는 견해(제1심판결)도 있다. 이뿐 아니라 '회복불가능한 사망의 단계' 기준보다 더 뒤의 시점에 적용될 수 있는 '돌이킬 수 없는 사망의 과정에 진입할 것'이라는 기준을 제시하는 견해(이홍훈, 김능환 대법관의 반대의견)도 있다.

'회복불가능한 사망의 단계'라는 동일한 기준을 적용한다 하더라도, 대법원 다수의견은 김할머니 사건이 이에 해당한다고 판단한 반면, 안대희, 양창수 대법관의 반대의견은 '회복불가능한 사망의 단계'에 진입하였다고 단정할 수 없다고 판단한다. 그뿐만 아니라 '돌이킬 수 없는

---

안암법학회 2010년 춘계학술대회 자료집, 2010, 112면 이하 참조.

34) 대한의사협회, 대한의학회, 대한병원협회 연명치료 중지에 관한 지침 제정 특별위원회가 2009년 9월 제정한 '연명치료 중지에 관한 지침'에 따르면, '일반 연명치료'는 생명유지에 필수적이지만 전문적인 의학지식이나 의료기술, 특수한 장치가 필요하지 않은 치료이다. 관을 이용한 영양 공급, 수분·산소 공급, 체온 유지, 배변과 배뇨 도움, 진통제 투여, 욕창 예방, 일차 항생제 투여 등이 있다. 반면에 '특수 연명치료'는 생명유지를 위해서 고도의 전문적인 의학지식과 의료기술, 특수한 장치가 반드시 필요한 치료이다. 환자에게 고통을 줄 수 있는 심폐소생술, 인공 호흡기 적용, 혈액투석, 수혈, 장기이식, 항암제 투여, 고단위 항생제 투여 등이 있다. 심폐소생술은 심장 마사지, 강심제나 승압제 투여, 제세동기(defibrillator) 적용, 인공호흡 등을 포함한다.

사망의 과정에 진입할 것'이라는 기준을 제시하는 이홍훈, 김능환 대법
관의 반대의견은 김할머니가 '돌이킬 수 없는 사망의 과정'에 진입하지
않았다고 판단하는 반면에, 같은 표현을 사용하는 제2심 법원은 김할머
니가 회생가능성이 없는 비가역적 사망과정에 진입한 것으로 봄이 상당
하다고 판단한다.[35]

이처럼 '연명치료중단의 허용기준'에 대해 동일한 기준을 적용하는
경우에도 구체적인 사안이 이에 해당하는지에 대한 법적 판단도 달라진
다. 뿐만 아니라 대법원 판결(다수의견)에 의해 채택된 '회복불가능한
사망의 단계'와 '추정적 의사' 양 기준이 적용된다고 하더라도, 제1심
판결로 끝나지 않고 제2심 판결, 대법원 판결로 이어질 가능성은 여전
히 있다.

사정이 이러함에도 불구하고, 헌법재판소 결정(2009.11.26. 2008헌마
385 결정)은 죽음에 임박한 환자에 대한 연명치료중단에 관한 다툼이
법원의 재판을 통하여 해결될 수 있다고 한다.[36] 2009.11.26. 2008헌마
385 결정이 언급하듯이, 자기결정권을 행사하여 연명치료를 중단하고
자연스러운 죽음을 맞이하는 문제는 생명권 보호라는 헌법적 가치질서
와 관련된 것으로 법학과 의학만의 문제가 아니라 종교, 윤리, 나아가

---

35) 제2심 법원은 이홍훈, 김능환 대법관이 사용하는 '돌이킬 수 없는 사망의 과정'과
    같은 표현인 '비가역적 사망과정'이라는 표현을 사용하지만, 각각 뜻하는 바는 달
    라 보인다.
36) 헌법재판소 2009.11.26. 2008헌마385 결정은 연명치료 중인 환자의 자녀들이 제기
    한 입법부작위에 관한 헌법소원은 기본권침해 가능성이 없어 부적법하다는 이유로
    각하하였다. 또한 입법부작위에 대한 헌법재판에서 입법의무 위반은 국가가 기본권
    을 효율적으로 보호하기 위해 입법이 유일한 수단인데도 입법자가 전혀 입법을 하
    지 않고 있을 때에 한하여 확인된다고 하면서, 죽음이 임박한 환자에 대한 연명치
    료 중단에 관한 다툼은 법원의 재판을 통하여 해결할 수 있다는 점에서 반드시 입
    법이 필요한 것이 아니라고 판시하였다. 또한 일본, 영국 등에서 연명치료 중단에
    관한 입법이 없이 사법기관의 결정례에서 제시된 기준에 따라 연명치료 중단 등이
    허용되고, 독일에서도 최근 2009.9.1. 시행된 개정 민법(BGB 제1901a조, 제1904조
    제2항 등)에서 '환자의 처분' 등에 관한 규정이 도입되기 전까지도 이와 같았음을
    이유로 들고 있다.

인간의 실존에 관한 철학적 문제까지도 연결되는 중대한 문제이므로 충분한 사회적 합의가 필요한 사항이며, 이에 관한 입법은 사회적 논의가 성숙되고 공론화 과정을 거친 후 비로소 국회가 그 필요성을 인정하여 이를 추진할 사항임에는 틀림없다. '법원의 재판에 의한 규범의 제시'와 '입법' 중 어느 것이 바람직한가는 입법정책의 문제로서 국회의 재량에 속한다고는 하나, 개개의 사례들을 모두 소송사건화하여 일일이 법원의 판단을 받게 하는 것은 문제가 된다 할 것이다.[37]

그뿐 아니라 연명치료중단의 정당한 해결을 형법학의 해석론을 통해 달성할 수 있다는 견해에 대해서도 필자는 부정적이다. 인공호흡기 등 생명유지장치를 제거하는 행위는 환자의 생명을 침해하는 행위가 된다는 점에서, 이를 정당화하는 기준을 정립하는 작업은 이미 오래전부터 형법학에서 매우 중요한 문제였다. 이는 헌법에서의 논의와도 밀접하게 연관되어 있는데, 헌법에서는 연명치료중단과 관련하여 환자의 생명권과 자기결정권을 중요하게 다루는 반면에, 형법에서는 '생명'은 '보호법익'으로, '피해자의 승낙'과 '추정적 의사'는 '정당화사유(위법성조각사유)'로 다루어진다. 형법학의 해석론은 각각 다른 헌법적 기반 하에 정당화작업을 시도하기 때문에, 예컨대 환자의 생명권과 자기결정권 중 어느 것을 우선하는지, 환자의 생명권과 자기결정권의 내용을 어떻게 구성하는지에 따라 형법학의 해석론이 달라진다.

또한 연명치료중단에 관한 문제 해결을 의료법 등 다른 법률을 통해

---

37) 제2심 판결은 국가가 헌법에 의하여 인정되는 국민의 기본권을 보장하여야 할 의무가 있고, 이를 위하여 구체적인 입법을 통하여 기본권을 구체화할 필요가 있는 바, 위와 같은 상황에서 연명치료중단 등의 문제를 아무런 기준 없이 당해 의사나 환자 본인, 가족들의 판단에만 맡겨두는 상황이 지속되는 것은 바람직하지 않으며, 이들 개개의 사례들을 모두 소송사건화하여 일일이 법원의 판단을 받게 하는 것도 비현실적이라고 언급하면서, 사회 일반인이나 의사 등 이해관계인의 견해를 폭넓게 반영하여 연명치료중단 등에 관한 일정한 기준과 치료중단에 이르기까지의 절차, 방식, 남용에 대한 처벌과 대책 등을 규정한 입법이 이루어질 필요가 있다고 판시한다.

달성할 수 있다는 견해에 대해서도 필자는 부정적이다. 예컨대 제1심 판결은 치료를 중단함으로써 환자가 곧바로 사망에 이르게 되는 경우 특별한 사정이 없는 한 그 환자는 응급환자로 보아, 이에 대한 치료의 중단은 생명보호의 원칙 및 형법상 자살관여죄 등 처벌규정이 있음을 볼 때 원칙적으로 중단할 만한 사유가 없으나, 제1심 판결이 요구하는 연명치료중단의 2가지 기준을 충족할 때에는 인공호흡기의 제거행위는 응급의료 중단의 정당한 사유가 있는 것으로 의사는 민·형사상의 책임을 면한다고 보았다. 하지만 이에 대해서 제2심은 연명치료를 받고 있는 환자는 연명치료장치의 장착으로 일단 생명의 급박한 위험에서 벗어나 더 이상 응급환자의 지위에 있지 않고 이후로는 통상적인 의료행위의 대상으로 전환한 것으로 보아, 회생가능성 없는 환자의 연명치료중단은 응급의료에 관한 법률 제6조의 '정당한 사유'에 의하지 않더라도 인간의 존엄과 가치에 근거한 자기결정권의 행사에 의하여 곧바로 기능한다고 할 것이므로, 굳이 그 실정법적인 근거를 응급의료에 관한 법률에서 찾을 필요가 없다고 본다.

위에서 기술한 대로, 필자는 법원의 재판, 형법학의 해석론, 의료법이나 다른 법률을 통해 연명치료중단의 문제를 해결할 수 있다는 입장에 대해 부정적이며, 연명치료중단을 정당화하는 입법이 필요하다고 생각한다. 무엇보다도 이번 김할머니 사건처럼 사전의료지시서를 작성하지 않은 상태에서 예기치 못한 사고로 인해 회복불가능한 사망의 단계에 이른 환자의 경우에 대한 입법이 필요할 것이다.

# 제6장

# 생명과학기술연구에 대한
# 법정책의 책무

# I. 생명과학기술연구의 특징

## 1. 문제의 복합성: 기술적 문제, 안전상의 문제, 윤리적 문제

줄기세포를 이용한 세포치료, 유전자치료, 이종장기이식 등 현대 생명과학기술을 이용한 여러 연구(이하 생명과학기술연구)는 기술적 문제, 안전상의 문제, 윤리적 문제를 모두 안고 있다. 이종이식을 예로 들어 설명하면,[1] 이종이식의 경우 면역거부반응이라는 기술적 문제,[2] 전염성 질환·바이러스의 전염위험에 따른 안전상의 문제, 인간의 정체성과 동물의 권익·복지 등과 관련된 윤리적 문제가 있다.

이종장기를 인간에게 이식하면 상대적으로 먼 종간의 장기이식에서 나타나는 '초급성 거부반응(hyperacute rejection)'이 나타나는데, 이에 따라 이식되는 동물의 장기는 수분 내에 파괴된다. 이러한 '초급성 거부반응'을 해결하기 위해 인간유전자(hDAF)를 동물 속으로 주입하여

---

\* 안암법학 제25호, 안암법학회, 2007. 11, 457면 이하.

1) 이식이란 한 유기체로부터 다른 유기체로 장기·조직·세포 등을 옮겨 제대로 기능하게 하는 것을 말한다. '이종이식'은 '동종이식' 개념으로 비교하면 이해의 접근이 용이하다. '동종이식'은 이식받는 쪽과 이식하는 쪽의 종이 같을 때 쓰는 개념이고, '이종이식'은 돼지의 장기를 인간에게 이식하는 경우처럼 양쪽의 종이 다른 경우에 쓰는 개념이다. '동종이식'과 '이종이식'의 개념은 '인간장기이식'과 '동물장기이식'의 개념과 유사하나, 일치하지는 않는다. '동종이식'과 '이종이식'에는 장기이식뿐만 아니라 조직이식, 세포이식도 포함되기 때문이다. 장기이식의 종류와 그 개념에 대한 설명으로 문국진, 『생명윤리와 안락사』(여문각, 1999), 172면 이하 참조.

2) 면역거부반응은 이식하는 쪽과 이식받는 쪽의 종이 근접할수록 더 많은 항원을 공유하며, 따라서 면역반응은 약해진다. 반면에 두 종이 멀면 멀수록 더 적은 항원을 공유하며, 따라서 면역반응은 강해진다. 예컨대 침팬지의 유전물질은 인간과 매우 유사하여, 인간과 단지 2%만 다를 뿐이며, 인간과 많은 항원을 공유한다. 침팬지의 장기를 이식할 때 면역거부반응은 동종장기이식(인간장기이식)의 경우보다 상대적으로 강하지만, 돼지장기이식의 경우보다는 약하다. 면역거부반응에 대한 자세한 설명으로 너필드 생명윤리위원회(Nuffield Council on Bioethics, 권복규 역), 『동물에서 인간으로의 이식: 이종이식의 윤리적 문제』(이화여자대학교 생명의료법연구소, 2007), 26면 이하.

'형질전환'을 시도하는 방법과 돼지의 알파갈 항원을 제거하는 방법이 시도되고 있다.3) 하지만 '초급성 거부반응'이 해결되어도 모든 면역반응이 해결되는 것은 아니며, 또 다른 면역반응인 급성혈관성 거부반응, 세포매개 거부반응, 만성 거부반응을 해결해야 하는 기술적 과제가 산재해 있다.4)

이종장기이식의 안전상의 문제는 세 가지 문제(기술적 문제, 안전상의 문제, 윤리적 문제) 중 가장 심각한 문제이다. 동물의 장기를 이식함으로써 동물에서 인간으로 감염성 질환이나 바이러스가 전파될 위험이 매우 높다. 특히 이종장기에 대한 거부반응을 막기 위해 면역억제제를 과도하게 쓰는 경우 이종장기 수혜자는 감염성 질환이나 바이러스에 직접적으로 노출되어 감염될 가능성이 높아진다. 또한 이종장기 수혜자에게로 옮긴 동물의 질환이나 바이러스는 일반 인구집단을 전염시키거나, 새로운 바이러스를 퍼뜨릴 수 있다. 장기제공 동물로서 인간와 영장류가 아닌 돼지가 선호되는데, 이는 침팬지, 비비 등의 영장류로부터 인간에게 인수공통전염병(zoonosis)과 신종 바이러스 등이 전염될 가능성이 돼지의 경우보다 높기 때문이다.5) 돼지장기이식의 경우도 안전상의 문제가 심각한데, 돼지의 DNA 안에 있는 레트로바이러스(PEVS) 등의 바이러스가 인간세포를 감염시키고 인간에게 전파될 수 있다.6)

이종이식에서 문제되는 윤리적 문제로는 인간의 정체성, 동물의 권리·

---

3) 자세한 설명은 너필드 생명윤리위원회(권복규 역), 위의 책(주2), 32면 이하; 미국 이종이식 자문위원회(SACX, 국립독성연구원 생명공학지원과 번역), 이종이식 과학동향에 대한 보고서(2004), 6면 이하.

4) 이종이식과 관련된 네 가지 면역학 상의 문제에 대한 간략한 설명은 교황청 생명학술원, 「이종이식의 전망 - 과학적 측면과 윤리적 측면-」, 이동익, 김정우 外, 『생명공학과 가톨릭 윤리』(가톨릭대학교 출판부, 2004), 430면 이하.

5) 이종이식에 돼지장기를 쓰는 또 다른 이유는 돼지장기의 크기가 인간장기의 크기가 비슷하다는 점과 구하기 용이하다는 점에 있다.

6) 너필드 생명윤리위원회(권복규 역), 위의 책(주2), 77면; 미국 이종이식 자문위원회(SACX), 위의 글(주3), 16면 이하; 교황청 생명학술원, 위의 글(주4), 438면.

복지, 임상시험시 윤리적 문제 등이 있으며, 이 또한 다양한 문제를 안고 있다. '안전성'과 '유효성'이 일단 문제되는 현대 생명과학기술연구는 인간에 적용하는 임상단계 이전에 동물에 적용하는 전임상단계를 통해 검증이 되어야 한다. 동물권리론을 따르지 않고 동물복지론을 따르는 私見에 따라 동물실험은 '바람직하지는 않으나 불가피하게 필요한 실험'이라는 점에 동의하지만,[7] 현재의 동물실험 현황은 동물실험의 문제를 전면적으로 재고해 볼 것을 요구한다.[8]

이제껏 현대 생명과학기술연구가 안고 있는 여러 문제를 이종이식의 예를 들어 설명하였다. 기술적 문제, 안전상의 문제, 윤리적 문제는 이종이식뿐만 아니라, 줄기세포를 이용한 세포치료와 유전자치료의 경우에도 정도의 차이는 있지만 모두 나타난다.[9]

---

[7] 동물실험이 '바람직하지는 않으나 불가피하게 필요한 실험'이라는 점은 영국 '의료윤리연구소 특별조사위원회'가 쓴 '위기의 생명체들: 생물의학연구'에서 '동물 이용 윤리'의 결론에 해당한다. 너필드 생명윤리위원회(권복규 역), 위의 책(주2), 48면.

[8] 우리나라에서 한 해 동물실험에 의해 희생되는 동물의 수가 최소 300만 마리(600만 마리 이상으로 추정)라는 사실, 선진국의 경우 실험동물의 수가 줄고 있음에 반해 우리의 경우는 생명공학의 발달에 따른 증가추세에 있다는 사실, 그럼에도 동물실험을 윤리적으로 시행하는 관행과 제도가 확립되어 있지 않다는 사실은 '동물실험의 천국'이라고 비유되는 우리나라의 동물실험의 현실을 보여준다. 동물실험의 '규범'은 1959년 러셀(William M. S. Russell)과 버치(Rex Burch)가 제안한 3R원칙을 기본으로 하고 있는데, 이는 첫째 가급적 하급동물로 대치해야 하며(Replace), 둘째 사용되는 실험동물의 숫자를 가급적 줄여야 하며(Reduce), 셋째 실험방법을 정교화하여(Refine) 동물이 겪는 불필요한 고통이나 불편을 없애야 한다는 것이다. '3R원칙'에 대해서는 권복규·김현철, 『생명윤리와 법』(이화여자대학교 출판부, 2005), 187면; 권복규·박은정, 『줄기세포연구자를 위한 생명윤리』(세창출판사, 2007), 62면 이하; 추경석·최경석·권복규, 「동물권 옹호론과 영장류 실험에 대한 윤리적 검토」, 생명윤리 제8권 제1호, 2007, 50면 이하 참조.

[9] 유전자치료의 기술적 문제, 안전상의 문제, 윤리적 문제에 대해서는 강미정, 「유전자치료에 대한 윤리적 고찰」, 생명윤리 제1권 제1호, 2000, 77면 이하 참조.

## 2. 위험 분석의 어려움

줄기세포를 이용한 세포치료, 유전자치료, 이종이식 등 현대 생명과
학기술연구는 이익과 위험을 동시에 발생시키는 양면성을 띠고 있다.
이러한 이익과 위험은 고정되어 있는 값이 아니라 과학기술의 발전에
따른 유동적인 값이며, 어느 시점에서도 평가하는 사람의 입장과 가치
관에 따라 평가값이 달라진다. 전문가의 견해 또한 첨예하게 대립되는
경우가 많다. 어떤 전문가는 줄기세포를 이용한 세포치료, 유전자치료,
이종이식을 위해나 재앙으로 파악하는 반면에, 다른 전문가는 기회로
파악한다. '개연적인 위험'에 근거하여 연구를 중단하는 것은 합리성
포기를 의미한다는 견해도 있다.[10] 전문가 중의 일부는 이종이식을 이
득과 비용 분석(benefit-cost analysis)으로 접근한다. 하지만 '위험과 이
득 방식'이 아닌 '비용과 이득 방식'으로 접근하는 것은 잘못인데, 이는
정확히 평가되지 않는 위험을 비용의 문제로 환원하여 계산할 수 없으
며, 비용계산이 위험평가가 포괄하는 안전상의 문제, 윤리적 문제를 대
체할 수 없기 때문이다.[11]

이처럼 줄기세포를 이용한 세포치료, 유전자치료, 이종이식에서
문제되는 위험을 정량화하고 예측하는 것은 매우 어렵다. 위험이
어떤 것인지를 머릿속으로 상상하는 것으로는 부족하고, 직접적으

---

10) 위험과 합리성의 관계에 대해서는 Niklas Luhmann, Soziologie des Risikos(Walter
de Gruyter, 1991), 22면.

11) 이때 '비용과 이득' 분석의 대안으로 '예방의 원칙(The principle of Precaution)'이
제안된다. 예방의 원칙은 위험의 성질에 대한 확신에 앞서 위험을 피하는 조치를
취할 것을 요구한다. 이는 새로운 기술이 해롭다는 증거가 있을 때까지는 그 개발
을 지속하는 것이 수용 가능하다는 관점에 도전하며, 그 기술이 심각한 해를 일으
키지 않을 것이라는 사실을 보여주는 입증 책임이 그 기술의 개발자에게 있음을 의
미한다. '예방의 원칙'에 대해서는 너필드 생명윤리위원회(권복규 역), 위의 책(주2),
81면.

로 시도하고 경험해 본 후에야 비로소 위험이 어느 정도인지를 알 수 있는 경우가 많다. 예컨대 신종 바이러스나 감염성 유기체의 존재 자체도 일반적으로 그들이 유발하는 질병이 출현한 후에야 확인이 가능했다.[12] 이러한 한계에도 불구하고 정량화할 수 없는 위험과 정량화할 수 있는 위험을 최대한 구분하여 후자의 경우는 가능한 한 많이 그리고 자세히 조사하는 것이 중요하다. 위험에 대한 최대한의 조사와 분석은 생명과학기술연구의 허용가능한 폭을 결정하는 주요한 사실상의 지표가 되기 때문이다.

## 3. 치료를 목표로 한 연구

줄기세포를 이용한 세포치료, 이종이식 등은 현재 활발히 진행중인, 하지만 미래에야 실현가능한 재생의학(regenerative medicine)이며,[13] 아직 실용화단계에 있는 제제(products)는 없다. 현재 줄기세포를 이용한 세포치료는 임상단계의 검증이, 이종이식의 안전성 및 유효성에 대한 전임상단계의 검증이 진행 중이다. 이종이식의 경우 1995년 전후를 기준으로 그 안전성에 대한 우려로 인해 임상시험(clinical trial)은 중단된 상태이다.[14] 유전자치료의 경우는 1989년 미국 국립보건원(NIH)의 R. M.

---

12) 너필드 생명윤리위원회(권복규 역), 위의 책(주2), 79면.

13) 세포가 모든 질병의 단위이기도 하다는 독일의 병리학자 Virchow의 '세포병인론'에 따른 "모든 병이 세포에서 기인한다"는 명제는 "모든 병이 세포의 재생에 의해 치유될 수 있다"는 추측을 가능하게 하며, 이를 현실로 다가오게 한 것이 줄기세포에 의한 재생의학이라는 점을 밝히며, 의학의 패러다임 변화인 세포치료의 최근 경향 (성체줄기세포의 활발한 임상시도, 혈관재생 및 허혈성심장질환에 대한 세포치료, 뇌졸중에 대한 세포치료, 유전자조작 줄기세포치료)을 언급하는 논문으로 오일환, 「줄기세포와 재생의학의 미래」, DiaTreat 제5권 제4호, 2005, 1824면 이하 참조.

14) 미국 식품의약품안전청(FDA)은 「인간외 영장류를 이용한 장기이식 제품에서 제기되는 공공의 건강에 대한 문제(Guidance for Industry: Public Health Issuses Posed by the Use of Nonhuman Primate Xenografts in Humans)」에서 현시점에는 인간외 영장류 장기이식이 가지는 위험을 평가하는 충분한 정보가 없다고 판단하고, 인간

Blaese 박사가 ADA(adenosine deaminase) 결핍증 환자에게 실시한 것을 시작으로 전 세계적으로 연간 평균 90회 정도의 임상시험이 실시되고 있다.[15] 이처럼 줄기세포를 이용한 세포치료, 이종이식, 유전자치료 모두 현재로서는 안전성과 유효성이 검증되어 제제(products)로 허가될 단계는 아니며, 그 안전성과 유효성을 검증하는 임상시험단계 내지 전임상시험 단계에 있을 뿐이다.

여기서 안전성과 유효성을 시험하는 임상연구이지만,[16] 동시에 대안적 치료법이 존재하지 않아 절박한 단계에 처해 있는 환자에게 치료의 기회를 제공하는 연구(치료적 연구)를 어떻게 규율할지가 문제된다.[17]

---

외 영장류를 사용하는 이종이식에 대한 임상시험이 전염병 위험에 대한 더 정밀한 조사가 적절하게 수행될 수 있을 때까지 진행되어서는 안 된다고 권고하였다. 이에 대해서는 미국 공중위생국(PHS, the U. S. Public Health Service), 『이종이식의 감염성 질환에 대한 지침서(PHS Guideline on Infectious Disease Issuse in Xenotransplantation)』(국립독성연구원 생명공학지원과 번역, 2004), 9면; 영국 너필드 생명윤리위원회 특별조사위원회 또한 이종이식의 결과로서 감염성 질환이 전파될 수 있는 가능성과 관계된 위험들이 적절하게 다루어지고 있지 않았으며, 따라서 인간에게 이종이식 임상시험을 시작하는 것은 윤리적이지 않다고 판단했다. 너필드 생명윤리위원회(권복규 역), 위의 책(주2), 88면.

15) 세계적으로 승인된 유전자치료제 임상시험계획서는 1,100건 이상이며, 이에 따른 유전자치료제 임상시험의 대상이 되는 환자 수만도 3,500명 이상에 이르는 것으로 집계되고 있다. 그러나 유전자치료제 임상시험의 대부분은 아직 유전자치료제의 안전성 여부와 효과가 있는지의 여부를 평가·검토하는 phase I 및 phase II 이며, 극히 일부가 유전자치료제의 효과가 어느 정도인가를 평가·검토하는 phase III 인 것으로 알려져 있다. 장영민·권복규·김현철·정성철, 「'생명윤리 및 안전에 관한 법률'의 유전자치료부분에 관한 운영지침 및 제도보완 방안 마련」(보건복지부 정책연구과제 연구결과물, 2006), 9면 이하.

16) 임상연구(clinical study)에 대한 설명과 임상연구와 관련된 국제 규약, 뉘른베르크 강령(1946), 헬싱키선언(1964), 벨몬트 리포트(1979), ICH-GCP 가이드라인(1996), WHO IRB-SOP(2000)에 대한 설명으로 구영모, 「임상연구의 윤리」, 구영모 엮음, 『생명의료윤리』(동녘, 2004), 201면 이하; 임상시험 연구에 대한 전반적인 설명으로는 신상구·신좌섭, 「임상시험 연구와 관련된 문제」, 의학교육연수원 편, 『임상윤리학』(서울대학교 출판부, 2005), 226면 이하; 권복규·박은정, 위의 책(주8), 54면 이하.

17) 실험적이지만 환자들에게 진정한 치료의 기회를 제공하는 시술들은 '치료적 연구(Therapeutic Research)'라고 불린다. 너필드 생명윤리위원회(권복규 역), 위의 글(주2),

통상의 임상연구보다 더 강화된 조건하에서 피험자가 임상시험이 가지는 위험성을 제대로 이해하고, 충분한 정보에 근거해서 동의(informed consent)하여야 하며,[18] 그 외에도 그 시험이 피험자의 치료에 도움이 되는 것이 확실해야 하며, 피험자가 되는 환자를 특별히 보호해야 하는 등의 조치가 따라야 한다.[19] 이종이식의 경우에 안전상의 문제가 검증되지 않았거나, 집단적 위험이 개인적 혜택보다 더 클 때에는 임상시험은 잠정적으로 중단되어야 한다. 이종이식에서 임상시험은 납득할 정도의 낮은 위험도이어야 정당화될 수 있을 것이다.[20] 또한 임상시험이 시작되기 전에 이종이식 수혜자를 감시하고 질병 감염의 경우에 취해져야 할 조치를 명시하는 규범과 절차가 마련되어야 한다.[21]

---

86면. '치료와 시술의 경계'에 대해서는 벨몬트 보고서(인간 피험자보호를 위한 윤리원칙과 지침)에 설명되어 있다.

18) 벨몬트 보고서(인간 피험자보호를 위한 윤리원칙과 지침)는 충분한 정보에 근거한 동의(informed consent)의 세 요소로 정보(Information), 숙지(Comprehension), 자발성(voluntariness)을 들고 있다. 「벨몬트 보고서」(구영모 · 권복규 · 황상익 역)는 생명윤리 제1권 제1호(창간호, 2000) 13면 이하에 있으며, 이하의 생명윤리 논문들은 한국생명윤리학회 홈페이지(koreabioethics.net) 자료집에서 구할 수 있다. '충분한 정보에 근거한 동의(informed consent)'는 연구의 윤리성 확보를 위한 필요조건에 불과하며, 충분조건인 것처럼 여겨지는 것은 대단히 위험한 일이라는 지적에 대해서는 최경석, 「피험자의 인권과 동의: 정보 제공 기준과 자율적 결정 여부의 판단기준」, 『의료 및 생명과학 연구와 동의』(2007년 제1회 유네스코 과학기술 포럼 자료집), 2007, 21면 이하.

19) 헬싱키선언은 '치료적 연구'의 경우에 'B. 모든 의학 연구에 관한 기본 원칙' 외에도 'C. 치료를 겸한 의학 연구에 관한 부가 원칙'을 적용하고 있다.

20) 김상준, 「장기이식과 관련된 문제」, 의학교육연수원 편, 『임상윤리학』(서울대학교출판부, 2005), 225면.

21) 너필드 생명윤리위원회(권복규 역), 위의 책(주2), 88면; 미국 이종이식 자문위원회(SACX), 위의 글(주3), 38면 이하; 『일본 후생노동청 이종이식의 감염성 질환에 대한 지침서』(국립독성연구원 생명공학지원과 번역, 2004), 21면 이하; 식품의약품안전청, 이종이식제제의 품질관리 및 감염관리에 대한 가이드(2006), 12면 이하.

## Ⅱ. 생명과학기술연구를 규율하는 규범의 특징

### 1. 토끼 '생명과학기술'과 거북이 '바이오규범'

생명과학기술의 급속한 발전에 바이오법이 따라가지 못하는 현상은 이미 잘 알려져 있다.[22] 생명공학의 급속한 발전속도 때문에 입법자는 자주 이에 발맞추어 대응할 수 없다. 법률개정을 통해 입법자는 생명과학기술의 중요한 발전을 (뒤늦게) 따라갈 수 있을 뿐, 생명과학기술의 모든 발전을 따라갈 수는 없다. 이처럼 생명과학기술의 발전을 바이오법이 따라갈 수 없는 한계와 그때그때의 생명과학기술 상태에 따른 구체적 규율의 필요성과 관련하여 한국의 국가생명윤리심의위원회와 같은 윤리위원회가 중요한 역할을 수행한다. 윤리위원회는 토끼 '생명과학기술'의 발전에 거북이 '바이오법'을 대신해서 대응하게 된다.

바이오법에서 어느 정도의 규범안정성의 상실은 규범유연성 때문에 감수해야 한다.[23] 규범안정성보다도 규범유연성이 더 필요한 곳에서 '생명윤리 및 안전에 관한 법률'(이하 생명윤리안전법)의 입법자는 구체적인 규율을 포기하고, 규범설정의 한계범위만 형성한다[인간대상연구의 심의 면제에 관한 사항, 인간대상연구에 따른 기록·보관 및 정보공개에 관한 사항, 잔여배아를 이용할 수 있는 연구에 관한 사항, 체세

---

22) 예컨대 핵이식을 통한 체세포의 분화능력과 이를 통한 인간복제의 가능성으로 인한 독일 배아보호법(1990년 제정)의 개정필요성은 현행법이 새로운 발전에 대응할 수 없다는 점을 잘 보여준다. 이런 여건 하에서 그 후에 제정된 법률은 앞서 제정된 법률과 모순되는 관계에 빠질 수 있다. 예컨대 예외적으로 연구목적을 위해 배아줄기세포를 수입하고 사용할 수 있게 하는 제4조 제2항의 명문규정에도 불구하고 2002년에 제정된 줄기세포법(인간 배아줄기세포의 수입과 사용과 관련해서 배아보호를 확보하기 위한 법률)은 1990년 배아보호법과 모순관계에 있다.

23) Dieter Birnbacher, "Bioethische Konsensbildung durch Recht? Fragen an das Menschenrechtsübereinkommen zur Biomedizin", in: Jochen Taupitz(Hrsg.), Die Bedeutung der Philosophie für die Rechtswissenschaft(Springer, 2001), 55면.

포핵이식행위를 할 수 있는 연구의 종류·대상 및 범위에 관한 사항, 배아줄기세포주를 이용할 수 있는 연구에 관한 사항, 인체유래물연구의 심의 면제에 관한 사항, 유전자검사의 제한에 관한 사항(제7조 제1항 제3호, 제4호, 제5호, 제6호, 제7호, 제8호, 제9호)}. 이때 국가생명윤리 심의위원회는 입법자가 설정한 한계범위 내에서 전문지식을 갖춘 심의 기관으로 기능한다. 다른 한편으로 국가생명윤리심의위원회는 생명과학 기술의 발전속도에 발맞추어 외부의 도덕을 내부의 윤리로 바꾸는 기능 을 감당한다[국가의 생명윤리 및 안전에 관한 기본 정책의 수립에 관한 사항, 그 밖에 생명윤리 및 안전에 관하여 사회적으로 심각한 영향을 미칠 수 있다고 판단하여 국가위원회 위원장이 회의에 부치는 사항(제7 조 제1항 제1호, 제10호)}.

국가생명윤리심의위원회는 불확실성의 조건하에서 현대 생명과학기 술의 위험을 결정해야 하는 상황에 놓인다.[24] 따라서 과연 국가생명윤 리심의위원회의 구성이 학제간 구성된 심의기관으로서 이러한 어려운 결정을 감당할 수 있는지를 물어야 한다. 생명윤리안전법은 국가생명윤 리심의위원회에 권한을 부여할 뿐만 아니라, 주의깊게 결정을 내릴 의 무를 부과하고 있다. 심의절차에서 논증의 전제를 갖추지 않고서는 국 가생명윤리심의위원회는 '윤리위원회'의 기능을 감당할 수 없고, 다만 정치적 결정의 정당화 수단으로 전락한다. 국가생명윤리심의위원회는 자신에게 기대되는 능력을 발휘해야 한다. 국가생명윤리심의위원회는

---

24) 절차적 정당성은 실질적 정당성에 대한 기준이 없는 곳에서 요구된다. 실질적 정당 성에 대한 기준이 모호하거나, 실질적 정당성 기준에 해당되는지 여부가 애매할수 록, 절차적 정당성에 대한 요구는 높아진다. 특히 생명과학기술이 계속적으로 발전 하는 현대에 실체적 정당성에 대한 기준이 불명확한 불확실성의 조건에서 결정해 야 할 경우가 점점 더 많아진다. 이때 "결정을 해야 하는 처지에 있는 사람에게 결 정을 위한 하나의 확고한 발판이 되어 주는 실질적 규준들이 있는가?"라는 질문이 제기된다. 이 질문은 Hans Welzel(박은정 역), 『자연법과 실질적 정의』(삼영사, 2001), 8면에 있다.

전문가의 의견에 의지해야 할 뿐만 아니라, 공중의 의견도 수렴해서 들어야 한다. 국가생명윤리심의위원회의 능력 상승은 학습능력과 반성능력으로 보장되어야 한다.[25] 국가생명윤리심의위원회가 기대되는 능력을 갖추지 못할 경우, 규범유연성 때문에 감수한 어느 정도의 규범안정성의 상실은 장점보다는 단점을 더 초래한다. 능력에 대한 요구는 개별적인 경우에 감시기능을 담당하는 기관심의위원회(IRB, Institutional Review Board)에도 해당한다.

## 2. 기관심의위원회의 중요성

줄기세포를 이용한 세포치료, 유전자치료 등 현대 생명과학기술연구는 연구계획서를 심사하는 과정부터 구체적인 임상시험이 실시되어 시험결과가 나올 때까지의 모든 과정을 모니터링(Monitoring)해야 하고,[26]

---

25) 생명과학기술 영역에서 윤리위원회는 다양성을 갖추어야 하며, 공중의 비판에 열려 있어야 한다. 오늘날의 연구가 비록 기술을 통한 기술통제의 성격을 가진다 할지라도, 결정이 단지 전문가에 맡겨져서는 안 된다. 절차에서 논증의 전제조건을 실체적 기준에 해당한다고 생각된다. 논증의 전제조건이 충족되지 못한 경우는 결정의 결과는 절차적 정당성을 갖추지 못한다. 절차적 정당성은 절차 그 자체로부터 나오는 것이 아니라, 전제조건의 충족에서 나온다. 절차에서 논증의 전제조건을 충족하려는 노력 없이는 생명과학기술 영역에서 윤리위원회는 단지 정당화수단으로 전락할 뿐이다. 전문가조차도 새롭게 발전되는 생명과학기술의 위험과 위해를 제대로 판단할 수 없는 경우가 있다. 현대 생명과학기술의 위험과 위해에 대한 불확실성은 예기치 못한 결과라는 불확실성 조건에서의 결정상황으로 이끈다. 윤리위원회는 위험을 정확히 평가할 수도 있지만, 과대평가할 수도 있고, 과소평가할 수도 있다. 이때 바이오법의 절차화는 윤리위원회의 '학습능력'과 관련된다. 불확실성 아래서 결정해야 하는 윤리위원회의 어려움은 이전의 여러 결정에서 나오는 윤리위원회의 학습능력에 의해 짐이 덜어진다. 한편으로 윤리위원회는 이전 결정이 근거한 정보를 사용할 수 있어야 하며, 다른 한편으로 새로운 정보를 갖추도록 노력해야 한다.

26) '모니터링(Monitoring)'이라 함은 임상시험 진행 과정을 감독하고, 해당 임상시험이 계획서, 표준작업지침서, 임상시험관리기준 및 관련 규정에 따라 실시·기록되는지 여부를 검토·확인하는 활동을 말한다. 모니터링의 목적은 다음과 같다: 피험자의 권리와 복지 보호, 시험책임자가 보고한 임상시험 관련 자료와 근거문서의 대조를 통한 자료의 정확성, 완전성 및 및 검증가능성 확인, 임상시험이 식품의약청안정청

점검(Audit)해야 한다.[27] 법규범이 법관을 통해 해석·구체화되고, 판례를 통해 정합적인 체계를 이루듯이, 기관심의위원회는 생명과학기술연구의 윤리적·법적·사회적 타당성을 검토하여 법규범을 구체화하는 역할을 담당한다. 우리나라의 경우 '의약품 임상시험 관리기준(KGCP, Korean Good Clinical Practice)'에 시험기관 내에 독립적으로 설치되는 '임상시험 심사위원회'를 시작으로, 생명윤리안전법 제정과 개정에 따라 배아생성의료기관, 배아연구기관, 체세포복제배아 연구기관, 인간대상연구자가 소속된 교육·연구기관 또는 병원, 인체유래물연구자가 소속된 교육·연구기관 또는 병원, 인체유래물은행, 그 밖에 생명윤리 및 안전에 관하여 사회적으로 심각한 영향을 미칠 수 있는 기관으로서 보건복지부령으로 정하는 기관으로 '기관생명윤리위원회'가 확대되었다(생명윤리안전법 제10조 제1항).[28]

입법자는 개개의 사안을 모두 입법화할 수 없으며, 그 개략(Outline)만을 규정할 뿐이다. 입법자는 일반적 금지규범과 일반적 허용규범을 형성하는 데에는 능력이 있지만, 구체적인 상황에서 허용규범의 구체적인 내용을 결정하는데에는 무능력하다. 기관심의위원회는 법으로 다 규율할 수 없는, 그렇다고 연구자의 자율에만 맡길 수 없는 영역에서 법과 현실, 연구와 윤리를 잇는 가교 역할을 담당하며,[29] 규범적 감시·

---

장 및 심사위원회의 승인을 받은 임상시험계획서, 의약품 임상시험 관리기준 및 약사법 시행규칙 제32조에 따라 수행되는지 여부의 확인(약사법 시행규칙 제32조 관련 별표 3의 2 머).

27) '점검(Audit)'은 의뢰자가 임상시험이 임상시험계획서, 의뢰자 표준작업지침서, 실시기관 표준작업지침서 및 관계 법령에 따라 이루어지는지 여부 및 임상시험이 그 목적에 맞게 수행되는지 여부를 점검하는 것을 말한다(약사법 시행규칙 제32조 관련 별표 3의 2 버).

28) 종래 생명윤리안전법은 유전자검사기관, 유전자연구기관, 유전자치료기관에 기관생명윤리위원회(IRB) 설치의무를 부과하고 있었으나, 2012년 2월 1일 전부개정(2013년 2월 2일 시행)된 생명윤리안전법은 이를 삭제하였다.

29) 『기관생명윤리위원회 구성·운영 표준지침서』(보건복지부, 2006), 서론.

감독기구로서 연구계획서의 윤리적 타당성 등을 심사하고 검증하는 기능을 수행한다.30) 다만 기관심의위원회가 독립적으로 사안을 정당하게 판단하는지, 사안을 판단할 능력을 갖추고 있는지 여부를 다시 감독할 기관이 필요하다. 생명윤리안전법은 기관위원회의 운영을 적절하게 감독·지원하게 하기 위하여 보건복지부장관에게 기관위원회의 조사와 기관위원회 위원의 교육을 수행하게 하였으며(생명윤리안전법 제13조 제1항), 보건복지부장관에게 기관위원회의 구성 및 운영실적을 정기적으로 평가하여 인증할 수 있게 하였다(생명윤리안전법 제14조 제1항).

## 3. 절차적 바이오법을 통한 소통의 전제 하에서 규제적 바이오형법의 조종능력 향상

'생명과학기술'이 토끼에 비유되고, '바이오규범'이 거북이에 비유된다고 하더라도, 어느 영역에서는 규제규범이 필요한 것이 사실이다. 특히 생명과학기술연구의 '안전성'에 문제가 있음이 명백한 경우가 그렇다. 강력한 바이오형법을 통해 금지되는 행위를 특정해야 하며, 이는 실질적 정당화기준을 통해 정당화된다. 여기서 문제되는 것은 바이오형법을 통한 금지의 폭이다. 충분히 다른 법규범을 통해 규율할 수 있는 범주에까지 강력한 바이오형법을 통해 규제할 때, 바이오형법은 조종능력과 방향설정능력을 상실하게 된다.31)

---

30) 박은정, 「줄기세포연구와 윤리위원회의 역할」, 박은정 外, 『줄기세포연구의 윤리와 법정책』(이화여자대학교 출판부, 2004), 102면 이하.

31) 배아줄기세포연구에서 규제형법의 부작용 및 소통능력 결여의 예로는 독일 배아보호법을 들 수 있다. 1990년에 발효된 독일 배아보호법은 배아생명의 인간존엄을 기초로 체외배아연구를 엄격히 금지한다. 배아생명의 인간존엄은 줄기세포연구와 이익형량을 할 수 없다는 입장에서 형법을 통해 배아연구를 규제한다. 하지만 규제효과는 효력을 발휘하지 못하는데, 이는 대부분의 줄기세포연구자들이 배아보호법의 흠결을 찾아 배아보호법의 엄격한 적용을 피하려고만 하기 때문이다. 그간 배아보

이러한 규제적 바이오형법의 효율성 상실과 정당성 상실에서 바이오 절차법의 필요성은 비롯된다. 규제법의 직접조종이 실패하는 이유는 규제하려고만 하는 규제법을 통해서는 더 이상 체계 간에 소통이 이루어지지 않기 때문이다. 규제법은 규제되는 체계를 강하게 규제하려고 하지, 소통을 하려고 하지 않는다. 규율되는 체계의 신뢰를 상실함으로써 규제법은 소통능력을 상실한다. 소통이 더 이상 가능해지지 않으므로 실효성이 상실될 뿐만 아니라, 정당성 상실로 이어진다.[32] 소통사회에서 법은 소통매체로서 의미를 지닌다. 실질적 정당성에 대한 기준이 더 이상 존재하지 않거나, 모호하며, 직접조종으로 지향된 바이오형법을 통해 더 이상 소통할 수 없는 연구영역에는 새로운 법 개념이 요구된다(바이오법의 절차화).[33] 절차법은 법규범을 소통체계로 파악하는데, 절차법의 구성요소는 절차를 통해 법의 합리성을 향상시키는 것을 목표로

호법의 흠결을 발견하여 이중도덕(Doppelmoral)이라는 비난에도 불구하고 2002년 줄기세포법을 통해 배아줄기세포주를 이스라엘로부터 수입하였다. 또한 연구자는 배아줄기세포연구가 법적으로 허용된 나라에서 배아줄기세포연구를 하기 위해 독일을 떠난다. 이처럼 배아보호법은 직접적인 규제기능과 방향설정기능을 상실한다. 또한 핵이식을 통해 체세포복제가 증명됨을 통해 배아보호법의 개정필요성이 요구된다. 1990년에 제정된 이후 한 번도 개정되지 않은 배아보호법은 매우 빠르게 발전하는 연구성과를 따르지 못하며, 이를 규제하지 못하는 한계점을 지닌다. 해석론도 단지 체외배아의 생명보호라는 입법자의 의도에 의존하여 법의 흠결을 보충하고 있다. 생명과 인간존엄, 도구화와 인간존엄침해, 생명공학의 위험과 인간존엄침해를 동일차원에서 이해하는 배아보호법을 통해 학문시스템과 법시스템 사이의 소통이 이루어지지 않는다. 규제형법과 규제정책을 통해 소통이 철저히 단절되어 있을 뿐이다.

32) Klaus Eder, "Prozedurales Recht und Prozeduralisierung des Rechts", in: Dieter Grimm(Hrsg.), Wachsende Staatsaufgaben-sinkende Steuerungsfähigkeit des Rechts(Nomos, 1990), 158면; 도덕적으로 강하게 지향된 바이오형법은 효율적이지 않은 형법을 동시에 의미한다. 이 경우 형법은 지킬 수 없는 것보다 더 많은 것을 약속한다. 하지만 이는 약속하지 않는 것보다 더 안 좋은 효과를 낳는다. 이에 대해서는 Cornelius Prittwitz, "Strafrechtliche Aspekte von HIV-Infektion und Aids", in: ders.(Hrsg.), Aids, Recht und Gesundheitspolitik(Edition Sigma, 1990), 128면.

33) '법의 절차화'란 우선 절차법을 통한 소통을 의미한다. 절차법은 사회부분체계, 법체계, 정책 간에 소통의 매개 역할을 감당함으로써 효율성을 증대시킬 뿐만 아니라, 절차적 합리성을 확보하려는 노력을 통해 정당성 또한 획득한다.

한다.[34] 규제적 바이오형법과는 달리 절차적 바이오법은 기구와 절차를 통해 소통하려고 노력한다. 바이오법은 객관적 가치규범이나 가부장적 규범이 규율되는 곳이 아니라, 법체계, 바이오연구체계, 바이오정책 간에 소통이 이루어지는 곳이다. 바이오법의 절차화가능성은 절차적 바이오법의 소통능력에서 생긴다.

생각건대 단지 강력한 규제형법 하에 있는 연구자에 대한 형법규범의 실효성과 강력한 규제형법뿐만 아니라 절차형법 하에 있는 형법규범의 실효성을 구별할 수 있다. 규제되는 바이오연구체계, 바이오정책과 바이오법 사이의 소통에 대한 적절한 구조적 연결이 성공한다면, 규제적 바이오형법이 필요한 곳에서 강력한 규제형법을 통한 소통도 가능하다. 이러한 조건하에서 생명과학기술 연구자는 규제형법의 금지와 절차법의 규칙을 준수해야 하는 역할담당자(Rollenträger)로 간주된다. 법을 소통사회에서 소통수단으로 이해할 때, 형법에서 귀속문제도 제대로 이해할 수 있다. 바이오연구체계, 바이오정책과 바이오법 사이의 소통을 보장하는 적절한 구조적 연결구조 하에서만 개인의 귀속문제가 정당화될 수 있다. 소통에 대한 적절한 구조적 연결 없이는 연구자는 역할담당자로 기능할 수 없다. 규제적 바이오형법의 규제효력은 그 스스로에서 나오는 것이 아니라, 절차적 바이오형법의 소통능력에서 나온다.[35]

---

34) Gralf-Peter Calliess, Prozedurales Recht(Nomos, 1999), 180면, 267면.

35) 필자는 '모든 시민'을 의무범의 의무주체로 파악하는 행동규범이론 대신에, '특정한 전문적 직업군'을 역할담당자로 파악하는 행동규범이론의 가능성을 인정한다. 보통의 시민과는 달리 배아줄기세포연구자와 같은 특정한 전문적 직업군은 그 역할에 견주어 현대의 연구윤리규범인 바이오법의 절차를 준수할 것을 기대할 수 있고, 이에 대해 형법규범은 규제적인 힘을 발휘할 수 있기 때문이다. 다만 의무범으로 개인귀속이 이루어질 수 있기 위해서는 의무설정규범이 정당하게 설정되어야 한다. 이런 맥락에서 볼 때 생명과학기술연구자에게 연구규칙을 준수할 것을 형법으로 요구하기 위해서는, 연구자가 연구규칙을 지켰을 때에는 연구를 할 수 있다는 점이 전제가 되어야 한다. 이에 대해서는 고봉진, 「배아줄기세포연구와 관련된 바이오형법에서 규범과 의무」, 형사법연구 제19권 제2호, 2007, 248면 이하 참조..

## 4. 바이오법의 구성요소: 금지규범, 절차규범(허용규범), 의무규범

줄기세포를 이용한 세포치료, 유전자치료, 이종이식 등 현대 생명과학기술연구에 대해서 포괄적인 규제를 하는 것은 타당하지 않다.[36] 또한 도덕적인 접근 또한 타당하지 않다. 도덕적으로 강하게 지향된 바이오형법은 효율적이지 않은 형법을 동시에 의미한다. 이 경우 형법은 지킬 수 있는 것보다 더 많은 것을 약속한다. 하지만 이는 약속하지 않는 것보다 더 안 좋은 효과를 가져온다.[37] 법에 있어 위험지향은 법의 정당성과 효율성 문제를 더 정확히 논증해야 할 과제를 낳으며,[38] 이는 치료연구가 가지는 위험성·안전상의 문제 때문에 규제법으로 강력하게 규제하자는 의미는 아니다. (앞에서 언급하였던) '생명과학기술연구의 특징'은 생명과학기술연구를 바이오형법으로 엄격하게 규제하려고 하는 유혹을 갖게 한다. 하지만 규제에 지향된 법정책은 신뢰보호와 예측 가능성을 확보하나 생명과학기술의 새로운 변화에 적절하게 대처하지 못한다는 단점이 있으며,[39] 규제법으로만 지향된 법은 실효성과 정

---

36) 유전자치료연구에 대한 같은 판단으로 장영민·권복규·김현철·정성철, 위의 책 (주15), 24면 참조.

37) Cornelius Prittwitz, "Aids-Bekämpfung, Aufgabe oder Selbstaufgabe des Strafrechts?", KJ, 1988, 304면 이하.

38) "위험과 규범" 테마는 두 가지 중요한 질문을 제기한다. 위험이 어떻게 규범에 영향을 미치는가이고, 다른 질문은 규범이 어떻게 위험에 영향을 미치는가이다. 여기서 위험은 "현재에 있어서 미래"를 뜻하고, 규범은 "사회 정체성의 형성"을 의미한다. '현재에 있어서 미래'로서 위험은 '불확실성'으로서 위험의 다른 표현이다. 미래가 불확실하여 정확히 예측할 수 없음에도 불구하고, 규범을 통해서 미래를 계산해야 한다. 법규범은 "현재에 있어서 미래"와 관련하여 큰 도전을 받고 있으며, 이를 어떻게 해결할지는 현대 법학이 안고 있는 큰 과제 중의 하나이다.

39) 김현철, 「생명윤리 관련 법령의 입법적 과제 – 가족문제를 포함하여, 과학기술의 발전과 가족법의 대응」, 한국가족법학회, 2007 하계학술대회 자료집, 13면. 박은정 교수는 「의료윤리와 법」 논문에서 '법을 통한 해결에 대한 기대는 바람직한가?'라

당성을 상실한다.[40)

　엄밀하게 접근한다면 오히려 금지규범과 절차규범(허용규범)으로 나누고, 이를 의무규범으로 구성해 내는 접근법을 취해야 할 것이다.[41) 이때 바이오법은 연구자가 지켜야 할 연구규칙으로 기능한다. 바이오법은 한편으로는 허용규범으로, 다른 한편으로는 연구에서 요구규범(혹은 금지규범)으로 기능을 수행한다. 이에 대응하여 연구자는 연구의 자유를 가질 뿐만 아니라, 역할담당자로서 책임을 진다. 바이오법의 절차규범은 허용된 연구방법의 근거일 뿐만 아니라, 요구되는 의무행동의 근거이기도 하다. 바이오법은 의무규칙을 제공하며, 바이오형법은 이 규칙이 지켜지지 않음을 금지한다.[42)

## Ⅲ. 생명과학기술연구에 대한 법정책의 책무

### 1. 단계적 접근과 다양한 접근

　의학과 생명과학의 발전은 우리의 삶에 많은 변화를 야기하였고, 인류에게 새로운 윤리적·법적 문제를 야기하고 있다. 생명과학기술연구의 윤리적·법률적·사회적 타당성 검토는 현대 법학이 다루어야 할

---

는 질문과 '법의 개입은 어느 정도가 타당한가?'라는 핵심 질문을 던진다. 박은정, 「의료윤리와 법 - 첨단의학기술발전에 따른 문제점을 중심으로-」, 『의료·윤리·교육』 제1권 제1호, 1998, 1면 이하.

40) 생명윤리분야에서 법이 가지는 실효성의 한계에 대해서는 박은정, 위의 글(주39), 5면 이하.

41) 같은 접근법으로 '생명윤리 및 안전에 관한 법률'을 조명한 논문으로 고봉진, 위의 글(주35), 229면 이하.

42) 고봉진, 위의 글(주35), 236면.

중요한 과제 중의 하나이다.[43] 이를 위해서는 각각의 생명과학기술연구
가 어느 정도의 단계에 있는지에 대한 정확한 평가가 필수적이다. 또한
올바른 법정책을 세우고, 타당한 규범을 설정하고, 적절한 장치를 마련
하기 위해 생명과학기술을 이용한 치료연구에 대한 규율에 대해서 선진
국의 예를 살펴볼 필요가 있다.[44] 정직한 기술 평가와 외국 사례의 연
구를 통해 우리나라의 상황에 맞는 법정책을 개발해야 한다. 이때 주의
할 점은 평가방법과 관련하여 두 가지 접근방법이 요망된다. 우선 시간
이 지남에 따라, 기술의 발달에 따라 달라지며, 그때그때의 조건에 따
른 '단계적 접근' 방법이 필요하다.[45] 그뿐만 아니라 하나의 생명과학
기술연구에도 여러 차원의 개별연구들이 있기 때문에 이에 대해서는
'다양한 접근'방법을 취해야 한다. 예컨대 이종이식에서 이종'장기'이식
은 안전성의 문제가 매우 크나, 이종'조직'이식은 그 위험성이 덜하다.

---

43) 이상돈 교수는 생명공학을 규율하는 법은 현대사회의 법체계에 요구되는 패러다임
   적 변화를 가장 먼저 실천하는 아방가르드가 될 법 하다는 전망을 한다. 이상돈,『생
   명공학과 법』(아카넷, 2003), 7면.

44) 좋은 예로 세포조직공학제제에 대한 미국 식품의약품안전청(US FDA), 유럽연합의
   약품청(EMEA), 일본 의약품의료기기종합기구(PMDA) 등의 가이드라인을 최초자료
   부터 연도순으로 현재의 최신 자료까지 종합적으로 업데이트하여 정리한 식품의약
   청안전청 생물의약품본부의 『세포조직공학제제(세포치료제, 조직공학제제, 이종이
   식제제)』(2006)를 들 수 있다. 또한 세포응용연구사업단 윤리연구팀에 의한「인간
   배아줄기세포연구를 위한 국제줄기세포학회(ISSCR) 가이드라인」과「인간 배아줄기
   세포연구를 위한 미국 국립과학원(NAS) 가이드라인」번역을 들 수 있다[양자는 권
   복규·박은정, 위의 책(주8)에 실려 있다]. 이종이식의 경우「미국 PHS 이종이식의
   감염성 질환에 대한 지침서」,「미국 SACX 이종이식 과학동향에 대한 보고서」,「유
   럽 CPMP 이종세포치료제에 대한 지침서」,「일본 후생노동성 이종이식의 감염성
   질환에 대한 지침서」,「미국 SACX 이종이식의 피험자 동의서에 관한 보고서」등
   이 국립독성연구원 생명공학지원과에 의해 번역되었으며, 이를 토대로 식품의약품
   안전청 생물의약품본부는『이종이식제제의 범위 및 원료동물에 대한 가이드』(2006.
   6),『이종이식제제의 품질관리 및 감염관리 가이드』(2006. 6),『이종이식제제의 전
   임상 및 임상가이드』(2006. 6)를 만들었다.

45) '단계적 접근'에 대해서는 F. H. Bach,「동물장기 이식의 불확실성: 개인적 혜택 vs.
   집단적 위험」, Nature Medicine, 1998, 141면 이하(시민과학 제17호, 8면 이하에
   수록).

돼지췌도이식의 경우는 이종장기이식에 비해 그 위험성이 떨어지며, 판막이식의 경우는 위험성이 거의 없다. 따라서 이에 대한 법적 접근도 달라야 한다. 일률적인 접근보다는 각각의 경우에 그에 맞는 접근법이 필요하다. 임상시험의 단계는 제1상(임상약리 시험), 제2상(치료적 탐색 임상시험), 제3상(치료적 확증 임상시험), 제4상(치료적 사용 임상시험)으로 나누어 실시되며, 각 단계에 따른 위험이나 안전성 문제에 따라 피험자를 보호하는 조치 또한 달라야 할 것이다.[46] 현대 생명과학기술을 이용한 여러 연구의 위해·위험·불확실성이 '단계적 접근'과 '다양한 접근'을 통해 통제될 수 있다면, 국가의 보호의무는 적절하게 형성되고 실현된다.[47]

## 2. 법률을 통한 보호의무 실현

위에서 언급하였듯이 '단계적 접근'과 '다양한 접근'이 요망된다고 하더라도, '의약품 임상시험'과 관련된 여러 기준들은 법률로 규율하여 국가의 보호의무를 실현하여야 할 것이다. 이를 통해 임상시험시 피험자의 인권이 침해되는 일이 없도록 특히 유의해야 한다.[48]

세포대체요법(Cell Replacement Therapy)을 포함하는 줄기세포연구의 임상적용 시도는 생물학적 제제의 임상시험에 준하며,[49] 줄기세포를 이

---

46) 한재각, 「임상연구의 윤리」, 생명윤리 제3권, 제1호, 2002; 의약품 임상시험 관리기준(GCP)에 따른 임상시험의 절차에 대해서는 신상구·신좌섭, 위의 글(주16), 231면 이하.

47) 입법자는 어떤 법적 수단을 통해 보호의무를 충족해야 할지를 확정해야 한다. Josef Isensee, "Das Grundrecht als Abwehrrecht und als staatliche Schutzpflicht", in: Paul Kirchhof(Hrsg.), Handbuch des Staatsrechts der Bundesrepublik Deutschland(제5권, 2000), 225면 이하.

48) 피험자 인권침해의 대표적인 사례인 터스키기(Tuskegee) 매독 연구에 대한 설명으로는 Gregory E. Pence(김장한·조현아·이재담 역), 『의료윤리Ⅱ』(광연재, 2004), 44면 이하.

용한 세포치료는 식품의약품안전청 고시인 '생물학적 제제 등 허가 및 심사에 관한 규정'이 적용된다.[50] 성체줄기세포를 이용한 세포치료는 현재 '응급임상'을 통해 이루어지며, '의약품 임상시험 계획 승인 지침' 제12조는 의사가 심각하거나 긴박하게 생명을 위협하는 응급상황으로 판단한 경우 또는 의사가 치료시기를 놓치면 치료효과를 기대하기 어려운 상황이거나 대체 치료수단이 없는 상황으로 판단하여 세포치료제 등과 같은 신기술(Biotechnology) 의약품을 마지막 치료방법으로 사용하고자 하는 경우로서 대상환자의 동의를 받아 의사의 책임 하에 사용하고자 하는 경우에는 식품의약품안전청장의 사용승인을 받도록 규정하고 있다.[51] 대체 치료수단이 없는 절박한 환자의 치료라고 하더라도, 세포치료의 안전성이 확보되지 않은 상태에서 '응급임상'임을 이유로 세포치료가 행하여지는 것이 정당화될 수 있는지는 의문이다. 설령 정당화된다고 하더라도 '식품의약품안전청 고시'가 아닌 '법률'로써 규정해야 할 법률사항으로 보인다. 생명과학기술과 관련한 입법과 관련하여 법률로 규정되어야 할 것이 지침으로 규정되어 있고, 지침으로 규정되어야 할 것이 법률로 규정된 것이 있어, 이에 대한 재정비가 요망된다.

종래 '식품의약품안전청 고시'로 되어 있던 '의약품 임상시험 관리기준(KGCP)'은 2012년 6월 15일 개정된 '약사법 시행규칙'에 의해 약사법 시행규칙 제32조 관련 '별표 3의2'로 규정하였다. 이는 '의약품 임상시험 관리기준'이 기존 고시형태에서 약사법 시행규칙의 별표로 상향입법된 것이다. 하지만 약사법 시행규칙의 별표로 상향입법되었다 하더라도 여전히 국가의 보호의무를 실현하지 못하고 있다고 판단된다. 私見에 따르면, 약사법 시행규칙 제32조에 따른 '별표 3의2'에 규정되어

---

49) '세포응용연구사업단 줄기세포연구윤리지침' 제20조(임상적용 연구기준) 제1항.
50) '생물학적 제제 등 허가 및 심사에 관한 규정'에는 '세포치료제'에 대한 정의가 있는데, 줄기세포치료제는 이에 해당한다.
51) '응급임상시험'에 대해서는 권복규·박은정, 위의 책(주8), 97면.

있는 '의약품 임상시험 관리기준'은 여전히 최소한의 한도를 어겨 국가의 보호의무를 제대로 실현하지 못하고 있다. 국가의 보호의무는 과소금지(Untermaßverbot)와 관련된다. 과소금지를 침해하지 않는 이상, 입법자가 법적 수단을 통해 보호의무를 실현함에 있어 형성의 자유를 가진다. '의약품 임상시험 관리기준'은 법률로 승격시켜 규율해야 국가의 보호의무가 적절히 실현될 수 있으며, 법률로 승격한 후 그 내용을 규율함에 있어서는 입법자가 입법형성의 자유를 가질 것이다. 私見에 따르면, 피험자의 생명과 건강, 공공의 위험과 관련되는 한, 의약품 임상시험을 법률로 규율할지 말지에 대해서는 입법자는 입법형성의 자유가 없다.

## 3. 윤리적 접근

생명과학기술연구는 과학적 내용, 의학적 내용뿐만 아니라, 법적 문제 더 나아가 윤리적 문제와 직접적인 관련성을 맺고 있다. 특히 임상시험의 경우 '취약한 환경에 있는 피험자(Vulnerable Subject)'의 보호에 대해서는 각별한 주의가 요망된다. 헬싱키선언 제8조는 "일부 실험군은 위험에 노출될 수 있으므로 특별한 보호 조치가 필요하다. 경제적, 의학적으로 불우한 처지에 있는 피험자가 특히 필요로 하는 것들을 인식하고 있어야 한다. 스스로 동의서를 승인 또는 거부할 능력이 없거나 강제된 상황에서 동의했을 가능성이 있는 경우, 또는 연구를 통해 아무런 개인적 이익이 없거나 연구와 치료가 병행되는 피험자에 대해서는 특별한 주의가 필요하다"고 규정하고 있다.[52] 줄기세포를 이용한 세포치료,

---

52) '약사법 시행규칙'에 의해 약사법 시행규칙 제32조 관련 '별표 3의2'로 규정된 '의약품 임상시험 관리기준'은 '취약한 환경에 있는 피험자(Vulnerable Subject)'를 "임상시험 참여와 관련한 이익에 대한 기대 또는 참여를 거부하는 경우 조직 위계상 상급자로부터 받게 될 불이익에 대한 우려가 자발적인 참여 결정에 영향을 줄 가능

유전자치료 등 현대 생명과학기술연구는 '치료'를 목적으로 한 연구라는 점에서 특별한 윤리성 심사가 요구될 뿐만 아니라, '연구'라는 점에서도 윤리성이 동시에 요구된다. 전문가윤리로서 생명윤리[53]는 연구윤리 또한 포함한다.[54] '황우석 사태'로 지칭되는 연구부정행위는 현대 생명과학기술연구의 도덕성에 큰 타격을 입혔다.[55] 과학기술시대의 연구윤리에 대한 훌륭한 논문은 있었지만,[56] 현실은 연구윤리와는 거리가 멀었다. 이에 대한 반성으로 현재 연구윤리에 대한 논문과 책들이 쏟아지고 있다.[57] 앞으로 연구윤리와 생명윤리에 기초한 생명과학기술연구

---

성이 있는 피험자(의과대학·한의과대학·약학대학·치과대학·간호대학의 학생, 의료기관·연구소의 근무자, 제약회사의 직원, 군인 등을 말한다), 불치병에 걸린 사람, 제31조의2에 따른 집단시설에 수용되어 있는 사람, 실업자, 빈곤자, 응급상황에 처한 환자, 소수 인종, 부랑인, 난민, 미성년자 및 자유의지에 따른 동의를 할 수 없는 피험자"라고 정의하고 있다.

53) '전문가윤리로서 생명윤리'에 대해서는 김현철, 위의 글(주39), 11면 이하. "전문직 윤리로서 생명윤리에 관하여 연구자는 다음의 3가지 임무에 직면하게 된다. 즉, 첫째, 이미 성립한 생명윤리의 내용을 숙지하고 받아들여야 한다. 둘째, 기존의 생명윤리 내용에 없는 새로운 사례에 적절히 대응하여, 새로운 사례를 보고하고 기존의 생명윤리에 대한 보완 내지 추가가 가능하도록 하여야 한다. 셋째, 일반화된 생명윤리 내용을 구체적 개별적 사례에 적용할 수 있는 방법을 훈련하여야 한다." 김현철, 위의 글(주39), 12면.

54) 미국의 윤리학자인 레스닉(Resnik)은 정직성(honesty), 조심성(carefulness), 개방성(openness), 자유(freedom), 명성(credit), 교육(education), 사회적 책임(social responsibility), 합법성(legality), 기회(opportunity), 상호존중(mutual respect), 효율성(efficiency), 실험대상에 대한 존중(respect for subjects)으로 구성되는 12개의 과학윤리 원칙을 제시하고 있다. 레스닉의 12개 원칙에 대해서는 김환석, 「과학기술 시대의 연구윤리: 생명공학분야를 중심으로」, 생명윤리 제2권, 제2호, 2001, 147면 이하; 권복규·박은정, 위의 책(주8), 11면 이하.

55) 관련 책으로 이성주, 『황우석의 나라』(바다출판사, 2006); 강양구·김병수·한재각, 『침묵과 열광』(후마니타스, 2006); 김세균·최갑수·홍성태 편, 『황우석사태와 한국사회』(나남출판, 2006).

56) 예컨대 김환석, 위의 글(주54), 135면 이하; 유네스코한국위원회 편, 『과학연구윤리』(당대, 2001).

57) 예컨대 교육인적자원부·한국학술진흥재단, 「연구 윤리 소개」, 2006; 조선대학교 산학협력단, 「생명과학 연구자 연구윤리교육 로드맵 수립」(보건산업육성산업단 정책연구과제), 2006; 과학기술부 과학기술혁신본부, 「연구윤리·진실성 확보를 위한

가 진행될지는 지켜볼 일이다.

대다수의 연구자는 '생명윤리적 규제'와 '연구의 활성화'가 대립되는 개념이라는 잘못된 전제에 서있는 경우가 많다. 하지만 '생명윤리적 규제'와 '연구의 활성화'는 대립하는 개념이 아니다. 오히려 '생명윤리적 규제'는 생명과학기술연구의 활성화를 방해하는 것이 아니라 올바른 방향으로 가도록 도와주는 가교 역할을 담당한다.[58] 생명과학기술연구에서 윤리성 심사는 필수조건으로 고려되어야 하며, 연구 활성화에 기여함을 알아야 한다. 지금 시점에서 중요한 것은 연구윤리에 대한 반성을 토대로 생명과학기술연구가 제대로 나아갈 수 있도록 연구자를 대상으로 한 지속적인 교육을 해야 한다는 점이다. 생명과학기술연구에 대한 법정책의 책무 중 도외시하기 쉬운 부분이 교육적인 부분이다. 생명과학기술연구를 둘러싼 여러 법규와 지침 등이 낯선 이야기가 아닌 연구자의 일상이 될 수 있도록 교육을 통한 연구자의 이해와 납득이 요망된다. 연구자의 이해와 납득을 기초로 하지 않으면, 연구자가 규칙을 능동적으로 지킬 것을 기대할 수 없다. 물론 그 전제로 올바른 바이오법의 근거지움과 바이오(법)정책의 시행이 필요함은 당연하다.

---

지침 해설」, 2006; 이인재 外, 「국내 연구윤리 활동 실태 조사·분석」(한국학술진흥재단 정책연구과제), 2007; 과학기술부 과학기술혁신본부, 「연구윤리 확보를 위한 지침 해설서」, 2007.

58) 같은 지적으로 김상득, 『생명의료윤리학』(철학과 현실사, 2000), 23면; 권복규·박은정, 위의 책(주8), 65면.

# 제7장

# 배아줄기세포연구와 관련된
# 바이오형법에서 규범과 의무

# I. 인간존엄 보호규범으로 바이오형법?

## 1. 인간존엄 개념의 다의성과 총체성

바이오형법의 금지규범을 옳게 근거지우는 것은 입법자의 매우 어려운 과제이다. 체외배아가 인간존엄과 생명권의 주체이면, 바이오형법은 체외배아의 생명을 인간존엄과 생명권을 통해 보호할 임무를 가진다. 그뿐만 아니라 인간존엄보호법으로서 바이오형법은 인간상(Menschenbild)을 보호하며, 인간복제의 위험으로부터 사회를 보호할 임무를 지닌다. 하지만 바이오형법을 인간존엄보호법으로 보는 것은 인간존엄 개념이 합의를 이끌어낼 수 없다는 점과 인간존엄논증이 오히려 바이오형법을 근거지우는 데 필요한 논의를 방해한다는 점을 간과하고 있다.

인간존엄 개념을 정확히 분석하는데 성공한다면,[1] 이를 통해 배아줄기세포연구에 대한 구체적인 분석을 할 수 있다. 하지만 배아줄기세포연구에서 인간존엄 개념을 분석함이 가능하다고 해도, 분석된 인간존엄 개념은 합의를 도출하지 못한다. 인간존엄을 통한 도덕적인 평가는 다원화된 오늘날의 법질서에서 명확한 견해 차이를 확인할 뿐이며, 구체적인 문제 해결을 이끌어내지 못한다.[2] 배아줄기세포연구에서 인간존엄 개념은 '인간종 보호'와 '인간상 보호'를 포함할 뿐만 아니라, 배아줄기

---

\* 형사법연구 제19권 제2호, 한국형사법학회, 2007. 6, 229면 이하.

1) Dieter Birnbacher, Menschenwürde abwägbar oder unabwägbar?, in: Matthias Kettner(Hrsg.), Biomedizin und Menschenwürde(Suhrkamp, 2004), 253면 이하; Ulfrid Neumann, Die 'Würde des Menschen' in der Diskussion um Gentechnologie und Befruchtungstechnologien, in: Ulrich Klug/Martin Kriele(Hrsg.), Menschen-und Bürgerrechte, ARSP Beiheft 33, 1988, 143면 이하.

2) Jochen Taupitz, Der rechtliche Rahmen des Klonens zu therapeutischen Zwecken, NJW 2001, 3440면; Jochen Taupitz/Manuela Brewe, Der Status des Embryos im Rechtsvergleich, in: Giovanni Maio/Hanjörg Just(Hrsg.), Die Forschung an embryonalen Stammzellen in ethischer und rechtlicher Perspektive(Nomos, 2003), 95면.

세포연구의 '위험(불안정)'을 포함한다. 이처럼 광범위한 영역을 포괄하는 인간존엄 '개념'(인간존엄이 아님에 주의하기 바란다!)은 그 의미론적 다의성에도 불구하고 (또는 의미론적 다의성 때문에) 배아줄기세포연구에 대한 규율에서 '총체성'의 특징을 지닌다. 이러한 총체성의 특징은 인간존엄논증이 지닌 '의무론적 논증'으로서의 성격 때문에 강화된다. '승리논증'인 인간존엄논증으로의 도피를 통해 인간존엄침해에 대한 구체적인 논증은 멈추어 버린다. 배아줄기세포연구의 위험에 대한 정확한 판단도 인간존엄 개념의 성급한 도입을 통해 내려지지 않는다. 이는 구체적인 규범설정에 필요한 논의를 부족하게 하며, 줄기세포연구와 바이오형법에 대한 정확한 분석을 어렵게 한다.

## 2. 의무론적·결과론적 윤리와 바이오형법

바이오형법은 법을 통해 생명윤리를 다룬다는 점에서 윤리와 밀접한 관련을 맺고 있다. '생명윤리'에서 기본이 되는 윤리로 의무론적 윤리(deontologische Ethik)와 결과론적 윤리(konsequentialistische Ethik)를 들 수 있다.[3] 양자는 행위의 옳고 그름을 판단하는 기준에서 결정적으로 차이가 난다.[4] 의무론적 윤리에서 행위의 옳고 그름을 판단하는 기준은

---

3) 의무론적 윤리와 목적론적 윤리에 대해서는 김상득, 『생명의료윤리학』(철학과 현실사, 2000), 375면 이하; Ronald Munson(박석건·정유석 外 역), 『의료문제의 윤리적 성찰』(단국대학교 출판부, 2005), 23면 이하; Gregory E. Pence(김장한·구영모·이재담 역), 『의료윤리 I 』(광연재, 2004), 39면 이하; Peter Singer/Helga Kuhse(변순용·강미정·홍석영·조현아 역), 『생명윤리학 I 』(인간사랑, 2005), 135면 이하; Baruch Brody(황경식 역), 『토론수업을 위한 응용윤리학』(철학과 현실사, 2000), 31면 이하; Tom L. Beauchamp/James F. Childress, Principles of Biomedical Ethics(Oxford Univ Press, 2001), 337면 이하.

4) 보참(Tom L. Beauchamp)과 칠드레스(James F. Childress)는 공리주의를 결과에 기초한 이론(Consequence-Based Theory)으로, 칸트윤리학을 의무에 기초한 이론(Obligation-Based Theory)으로 설명한다. Tom L. Beauchamp/James F. Childress, 위의 책(주3), 337면 이하.

행위의 결과가 아니라, 행위 그 자체이다. 의무론적 윤리에 따르면 행위의 옳고 그름은 행위의 좋음에 따라 결정되지 않는다.[5] 의무론적 윤리는 행위와 결과에서 '행위'에 강조점을 두며, 행위를 해야 할 의무(Pflicht)로부터 행위의 당위성을 이끌어낸다. deon은 그리스어로 '의무'를 뜻한다.[6] 이 경우 행위의 결과와는 상관없이 행위의 옳고 그름을 판가름하는 '법칙'을 찾고, 그 정당성을 근거지우는 작업이 무엇보다 중요하다. 반면에 결과론적 윤리에서 행위의 옳고 그름을 판단하는 기준은 행위 그 자체가 아니라, 행위의 결과이다. 결과론적 윤리는 행위와 결과에서 행위의 '결과'를 강조하며, 행위의 '결과'에 대한 평가로 행위를 판단한다. 결과론적 윤리는 목적론적 윤리(teleologische Ethik)라고도 부른다. 행위의 결과를 고려해서 행위의 옳음을 결정한다는 점에서, 좋음에 우선성을 두고 옳음을 규정하는 특성을 지닌다.[7] 이 경우 행위의 결과를 어떻게 고려할 것인가에 대한 방법을 찾고, 이 방법의 정당성을 근거지우는 작업이 중요하다.

주어진 질서를 기초로 당위를 근거지우는 존재론(Ontologie)이 효력을 가질 때 의무론적 윤리(deontologische Ethik)는 선재하는 질서에서 의무를 도출해낸다. '생명윤리와 법' 주제에서 이러한 존재론의 입장을 대변하는 것이 '인간존엄 개념'이다. 특히 '주어진 객관적 가치질서'를 토대로 하는 '인간존엄 개념'에서 인간존엄을 존중하고, 인간존엄침해를 금지하는 의무론적 윤리가 도출된다. 하지만 이 경우 주어진 질서 자체가 실제로 존재하지 않거나, 존재하더라도 이를 사람이 직접적으로 인식할 수 없다고 한다면, 존재론에 기초한 의무론적 윤리는 효력을 상실한다. 세속화·다원화하고, 기능적으로 분화된 현대사회에서 질서가

---

5) 김상득, 위의 책(주3), 378면.

6) Raanan Gillon(박상혁 역), 『의료윤리』(아카넷, 2005), 19면.

7) 김상득, 위의 책(주3), 376면.

이미 존재한다는 존재론적 사유는 많은 부분 효력을 상실하였다. 이러한 맥락에서 바이오형법은 당위를 새로이 설정해야 하는 역할을 담당한다. 물론 이 경우 선재하는 '생명윤리'가 그대로 재현된 '생명윤리법'이 아니라, 규범설정대화에서 (부분적으로) 의무론적 윤리의 관점과 (부분적으로) 결과론적 윤리의 관점을 함께 고려한 결과물로서 당위를 근거지워야 한다.

이하에서는 바이오형법규범을 근거지움에 있어 고려해야 할 관점을 우선 다루고, '생명윤리 및 안전에 관한 법률'(이하 생명윤리안전법)에서 구체적으로 어떻게 입법화되었는지를 살펴겠다.

## Ⅱ. 금지와 형법

바이오형법을 근거지움에 있어 인간존엄 개념이 합의를 이끌어낼 수 없다는 점은 구체적인 금지규범의 설정근거를 찾는 것이 의미가 없다는 것을 뜻하지 않는다. 오히려 인간존엄 개념이 합의를 이끌어낼 수 없다는 인식에서 배아줄기세포연구의 금지규범을 어떻게 근거지울 수 있을지에 대한 질문이 제기된다. 금지규범의 타당성 근거에 대한 질문과 이에 대한 대답은 규범창설논의의 중심이 되는 문제이다. 생각건대 생명윤리안전법에 있는 금지규범은 '인간종 정체성'과 '위험형법'의 관점에서 설명될 수 있다.[8] 이때 배아줄기세포연구가 체외배아의 생명과 인간종의 정체성에 관련되는 한, 깊이있는 윤리적 논의가 전제되어야 한다.

---

8) 인간생명의 존엄성 차원에서 생명윤리안전법을 바라보는 시각은 이 법률이 잔여배아에 대한 연구, 체세포핵이식 등을 허용한 점을 비판한다. 예컨대 김중호·구인회·홍석영·구영모·이경상, 「'생명윤리 및 안전에 관한 법률'에 대한 비판적 분석」, 한국의료윤리교육학회지 제8권 1호, 2005, 21면 이하.

## 1. 인간종 정체성과 위험형법

바이오형법은 인간종 정체성을 형성하는 근본규범으로 기능한다. 이에 따르면 배아줄기세포연구를 금지하는 이유는 체외배아의 인간존엄과 생명권 때문이 아니라, 인간종을 어떻게 연구대상으로 하는가에 대한 혐오에 있다. 따라서 바이오형법은 체외배아의 인간존엄과 생명권을 보호하는 과제가 아닌, 인간종사회의 규범을 해치는 특정 배아줄기세포연구를 금지해야 하는 과제 앞에 서 있다. 바이오형법이 인간종 정체성과 관련하여 어떻게 그리고 어느 정도 규범적으로 근거되는지에 대한 물음은 바이오형법의 근거설정에서 가장 중요한 문제 중의 하나이다. 물론 '인간종 정체성' 개념 또한 '인간존엄' 개념처럼 모호하고 불명확한 것이 사실이다. '인간종 정체성' 개념이 어느 정도 규범적 효력을 가질 수 있을지는 '키메라 생성'을 중심으로 구체적으로 논의되어야 한다.

또한 바이오형법은 현재 그 결과가 불확실한 배아줄기세포연구를 규범의 차원에서 다룬다는 점에서 '위험형법'과 관련이 있다. 바이오형법은 배아줄기세포연구의 위험성에 대해 규범적 판단을 내려야 하는 어려운 과제를 떠맡는다.9) "위험과 규범" 테마는 두 가지 중요한 질문을 제기한다.10) 위험이 어떻게 규범에 영향을 미치는가? 규범이 어떻게 위험

---

9) 위험의 의미는 위해와의 비교를 통해 명확해진다. 위해(Gefahr)는 피해가 확실한 경우나 재앙을 포함하는 용어인 반면에, 위험(Risiko)은 기회(Chance)와 위해(Gefahr)를 포함하는 용어이다. 시간상으로 위험은 위해 이전 '결정단계(Entscheidungsphase)'에서 기회와 이익형량(Abwägung)되는 특징을 지닌다. 어떤 결정으로 인한 기회가 위해보다 더 클 경우에 위험을 감수하고서라도 어떤 일에 착수하게 된다. 이처럼 위험은 많은 경우 기회와 위해를 이익형량하는 상황(Situation)과 많은 연관을 가지고 있다. 위해와 위험의 의미차이는 피해의 규모나 정도의 차이로 설명되어지며, 또한 피해결과발생이 확실한 것과 불확실한 것의 차이로도 설명되어진다. 즉, 위험은 피해가 발생할 개연성을 뜻한다면, 위해는 피해가 발생할 확실성을 뜻한다.

10) 현대사회의 규범은 많은 경우 위험과 연관되어 있다. '규범적'이라는 단어사용은 현대사회의 위험에 대한 이해에 따라 매우 다르다. 따라서 규범개념과 위험 개념의 관계를 설정하기가 쉽지 않다. 현대사회의 위험에 대한 연구는 현대사회의 규범을

에 영향을 미치는가? 여기서 위험은 "현재에 있어서 미래"를 뜻하고,[11] 규범은 "사회 정체성의 형성"을 의미한다.[12] '현재에 있어서 미래'로서 위험은 '불확실성'으로서 위험의 다른 표현이다. 미래가 불확실하여 정확히 예측할 수 없음에도 불구하고, 규범을 통해서 미래를 계산해야 한다. 바이오형법은 '현재에 있어서 미래'를 결정하는 '위험형법'으로서의

---

이해하는 데 중요한 열쇠인 것으로 보인다. 즉, 위험에 대한 정확한 연구 없이는 현대사회의 규범을 제대로 이해할 수 없을 것이다.

11) Niklas Luhmann, Das Recht der Gesellschaft(Suhrkamp, 1993), 141면 이하, 554면.

12) Günther Jakobs, "Das Strafrecht zwischen Funktionalismus und 'alteuropäischem' Prinzipiendenken", ZStW 107, 1995, 844면 이하. 현대사회에서 규범은 사회 이전에 존재하는 것이 아니라, 사회를 통해 구성된다. (법)규범은 우리가 살고 있는 사회에서 의미를 통해 형성되며, 이에 따르면 형법규범도 사회의미를 통해 형성된다. 야콥스(Günther Jakobs)에 따르면, 사회의 정체성은 사회를 형성하는 규칙, 즉 규범을 통해 결정된다. Günther Jakobs, 앞의 글(주12), 844면 이하. 사회의 정체성은 형법의 내용을 형성하고, 형법의 처벌규정은 형법의 효력을 보장한다. 현대 형법을 구성하고 이를 정당화하는 사회의 정체성 기준이 과연 현대 형법을 정당화하는 근거가 될 수 있을까? 현대 형법을 통해 사회의 정체성이 결정되고, 이를 기초로 현대 형법이 다시 정당화되는 과정은 자기정당화의 과정이지 않는가? 필자가 보기에 가장 큰 문제점은 현대 형법의 결정기준인 동시에 정당화기준인 사회 정체성 개념 자체가 매우 모호하고 특정되어 있지 않다는 점이다. 따라서 사회 정체성 개념의 모호함은 사회 정체성이 침해되었다는 주장의 확대를 야기할 수 있다. 사회 정체성을 형성하는 규범으로 형법은 스스로 정당화될 수 없다. 따라서 어떤 기준으로 사회 정체성이 결정되는지에 대해 먼저 설명되어야 한다. 이에 대해 프리트비츠 (Cornelius Prittwitz)는 오늘날의 사회 정체성이 위험사회의 형태로 구체화된다고 분석한다. 경제, 환경 등의 영역에서 나타나는 현대범죄에 대한 숙고는 사회, 규범 그리고 형법의 관련성에 대한 고찰을 요구한다. 여기서 사회과학으로 지향되는 형법학이 요구된다. 현대 형법의 정당성과 실효성에 대한 물음에 대한 대답은 오늘날 우리가 살고 있는 사회와의 긴밀한 관련성 내에서 얻어지기 때문이다. 현대사회와의 관련성에 집중하는 관점은 거의 모든 법 영역에 해당한다. 위험사회로서 현대사회의 정체성은 현대 형법이 지향하는 규범을 결정한다. 예방형법의 위험지향은 정당화되며, 위험사회의 규범으로 구성된다. 위험사회 분석과 위험사회에서 형법기능의 분석에 따라 사회 정체성을 결정하는 규범의 증가를 확인하는 것은 어렵지 않다. 프리트비츠의 분석에 따르면, 현대위험형법의 목적은 위험사회학 시각에서 볼 때, 한편으로는 위험축소이고, 다른 한편으로는 안전매개이다. Cornelius Prittwitz, Strafrecht und Risiko(Klostermann, 1993), 366면. 위험사회는 위험축소와 안전매개가 필요하고, 이를 통해 형벌과 형법은 정당화된다(위험사회의 일부로서 위험형법, 사회시스템으로서 위험형법).

역할을 수행한다. 이를 통해 예컨대 '인간종 정체성'의 불명확성 등이 보완되지만, 동시에 규범 '정당성'의 문제가 제기된다.

## 2. 생명윤리안전법에 있는 '금지규범'

'인간종 정체성'과 '위험형법'의 차원에서 생명윤리안전법은 배아줄기세포연구와 관련하여 다음의 규정들을 두고 있다.

- 생식적 복제는 금지되는 반면에(제20조 제1항), 체세포핵이식은 근이영양증, 그 밖에 대통령령이 정하는 희귀·난치병의 치료를 위한 연구목적일 때 허용된다(제31조 제1항).[13] 의무론적 윤리의 관점과 결과론적 윤리의 관점을 고려해서 바이오형법의 금지규범을 근거지워야 한다는 필자의 주장을 기초로 체세포핵이식을 나름대로 판단할 수 있다. 종래 '치료적 복제'로 불렸던 연구복제를 허용해야 한다는 주장의 주된 논거는 체세포핵이식을 통해서 맞춤형 줄기세포를 만들고, 이를 통해 불치병 환자를 치료할 수 있다는 결과론적 고려였다.[14] 하지만 황우석 사건 이후 이러한 환상

13) '생명윤리안전법'을 제정하기 전에, 연구복제를 어떻게 규율할 것인지에 대해 매우 논란이 많았고, 현재에도 논란은 여전하다. 연구복제의 정당성 문제를 다루기 위해서는 광범위한 연구를 필요로 하며, 따라서 여기서 구체적으로 다룰 수 없다. 국내에서 뿐만 아니라 국제적 차원에서도 매우 논란이 많다. 예컨대 2005년 2월에 연구복제에 반대하는 유엔의 결정이 내려졌음에도 불구하고[국제연합은 인간복제에 대한 선언 (The united Nations Declaration on Human Cloning, document A/59/516/Add.1)에서 찬성 84표, 반대 34표, 기권 37표로 채택되었다], 국제무대에서는 여전히 불합의가 지배한다.

14) '치료적 복제'라는 용어보다는 '연구복제'라는 용어를 쓰는 것이 타당하다. 체세포핵이식을 통한 치료의 효과가 증명되지 않았고, 현재는 이를 위한 연구 목적으로 체세포핵이식이 행해지고 있기 때문이다. '치료적 복제' 용어에 대한 비판적 견해로 Eve-Marie Engels, Philosophische und ethische Herausforderungen des Klonens beim Menschen, in: Ludger Honnefelder/Dirk Lanzerath(Hrsg.), Klonen in biomedizinischer

이 깨어지고, '치료적 복제'는 가까운 미래에는 가능하지 않고, 먼 미래에나 가능한 일임이 밝혀졌다. 이런 상황하에서는 결과론적 고려보다는 인간종 정체성을 보호해야 한다는 의무론적 고려가 더 우세할 것으로 생각된다. 연구복제를 통한 인간복제의 위험도 고려해야 하고, 성체줄기세포연구나 역분화 줄기세포를 이용한 연구도 함께 고려한다면 체세포핵이식을 통한 연구는 금지하거나, 인정하더라도 '아주 제한적인 범위 내에서' 인정되어야 할 것이다.

- 생명윤리안전법은 이종 간의 착상 등을 금지하고 있다(제21조). 인간의 배아를 동물의 자궁에 착상시키거나, 동물의 배아를 인간의 자궁에 착상시키는 행위(제21조 제1항), 인간의 난자를 동물의 정자로 수정시키거나 동물의 난자를 인간의 정자로 수정시키는 행위, 핵이 제거된 인간의 난자에 동물의 체세포 핵을 이식하거나 핵이 제거된 동물의 난자의 인간의 체세포 핵을 이식하는 행위, 인간의 배아와 동물의 배아를 융합하는 행위, 다른 유전정보를 가진 인간의 배아를 융합하는 행위는 금지된다(제21조 제2항). 또한 제21조 제2항의 어느 하나에 해당하는 행위로부터 생성된 것을 인간 또는 동물의 자궁에 착상시키는 행위는 금지된다(제21조 제3항). 이는 모두 '인간종 정체성'과 관련된 금지규범들이다.

- 임신 외의 목적으로 배아를 생성하는 것은 금지되며(제23조 제1항), 따라서 연구목적으로 체외수정을 통해 배아를 생산하는 것은 금지된다.[15] 다만 다음의 조건하에서 잔여배아로 연구하는 것은

---

Forschung und Reproduktion(Bonn Univ Press, 2003), 35면 이하; Otfried Höffe, Klonen beim Mensch? Zur rechtsethischen Debatte, in: Ludger Honnefelder/Dirk Lanzerath(Hrsg.), 앞의 책(주14), 95면 이하.

15) 임신의 목적으로 배아를 생성하는 경우에도 배아를 생성할 때 특정의 성을 선택할

허용된다. ① 배아의 보존기간이 지난 잔여배아의 경우, ② 발생학적으로 원시선이 나타나기 전까지만, ③ 난임치료법 및 피임기술의 개발을 위한 연구, 근이영양증 그 밖에 대통령령이 정하는 희귀·난치병의 치료를 위한 연구,16) 그 밖에 국가생명윤리위원회의 심의를 거쳐 대통령령이 정하는 연구(제29조 제1항).

## Ⅲ. 절차와 형법

생명윤리안전법은 금지규범과 허용규범을 나누고, 허용규범에 대해서는 절차를 규정하고 있다.

## 1. 절차적 바이오법과 절차형법

배아줄기세포연구는 위험요소를 가지고 있을 뿐만 아니라, 새로운 가능성을 지니고 있다. 불확실하다는 느낌만으로는 형법규범을 통한 금지가 정당화될 수 없으며, 구체적인 증거가 제시되어야 한다. 안전과 방향설정이 금지규범이 아닌 절차규범을 통해 보장될 수 있다면, 위험을 포기하는 것은 합리성을 포기하는 것을 의미한다.17) 이처럼 위험과 불

---

목적으로 난자와 정자를 선별하여 수정시키는 행위, 사망한 사람의 난자 또는 정자로 수정하는 행위, 미성년자의 난자 또는 정자로 수정하는 행위(다만 혼인한 미성년자가 그 자녀를 얻기 위하여 수정하는 경우는 제외함)는 금지된다(제23조 제2항).

16) 생명윤리안전법 시행령 제11조는 잔여배아의 연구대상인 희귀병으로 다발경화증, 헌팅톤병, 유전성운동실조, 근위축성측삭경화증, 뇌성마비, 척수손상, 선천성면역결핍증, 무형성빈혈, 백혈병, 골연골형성이상을 들고 있고, 난치병으로 심근경색증, 간경화, 파킨슨병, 뇌졸중, 알츠하이머병, 시신경손상, 당뇨병을 들고 있다. 이에 대해서는 현재 연구실정과 맞지 않다는 비판이 있다.

17) Niklas Luhmann, Soziologie des Risikos(Gruyter, 1991), 22면.

확실성의 영역에서 위험형법의 확장은 특히 절차규범을 통해 교정될 수 있다. 현대사회의 '위험'이 '위해'가 아니고, 절차가 위험을 적절히 통제할 수 있는 한, 위험형법을 통한 해결은 절차법을 통한 해결을 통해 대체될 수 있다. 고전형법과 현대 위험형법의 대립 접점에서 형법의 새로운 차원이 제시된다. 법은 위험제거에 대한 소통규칙을 제공하고, 형법은 규칙이 준수되지 않을 때에 비로소 투입된다. 이를 통해 과소요구된 고전형법과 과대요구된 현대 위험형법의 갈등을 해소할 수 있다. 물론 절차법을 통한 해결은 절차에 대한 신뢰를 전제한다. 절차법의 실효성은 절차법의 정당성과 긴밀하게 연결되어 있음을 간과해서는 안 된다.

절차적 바이오법은 두 가지 기능을 수행한다. 한편으로 바이오법은 기능적으로 분화된 사회에서 소통수단의 역할을 감당한다. 바이오법은 바이오학문체계, 바이오정책과 바이오법체계 사이의 소통조건을 보장하는 기능을 수행한다. 여기서 바이오법의 절차화는 실질적 금지규범이 더 이상 필요하지 않음을 뜻하지 않는다. 오히려 이는 실질적 부분과 절차적 부분의 적절한 한계설정을 의미한다. 바이오법의 실질적 부분과 절차적 부분은 한쪽이 과도하게 요구된 다른 한쪽의 부담을 덜어주는 관계에 있다. 다른 한편으로 바이오법은 바이오연구자가 지켜야 할 연구규칙으로서 기능한다. 연구규칙으로서 바이오법은 연구자에게 허용규범과 요구규범으로 기능을 수행한다. 연구규칙에 대응하여 바이오연구자는 연구의 자유를 가질 뿐만 아니라, 역할담당자(Rollenträger)로서 책임을 진다. 바이오법의 절차규범은 허용된 연구방법의 근거일 뿐만 아니라, 요구되는 의무행동의 근거이기도 하다. 바이오법은 의무규칙을 제공하며, 바이오형법은 이 규칙이 지켜지지 않음을 금지한다.[18]

---

18) 형법의 구성과 운영에서 절차적 요소의 증가하는 역할에 대해 Albin Eser, "Sanktionierung und Rechtfertigung durch Verfahren, Eine Problemskizze", in: Festschrift für Winfried Hassemer zum 60. Geburtstag, KritV Sonderheft 2000, 43면 이하.

## 2. 생명윤리안전법에 있는 '절차와 형법'

- 현행 생명윤리안전법은 배아생성의료기관의 지정과 배아연구기관, 체세포복제배아 연구기관의 등록 및 기관 사이의 절차를 규율하고 있다. 생명윤리안전법은 배아생성의료기관의 지정과 배아연구기관, 체세포복제배아 연구기관의 등록에 대해 상세한 규정을 두고 있다. 그뿐만 아니라 생명윤리안전법은 배아연구계획서의 승인(제30조), 잔여배아 및 잔여난자의 제공(제26조), 배아생성의료기관의 준수사항(제28조), 배아연구기관의 준수사항(제32조)에 대해 상세한 규정을 두고 있다. 배아생성의료기관과 배아연구기관, 체세포복제배아 연구기관 사이의 절차를 어긴 자는 사안에 따라 형벌로 처벌된다(제68조).

- 생명윤리안전법은 배아줄기세포주에 대한 별도의 절(제4장 제4절)을 두고 있다. 줄기세포주를 수립하거나 수입한 자는 보건복지부령이 정하는 바에 따라 그 배아줄기세포주를 보건복지부장관에 등록하여야 한다(제33조 제1항). 등록된 줄기세포주를 이용한 연구는 질병의 진단·예방 또는 치료를 위한 연구, 줄기세포의 특성 및 분화에 관한 기초연구,[19] 그 밖에 국가생명윤리심의위원회의 심의를 거쳐 대통령령으로 정하는 연구에 제한된다(제35조 제1항). 배아줄기세포주를 수립한 자가 그 배아줄기세포주를 타인에게 제공하려면 기관위원회의 심의를 거쳐야 하고(제34조 제1항),

---

19) 독일은 '인간 배아줄기세포의 수입과 사용과 관련해서 배아보호를 확보하기 위한 법률' 제5조에서 기초연구를 위한 줄기세포주연구에 인간 배아줄기세포주(이는 배아줄기세포가 생산지의 법 상황에 맞게 거기서 2002년 1월 1일 이전에 획득되고 배양되거나, 배양에 이어 냉동보관되어야 한다)의 수입을 허용하고 있다. 그 타당성 심사는 로베르트 코흐(Robert Koch) 연구소가 연구소에 설치된 줄기세포연구 중앙 윤리위원회의 견해를 들은 후 행한다.

이때 배아줄기세포주의 제공은 무상이어야 한다(제34조 제3항). 배아줄기세포주를 이용하려는 자는 해당 연구계획서를 보건복지부령으로 정하는 바에 따라 기관위원회의 심의를 거쳐 해당 기관의 장의 승인을 받아야 하며(제35조 제2항), 승인을 받은 자는 배아줄기세포주를 제공한 자에게 제공받은 배아줄기세포의 이용계획서를 작성하여 제출하여야 한다(제35조 제4항).[20] 연구를 승인한 기관의 장은 연구를 하는 자가 연구계획에 적합하게 연구를 하도록 감독할 의무가 있다(제35조 제5항).

배아와 배아줄기세포와는 달리, 배아줄기세포주는 인간이 될 수 있는 잠재력을 가지고 있지 않으며, 배아의 지위를 가지지 않는다. 따라서 수립된 배아줄기세포주를 이용한 연구는 배아연구와는 다르게 규율된다.[21] 하지만 배아줄기세포주 연구는 배아를 파괴함으로써 생긴 배아줄기세포주를 연구대상으로 한다는 점에서 양자는 관련성이 있다. 무엇보다도 배아줄기세포주가 윤리적 틀 안에서 추출되고, 보관되고, 관리하는 차원에서 규율이 필요하다. '절차를 통한 통제'와 '연구의 활성화'는 대립하는 개념이 아니다. 오히려 '절차를 통한 통제'는 배아줄기세포주 연구의 활성화를 방해하는 것이 아니라 도와주는 것으로 이해되어야 한다.[22] '절차를 통한 통제'는 필수조건으로 고려되어야 하고, 배아줄기세

---

20) 영국의 경우 줄기세포은행에 '추출된 줄기세포주'를 보관하거나, 연구자가 줄기세포은행에 '보관된 줄기세포주'를 이용하려면, 운영위원회에 신청서를 내어 심사를 받아야 한다. 영국은 줄기세포주를 보관하는 기관으로 줄기세포은행(UK Stem Cell Bank)을 세계 최초로 2003년 1월에 설립하였다. 입법론적으로는 영국의 모델이 타당하다고 생각된다.

21) 이런 맥락에서 영국에서는 인간배아연구는 Human Fertilisation and Embryology Act에서, 배아줄기세포주는 Code of Practice for the use of Human Stem Cell Lines 에서 규율한다.

22) 인간 배아줄기세포연구에 대한 미국 국립과학원 지침서(NAS Stem Cell Guidelines)는 '절차를 통한 통제'가 배아줄기세포주 연구를 활성화시키는 데 도움이 됨을 다음과

포주연구 활성화에 기여한다.

## Ⅳ. 바이오형법에서 규범과 의무

기존의 형법규범과 귀속(Zurechnung)에 대한 주안점이 법익침해범으로 규정된 형법규범에 있었음에 반해, 바이오형법규범과 귀속에 대한 초점은 의무위반범으로 규정된 형법규범에 있다. 후자의 경우 규범설정(Normbegründung)의 관점에서 금지규범이 추상적 위험범의 형태로 도입되며, 귀속의 관점에서 의무범으로 개인귀속(personale Zurechnung)이 이루어진다. 기존의 법익침해범에서 행위와 결과 사이의 인과관계와 객관적 귀속에 대한 구체적인 증명을 요구한 반면, 현대의 의무위반범은 의무를 수행할 가능성이 있음에도 의무를 위반했음에 대한 비난만으로 귀속이 가능하다. 이처럼 규범에 합치되는 행동 가능성에 의해 귀속문제가 결정되며, 따라서 '규범적 기대(Normative Erwartung)'[23]를 기대할 수 있는 역할담당자(Rollenträger) 개념이 중요하다.[24] 이와 더불어

---

같이 말한다. "인간 배아줄기세포연구가 발전함에 따라 줄기세포주를 획득하여 저장하고 사용하는 연구기관들은 저장된 세포의 가치에 자신감을 갖는 것이 점점 더 중요하게 될 것이다. 이 자신감이란 다른 말로 하면 저장된 세포들이 윤리적으로 충분한 설명에 근거한 동의를 받아 윤리적으로 획득된 것이며, 특성화가 잘 되고, 안전을 위해 심사를 거쳤으며, 아주 높은 과학적 기준에 따라 관리되고 저장되고 있다는 것이다."

23) '규범적 기대'에 대한 설명으로 이상돈·홍성수, 『법사회학』(박영사, 2000), 207면 이하; Niklas Luhmann, Rechtssoziologie(3. Auflage, Westdeutscher Verlag, 1987), 42면 이하.

24) 위험형법을 광범위하게 적용하는 현대형법의 경향은 역할담당자로서 개인, 의무담당자로서 개인을 토대로, 개인에게 의무를 설정한다. 형법 자체의 '개인(Person)' 구성, 형법 자체의 의무 구성을 통해 고전형법의 보증인지위에 의한 통제를 벗어난다. 하지만 형법 자체의 개인과 의무 구성은 위험형법에 반대하는 입장에서는 위험해 보인다. 형법 자체의 '개인(Person)' 구성, 형법 자체의 의무 구성은 사실은 민법이나 행정법에 의해 규정된 보증인지위 개념하에서 형법적 의무를 부과하며, 이를 통

의무범 설정이 타당하다는 조건하에서만 의무위반을 결여된 승인의 표현으로 행위자에게 귀속시킬 수 있기 때문에,[25] 의무범 설정의 정당성 문제가 무엇보다 논의의 중심에 있게 된다.

의무범이 정당화되기 위해서는 의무범에서 개인(Person)의 범위를 일반인 범주로 할 것이 아니라, 업무자로 제한할 필요성이 있다. 또한 업무자라고 해서 일방적으로 높은 주의의무를 요구하기보다는, 업무자의 업무에 대한 내용상의 분류를 통해 구별할 필요성이 있다. 최종적으로는 업무 자체가 위험인수를 통한 보증인적 지위로서의 위치를 가지는지가 중요하며, 업무 자체가 그렇지 않을 경우에는 개별 사안에서 위험인수를 통한 보증인적 지위가 있는지를 확인해야 한다.[26] 여기서 필자는 '모든 시민'을 의무범의 의무주체로 파악하는 행동규범이론 대신에, '특정한 전문적 직업군'을 역할담당자로 파악하는 행동규범이론의 가능성을 인정한다. 보통의 시민과는 달리 배아줄기세포연구자와 같은 특정한 전문적 직업군은 그 역할에 견주어 현대의 연구윤리규범인 바이오법의 절차를 준수할 것을 기대할 수 있고, 이에 대해 형법규범은 규제적인 힘을 발휘할 수 있기 때문이다.[27] 다만 의무범으로 개인귀속이 이루어

---

해 개인적 귀속을 부과되기 때문이다. 현재 형법의 보증인적 의무는 형법의 보증인적 지위가 아닌, 민법이나 행정법에 의해 규정 지워진 보증인적 지위에 의해 좌우된다. 젤만(Kurt Seelmann)은 이 점을 정확하게 지적하고 있다. Kurt Seelmann, Verhaltungszuweisung, Gefahrensteuerung und Verteilungsgerechtigkeit, in: ders.(Hrsg.), Aktuelle Fragen der Rechtsphilosophie(Peter Lang, 2000), 48면. 민법, 행정법에 의해서 보증인적 의무를 근거지우나, 민법, 행정법에 의해 처벌하지 않고 형법에 의해 처벌한다. 하지만 형법이 규율하는 보증인지위와 민법이 규율하는 보증인지위는 다르며, 구별해야 한다. 따라서 형법으로 규율하기 위해서는 민법 시각에서 보증인지위를 확장해서는 안 되며, 형법 시각에서 보증인지위의 영역을 제한해야 한다. 이를 구별하지 않을 때는 민법에서 규율하는 보증인지위를 형법에서 규율하는 의무설정으로 처벌하게 된다. '형법 자신의 것'이라고 주장하는 역할담당자, 의무담당자로서 개인 구성은 사실은 '형법 자신의 것'이 아닌 것이다. Kurt Seelmann, 앞의 글(주24), 55면.

25) Kindhäuser, Gefährdung als Straftat(Klostermann, 1989), 278면.
26) 고봉진, 「과실범에서 위험과 위험인수」, 고려대 석사학위논문, 1997, 26면 이하.
27) Cornelius Prittwitz, Strafrechtliche Aspekte von HIV-Infektion und Aids, in: ders.(Hrsg.),

질 수 있기 위해서는 의무설정규범이 정당하게 설정되어야 한다. 이런 맥락에서 볼 때 바이오연구자에게 연구규칙을 준수할 것을 형법으로 요구하기 위해서는, 바이오연구자가 연구규칙을 지켰을 때에는 연구를 할 수 있다는 점이 전제가 되어야 한다. 예컨대 잔여배아연구를 금지하는 강력한 바이오형법 하에서는 배아줄기세포연구자는 바이오형법의 적용을 피하려고만 할 것이고, 경우에 따라서는 연구를 허용하는 나라로 떠날 가능성도 있다. 그뿐만 아니라 배아줄기세포연구는 은밀한 영역에서 이루어질 가능성도 배제할 수 없다. 줄기세포연구가 강력한 금지규범으로만 규제되는 경우와 금지규범 외에 일정 영역에서 연구가 허용되고, 연구규칙을 어겼을 때 규제하는 경우에서 형법규범의 예상되는 실효성은 다르다. 바이오연구체계, 바이오정책과 바이오법 사이의 소통에 대한 적절한 구조적 연결이 성공한다면, 규제적 바이오형법이 필요한 곳에서 규제형법을 통한 소통도 가능하다. 이러한 조건하에서 배아줄기세포연구자는 규제형법의 금지와 절차법의 규칙을 준수해야 하는 역할담당자(Rollenträger)로 간주된다. 법을 소통수단으로 이해할 때, 형법에서 귀속문제도 제대로 이해할 수 있다. 바이오연구체계, 바이오정책과 바이오법 사이의 소통을 보장하는 적절한 구조적 연결구조 하에서만 개인의 귀속문제가 정당화될 수 있다. 소통에 대한 적절한 구조적 연결 없이 규제의 트릴레마를 낳는 규제적 바이오형법 하에서는 개인의 귀속을 정당화할 수 없다.[28] 규제적 바이오형법의 실효성 있는 규제효력은 그

---

Aids, Recht und Gesundheitspolitik(Edition Sigma, 1990), 128면.

28) 규제의 트릴레마(regulatorisches Trilemma)는 규율되는 체계, 규율하는 법, 그리고 정책 간의 구조적 연결조건을 제대로 고려하지 않은 채, 규제법을 통한 목적합리성에만 집중될 때 발생한다. 한계가 없는 국가의 법개입은 체계의 통합을 저해하는 딜레마에 빠지게 한다. 이는 규제법의 효율성 상실뿐만 아니라, 정당성 상실로 나아가며, 절차법의 효율성과 정당성으로 이르게 하는 단초가 된다. 규제의 3중 딜레마에 대해서 이상돈, 『법학입문』, 제3판, 2005, 73면 이하; Gunther Teubner, Verrechtlichung Begriffe, Merkmale, Grenzen, Auswege, in: Friedrich Kübler(Hrsg.), Verrechtlichung von Wirtschaft, Arbeit und sozialer Solidarität(Nomos, 1984), 313면 이하(이상돈

스스로에서 나오는 것이 아니라, 절차적 바이오형법의 소통능력을 함께 고려할 때 발휘됨을 특히 주의해야 한다.

<hr />

역, 『법제화 이론』, 한국법제연구원, 2004, 35면 이하).

# 제8장
# 위험에 대한 법체계의 반응

# Ⅰ. 서론

제8장에서 필자는 '위험 개념'을 분석한 후, 현대사회의 여러 위험을 법규범이 어떻게 규율해야 할지를 '총론 차원에서' 다룰 것이다. 우선 필자는 루만(Niklas Luhmann)의 '2차적 질서의 관찰' 개념에 근거하여 현대사회의 위험이 '위해'로 구성될 수 있지만, '기회'로도 구성될 수 있음을 말할 것이다. 2차적 질서의 관찰은 관찰에 있어 어떠한 인식론적 특권도 인정하지 않기 때문에 관찰하는 체계에 따라 관찰의 내용이 달라지기 때문이다. 2차적 질서마다(법체계든 경제체계든 학문체계든) 서로 다른 '의미기준'을 통해 '위험'을 위해 또는 기회로 관찰(구성)하는데, 여기서는 법체계가 현대 위험사회의 위험에 대해 어떻게 반응하는가를 '전반적으로' 다룬다.

현대사회의 '위험'에 대응하는 법모델은 법체계가 위험을 '위해'로 파악하는지 '기회'로도 파악하는지에 따라 달라진다. 위험에 대한 법체계의 반응은 대략 2가지 형태로 나타나는데, 규제법 모델과 '절차적 법' 모델이다. 이때 '절차적 법'이라 함은 민사소송법이나 형사소송법과 같은 '절차법'을 뜻하는 것이 아니고, 부분체계, 법체계, 정책 간에 소통의 매개 역할을 담당하는 법('법을 통한 소통'을 실현하는 법)을 말한다. 규제법 모델은 형법과 같은 강력한 규제법을 통해 위험을 직접적으로 통제하려고 하는 반면에, '절차적 법' 모델은 법 대신에 다른 수단(예컨대 생명공학 영역에서 전문위원회를 통한 통제)을 통해 간접적으로 위험을 통제하려 한다. 즉 규제법 모델은 위험을 '위해'로만 파악하는 반면에, '절차적 법' 모델은 위험을 '위해'와 '기회'를 동시에 가지는 것으로 파악하게 된다. 무엇보다도 이러한 '절차적 법'의 위험 구성은 "귀속구조의 변화"를 초래하는데, 이에 따르면 현대 위험사회의 위험과 관련된 직업군(郡)이나 기관은 '절차적 법'의 규칙을 준수해야 하는 역할담당자로서의 '의무'를 지게 된다.

규제법 모델과 '절차적 법' 모델 중 어느 법규범 모델이 "규범적으로" 정당하다고 판단하기는 힘들지만, 위험과 더불어 살아가야 하는 현대사회의 특성상 '절차적 법' 모델이 위험을 일방적으로 규제하기보다는 위험을 두고 '소통'한다는 점에서 점점 더 큰 비중을 차지하고 있다. 다만 '절차적 법' 모델이 과연 위험을 적절히 통제할지는 또 다른 문제인데, 이는 위험을 관할하는 담당자나 기관의 '능력'과 이에 대한 일반의 '신뢰'의 문제와 연관되어 있기 때문이다. 위험을 관할하는 담당자나 기관의 '능력'과 이에 대한 일반의 '신뢰'가 갖추어진다면, 필자는 소통능력을 갖춘 '절차적 법' 모델이 현대사회의 여러 위험에 대한 법체계의 최적 모델이 될 수 있으리라 본다.

## Ⅱ. '위험' 개념 분석

위험 개념은 '이득과 위해', '미래의 이득과 미래의 위해', '현재에서 바라본 미래의 이득과 미래의 이득'이라는 3가지 개념요소를 가진다. 위험 개념은 '불확실성'과 밀접하게 결합되어 있는데, 이에 따라 위험 개념은 현재 개념이 되기도 하고 미래 개념이 되기도 한다. 즉, 이득과 위해의 관점에서의 불확실성은 미래이지만, 의사결정 과정에서의 불확실성은 현재인 것이다.[1] 또한 현대사회에서 문제되는 '위험'과 이에 대한 '결정'은 '책임(귀속)'과 밀접하게 관련된다.[2] 즉, 위험은 '불확실성

---

* 법과사회 제41호, 법과사회이론학회, 2011. 12, 259면 이하.
1) Peter L. Bernstein(안진환 역), 『위험, 기회, 미래가 공존하는 리스크』(한국경제신문, 2008), 331면.
2) Franz-Xaver Kaufmann, Der Ruf nach Verantwortung, Risiko und Ethik in einer unüberschaubaren Welt(Herder, 1992), 45면.

하에서의 결정'과 연관되며, 불확실성 하에서의 결정은 '위험인수',[3] 곧 '책임(responsibility)'을 의미한다.[4]

## 1. '이득'과 '위해'

위험(risk) 개념은 '위험을 감수하다, 암초를 뚫고 나가다'라는 의미를 지니고 있다.[5] 부를 얻기 위해 당연히 감수해야 하는 난관이라는 함의 에서도 알 수 있듯이, 위험 개념은 '이득(benefit)'과 '위해(harm)'라는 상반된 의미를 동시에 내포하고 있다.[6] 따라서 위험은 기회(chance)이기 도 하다. 더 나아가 위험 개념은 '이득'과 '위해' 양자를 형량하는 것을 그 의미요소로 한다. '이득'과 '위해'를 '이익형량'하는 위험 판단은 결 과를 기준으로 옳고 그름을 따지는 결과론(consequentalism)이 적용되는 대표적인 예라고 할 수 있다. 이처럼 위험 판단은 의무론(deontology)에 서 결과론으로의 전환을 가져온다.[7] 어떤 행위의 옳고 그름을 판단하는 기준에는 의무론과 결과론[목적론(teleology)이라고도 한다]이 있는데, 양자는 행위의 옳고 그름을 판단하는 기준에서 결정적인 차이를 보인 다. 의무론에서는 행위의 옳고 그름을 판단하는 기준이 행위의 결과가

3) Niklas Luhmann, Das Recht der Gesellschaft(Suhrkamp, 1993), 141면.
4) Niklas Luhmann, Rechtssoziologie(3 Aufl., Westdeutscher Verlag, 1987), 241면.
5) Ulrich Beck(홍성태 역), 『위험사회 - 새로운 근대(성)를 향하여』(새물결, 1997), 역자 서문, 6면; 위험(risk, Risiko)이라는 용어는 17세기 스페인의 항해술 용어에서 나온 것으로 '위험사회'의 역자인 홍성태 교수는 소개하고 있고[Ulrich Beck(홍성태 역), 앞의 책(주5), 역자서문, 6면], '리스크'의 저자인 베스타인(Peter L. Bernstein)은 리 스크라는 단어는 '뱃심 좋게 도전하다(to dare)'라는 의미의 초기 이탈리아어 risicare 에서 유래되었다고 소개하고 있다[Peter L. Bernstein(안진환 역), 위의 책(주1), 19면].
6) '위해'는 피해가 확실한 경우나 재앙을 의미하는 반면에, '위험'은 '위해'뿐만 아니라 '이득'을 동시에 의미한다. 위험은 기회를 포함하기 때문에 위험을 포기하는 것은 오 늘날의 조건하에서는 합리성을 포기하는 것이 될 수 있다. 위험과 합리성의 관계에 대해서는 Niklas Luhmann, Soziologie des Risikos(Walter de Gruyter, 1991), 22면.
7) 김영환, 『법철학의 근본문제』(홍문사, 2012), 219면 이하.

아니라, 행위 그 자체이며, 행위해야 할 의무로부터 행위의 당위성을 이끌어낸다. 반면에 결과론에서는 행위의 결과에 대한 평가로 행위의 옳고 그름을 판단한다. 결과론은 그 자체로 올바르거나 그른 특별한 종류의 행위가 있다는 입장을 거부하고, 행위의 올바름이나 그름을 행위의 결과들을 비교하고 평가함으로써 결정한다.[8] 행위의 결과를 고려해서 행위의 옳음을 결정한다는 점에서, '좋음'에 우선성을 두고 '옳음'을 규정하는 특성을 지닌다. '위험'과 관련해 결과론적 사고를 하면, 어떤 행위가 가져올 '이득'과 '위해'를 결과 차원에서 고려하여 '위험' 수위를 판단하게 된다. 이때 행위의 결과를 어떻게 고려할 것인가에 대한 방법을 찾고, 그 방법의 정당성을 근거지우는 작업이 중요하다.[9]

## 2. '미래의' 이득과 '미래의' 위해

위험 판단에서 비교형량되는 이득과 위해의 대부분은 '현재의' 이득과 '현재의' 위해가 아니라, '미래의' 이득과 '미래의' 위해이다. 경우에 따라서는 현재의 이득과 미래의 위해, 또는 미래의 이득과 현재의 위해가 비교되기도 한다. 그럼에도 대부분의 경우 '위험' 개념에서 이득과 위해는 과거에 이미 정해져 있거나 현재에 정해질 수 있는 값이 아니라 미래에야 비로소 확정되는 값이다. "위험의식의 중심은 현재에 있지 않으며 미래에 있다. 위험사회에서 과거는 현재에 대한 규정력을 상실한다. 그 자리는 미래가 차지하며, 존재하지 않으며 고안된 가공의 무엇이 현재의 경험과 행동의 '원인'으로서 등장한다."[10]

---

8) Peter Singer 엮음(김성한·김성호·소병철·임건태 역), 『규범윤리의 전통』(철학과 현실사, 2005), 116-117면.

9) 목적론과 의무론에 대한 자세한 설명은 Nancy (Ann) Davis, 「현대의 의무론」, in: Peter Singer 엮음(김성한·김성호·소병철·임건태 역), 위의 책(주8), 115면 이하.

10) Ulrich Beck(홍성태 역), 위의 책(주5), 74면.

'위험' 개념을 통해 우리는 과거가 현재를 규정하는 세상이 아닌, 미래가 현재를 규정하는 세상이 도래했음을 실감할 수 있게 된다. 확실성의 세상이 아니라 불확실성의 세상이 된 것이다. 현대사회가 달라진 만큼 불확실성을 무시하는 이론은 사회현상을 설명할 수가 없으며, 이는 '위험'과 관련하여서는 "확실하다." 정보와 확실성의 원천으로서 실재 존재론은 더 이상 '시간의 흐름'을 규정할 수 없게 되었고, '시간의 화살'에 따라 존재와 인식은 달라진다.[11] 시간의 화살에 따라 존재도 달라지고, 이에 대한 인식도 달라진다. 시간으로부터 자유로운 존재는 없으며, 시간으로부터 자유로운 인식도 없다.[12] '이득'과 '위해'의 존재 또한 시간으로부터 자유로울 수 없으며, 이에 대한 인식도 시간으로부터 자유로울 수 없다. 콘텍스트(시간 속에 존재하는 패턴) 안에 놓고 인식하지 않으면 아무것도 의미를 질 수 없다.[13] 위험은 시간의 문제이며, 미래의 문제이다.[14] 위험은 '시간의 화살'에 따라 존재와 인식이 달라지는 문제이다. "시간과 리스크는 동전의 양면과 같다. 만일 내일이 없다면 리스크 또한 존재하지 않기 때문이다. 시간은 리스크를 변형시키고 리스크의 본질은 시간의 지평에 따라 모양이 갖춰진다. 다시 말해 리스크의 위력이 발휘되는 공간은 다름 아닌 미래라는 시간이다. 시간

---

11) '시간의 화살(Arrow of Time)'이란 표현은 아서 에딩턴(Authur Eddington)의 용어를 일리아 프리고진(Ilya Prigogine)이 사용한 것으로서, "가장 작은 물질 단위조차도 무시할 수 없는 역사적 궤적이 있음을 주장함으로써 역사적이지 않은 사회분석은 없다고 끊임없이 주장해온 사회과학자들의 입지를 강화했을 뿐 아니라, 물리학을 사회과학 인식론 지형의 한가운데로 옮겨놓았다." '시간의 화살'에 대해서는 Immanuel Wallerstein(유희석 역), 『지식의 불확실성』(창비, 2007), 65면 이하; "프리고진은 전통 물리학이 시간에 대한 지속을(어떤 특정한 지속을) 우위에 두는 것으로 보고 자연과학을 위한 인식론의 핵심적인 도구로서 시간의 화살을 복권시키려고 했다." Immanuel Wallerstein(유희석 역), 앞의 책(주11), 96면.
12) Niklas Luhmann, Die Wissenschaft der Gesellschaft(Suhrkamp, 1992), 129면.
13) Gregory Bateson(박지동 역), 『정신과 자연』(까치, 1998), 27면.
14) Georg Kneer/Armin Nassehi(정성훈 역), 『니콜라스 루만으로의 초대』(갈무리, 2008), 216면.

은 철회할 수 없는 결정에서 가장 큰 문제가 된다. 그럼에도 불구하고 우리는 불완전한 정보를 토대로 돌이킬 수 없는 수많은 결정을 내려야 한다."15)

## 3. '현재에서 바라본' 미래의 이득과 미래의 위해(불확실성 하에서의 결정)

위험 개념은 '미래의' 이득과 '미래의' 위해를 그 개념요소로 하나, 이는 미래의 시간대에만 머무르지 않는다. 위험 판단은 미래의 시간대를 현재의 시간대로 끌어와, 미래의 이득과 미래의 위해를 현재로 "선취하여" 평가할 것을 요구한다. 예컨대 최첨단 생명과학기술에서 문제되는 이득과 위해는 현재 개념이 아니라 미래 개념인 반면에, 이 이득과 위해를 이익형량한 후 결정해야 하는 단계에서는 '이득과 위해'라는 미래 개념이 '위험'이라는 현재 개념으로 새롭게 구성된다. 판단자료는 미래의 이득과 미래의 위해이나, 판단 시점은 현재인 셈이다. 이런 의미에서 루만(Niklas Luhmann)은 위험을 '현재에서의 미래(Zukunft in der Gegenwart)'라고 정의내린다.16) 이때 결정자는 이득과 위해가 불확실한 가운데 결정(decision)해야 하는 상황(situation)에 처한다.17) 이때 위험은

---

15) Peter L. Bernstein(안진환 역), 위의 책(주1), 32면.

16) Niklas Luhmann, 위의 책(주3), 554면; 루만에 따르면 현대사회는 미래를 위험으로서 현재화시키며, 루만은 이를 '위험으로서 미래(Zukunft als Risiko)'라고 표현하기도 한다. Niklas Luhmann, 위의 책(주6), 41면, 45면; 위험의 사회적 의미 차원에서 핵심적인 구별인 결정자(Entscheider)와 당사자(Betroffene)에 대한 루만의 구별은 이 장에서는 다루지 않았다. '결정자와 당사자의 구별'에 대한 루만의 언급으로는 Niklas Luhmann, 위의 책(주6), S. 111 ff; 노진철,『불확실성 시대의 위험사회학』(한울 아카데미, 2010), 212면 이하.

17) Gotthard Bechmann, "Risiko als Schlüsselkategorie der Gesellschaftstheorie", kritische Vierteljahreschrift für Gesetzgebung, 1991, 214면 이하; 노진철, 위의 책(주16), 247면.

책임(Verantwortung)과 자연스럽게 연결되는데, 미래를 현재로 앞당겨 판단하게 되는 위험의 불확실성은 위험인수, 즉 책임을 통해 상쇄되기 때문이다. 이때 현대사회에 있어서의 위험의 편재는 '결과지향적인 책임구조로의 변화'를 불가피하게 한다.[18]

현실이 불확실하면 선택을 피할 수 있는 길은 없다. 몇몇 경영학 이론서에서는 진정한 혁신과 창조를 위한 실패 또한 기꺼이 받아들이며, '위험'을 즐거워하는 자세가 환영받고 있다. 심지어는 혼란 속에 메시지가 있으니까 혼란 속에서 즐거워해야 한다고 설파한다.[19] 이와는 다르게, '현재에서의 미래'로서 위험은 확률이라는 과학적 언어로 종종 표현되곤 한다.[20] 위험은 부정적 결과의 확률이며, 확률의 언어로 표현되어 과학이 위험의 의미를 감싸게 된다.[21] 이에 따르면, 확률로써 위험에 대한 지배(mastery of risk)가 가능해지며, 위험감수(rist-taking)를 통해 미래를 기회의 대상으로 만들 수 있게 된다.[22] 하지만 과학 또한 가치중립적이지 않으며(우리가 가진 가치는 과학의 필수요소이다),[23] 많은 경우 과학의 객관성은 과대포장되어 있다.[24] 하이젠베르크(Werner Heisenberg)의 불확정성의 원리에 따르면, 객관적이고 초연할 관찰자는 있을 수 없다. 관찰 자체가 관찰자를 관찰대상에 직접적으로 연관시키며, 이는 관찰 결과에 영향을 미친다.[25]

---

18) 현대사회의 위험과 관련하여 '결과지향적인 책임구조의 변화'에 대해서는 Ulfrid Neumann(김학태 역), 「과학기술발달의 조건하에서의 책임구조의 변화」, 법철학연구 제3권 제1호, 2000, 317면 이하.

19) 예컨대 Tom Peters(정영목 역), 『미래를 경영하라』(21세기북스, 2005), 27면.

20) 이에 대한 역사적 연구로는 Peter L. Bernstein(안진환 역), 위의 책(주1), 69면 이하.

21) Hélène Joffe(박종연/박해광 역), 『위험사회와 타자의 논리』(한울 아카데미, 2002), 24면.

22) Peter L. Bernstein(안진환 역), 위의 책(주1), 8-9면.

23) Immanuel Wallerstein(유희석 역), 위의 책(주11), 148면.

24) 김은성, 「불확실성에 대응하는 위험 거버넌스」, 『충북대 법학연구소 제30회 JURIS FORUM 자료집』(생명과학법, 위험 그리고 국가위기관리), 2009, 43면.

## Ⅲ. 2차적 질서의 '위험' 관찰

## 1. 2차적 질서의 관찰

### (1) 현대사회의 기능적 분화

(필자가 생각하기에) 관찰 자체가 관찰자를 관찰대상에 직접적으로 연관시키며, 이로써 관찰결과는 달라질 수 있다는 점을 잘 말해주고 있는 이론은 루만(Niklas Luhmann)의 '2차적 질서의 관찰(Beobachtung der zweiten Ordnung)'이다.[26] 이에 의하면, 세계는 결정되어 있지 않은 채, 다양한 경험과 행동의 가능성을 제공하는 '지평(horizont)'이다. 우리는 '지평으로서 세계'하에서 인식, 정보처리, 행동을 통해 실재 세계를 만들어 간다. '지평으로서의 세계'와 '실재 세계'는 동일하지 않으며, 우리가 어떻게 정보를 처리하고 행동하는가에 따라 달라진다. 이는 우리의 세계가 복잡하고 우연적이라는 것을 말해준다. 여기서 '복잡성'은 실재로 이루어진 것보다 더 많은 가능성이 존재한다는 것을 의미한다.[27] 실재로 이루어진 것보다 더 많은 가능성을 뜻하는 '복잡성'은 필연적으로 '선택'을 강제한다. '복잡성'은 '선택강제'를 의미하며[28] (동시에 선택은 '무엇인가를 고려하지 않음'을 뜻한다),[29] '선택강제'란 다시 '우연성'을 의미한다. 여기서 '우연성'이란 다른 선택 또한 가능했으며, 선택에는 항상 이러한 위험이 따른다는 점을 말한다.

---

25) Jeremy Rifkin(이희재 역), 『소유의 종말』(민음사, 2001), 281면.

26) '2차적 질서의 관찰(Beobachtung der zweiten Ordnung)'에 대해서는 Niklas Luhmann, 위의 책(주6), 23면 이하, 235면 이하; 노진철, 위의 책(주16), 263면 이하.

27) Niklas Luhmann, 위의 책(주4), 31면.

28) Niklas Luhmann, 위의 책(주4), 31면.

29) Niklas Luhmann, Die Gesellschaft der Gesellschaft(Suhrkamp, 1998), 187면.

루만은 세계의 복잡성을 축소시키는 체계의 작동방식이 '동일성'이 아니라 '차이'에 기초하고 있음을 주목한다. 이에 따르면 차이를 경험하는 것이 정보획득과 정보처리를 가능하게 하는 조건이 된다.[30] 체계 이론의 핵심 패러다임이 '전체와 부분'이 아닌 '체계와 환경'인 이유가 여기에 있다. 체계는 '차이를 중심한 선택'을 중심으로 작동한다. 차이가 선택을 성립시키며, 그 선택은 체계의 보존을 성립시킨다. 그러면 선택을 가능하게 하는 차이는 체계의 '의미' 기준에서 나온다. 체계는 자신의 의미기준을 토대로 자기준거와 자기준거가 아닌 것을 구분한다.[31] 있는 그대로의 세계를 재현하는 대신에, 의미를 통해 지평으로서의 세계가 펼치는 가능성을 선택하게 된다.[32]

자신의 의미기준에 따른 차이를 토대로 한 체계의 작동은 세계의 복잡성을 축소하는 것으로 끝나지 않는다. 체계는 세계의 복잡성을 축소시키는 동시에 체계 자신의 복잡성은 증대시키려고 하며, 체계 자신의 고유한 복잡성을 유지하려 한다. 체계 형성의 복잡성은 일단 세계의 복잡성을 축소시키고 그 축소를 선별적으로 조율해야만 비로소 생성된다. 체계는 세계의 복잡성과 우연성을 다스리고, 체계 자신의 복잡성을 형성하는 정보처리 시스템을 구축한다. 자신의 의미기준, 자기준거, 자기생산, 작동적 폐쇄성을 중심한 소통은 한 사회의 부분체계에서 독자적인 복잡성이 가능하도록 한다.[33] 자기준거에 기초한 체계의 작동적 폐쇄성(operative Geschlossenheit)과 이에 기초한 체계 간의 구조적 연결(struktuelle Kopplung)을 통해,[34] 사회의 부분체계는 세계의 복잡성을

---

30) Niklas Luhmann, Soziale Systeme(Suhrkamp, 1984). 13면.

31) Niklas Luhmann, 위의 책(주29), 51면.

32) Niklas Luhmann, 위의 책(주29), 55면.

33) Niklas Luhmann, 위의 책(주3), 134면.

34) 프란시스코 발레라가 도입했던 개념을 빌려 표현하자면, 사회 체계에는 '투입에 의한 연결'은 존재하지 않으며, 다만 '폐쇄에 의한 연결'만이 존재한다는 것이다.

축소시킴을 통해 체계 자신의 복잡성을 증대시킨다.

기능적으로 분화된 현대사회는 자신의 의미기준에 의해 작동하는 (작동에 있어 폐쇄적인) 체계가 다수 생성되었음을 의미한다. 전체 사회의 의미 연관성을 갖추지 않더라도 자신만의 의미 연관성을 통해 정보를 처리할 수 있게 되었음을 의미한다.[35] 기능적으로 분화된 체계로 이루어진 현대사회는 '2차적 질서의 관찰'의 주요한 전제가 된다.

## (2) 관찰의 관찰

1차적 질서의 관찰자에게는 세계가 존재론적으로 주어져 있다. 객관적으로 타당한 질서가 이미 주어져 있으며, 이를 토대로 사회 현상을 관찰한다. 하지만 2차적 질서의 관찰자는 '전체와 그 부분'이 아닌 '체계와 환경'의 패러다임으로 사회현상을 바라보며, 따라서 세계는 다르게 만들어질 수도 있다.[36] 1차적 질서의 관찰자에게는 옳거나 틀리다고 기술할 수 있는 뚜렷한 지표가 이미 결정되어 있음에 반하여, 2차적 질서의 관찰자는 이러한 존재론의 강한 전제를 부정한다.[37] 1차적 질서의 관찰자가 보는 것과 보지 못하는 것은 그가 어떠한 구별을 하고 있는가에 달려 있는데, 2차적 질서의 관찰자는 ① 1차적 질서의 관찰자의 구별기준을 알며, ② 1차적 질서의 관찰자가 보지 못하는 것을 볼 수 있

Niklas Luhmann(이남복 역), 『현대사회는 생태학적 위험을 대처할 수 있는가』(백의, 2002), 54-55면; 폐쇄 체계들은 직접 외부 세계와 연결되어 있지 않더라도 구조적 연결을 통하여 외부 세계에 대해 반응할 수 있다는 것이다. Walter Reese-Schäfer(이남복 역), 『니클라스 루만의 사회사상』(백의, 2002), 16면; 체계의 '작동적 폐쇄성'과 체계 간의 '구조적 연결'에 대해서는 고봉진, 「자기준거적 체계로서 복지체계 – 예비적 고찰」, 법철학연구 제12권 제1호, 2009, 323면 이하.

35) Niklas Luhmann, 위의 책(주29), 31면.
36) Niklas Luhmann, 위의 책(주29), 1120-1121면.
37) Niklas Luhmann, 위의 책(주29), 1124면.

게 된다.[38] 예컨대 2차적 질서의 관찰자는 ① 1차적 질서의 관찰자가 실재존재론과 이에 기초한 인식론(강한 인지주의)의 틀을 가지고 있음을 알며, ② '존재론적 근거설정'이 구체적인 논증 대신에 선재하는 구조를 통해 의무론적 논증에 가해지는 정당성 입증부담을 완화시키는 것을 볼 수 있다.[39]

1차적 질서의 관찰이 아닌 2차적 질서, 나아가서 3차적, 4차적 질서의 관찰에 만족해야 하는 것은 (바로 앞에서 살핀) 현대사회의 기능적 분화에 기인한다. 물론 고대사회에도 1차적 질서의 관찰만이 있었던 것은 아니며, 관찰의 관찰도 있었다. 예컨대 소피스트인 고르기아스(Gorgias)는 "첫째로 존재하는 것은 아무것도 없으며, 둘째로 무엇인가 존재한다 해도 인식될 수가 없고, 셋째로 무엇인가 인식될 수 있다 해도 그런 인식은 전달될 수가 없다"라고 주장한다.[40] 하지만 기능적으로 분화된 부분체계로 지속적으로 분화되고 있는 현대사회에서만큼 2차적 질서의 관찰, 즉 관찰자의 관찰이 활성화된 적은 없다.[41] 1차적 질서의 관찰에서 2차적 질서의 관찰로, (더 나아가 3차적, 4차적 질서의 관찰로 나아감) 필요성은 2차적 질서의 관찰에는 1차적 질서의 관찰에는 찾아볼 수

---

38) Niklas Luhmann, 위의 책(주29), 1121면.

39) Ulfrid Neumann, "Die Tyrannei der Würde", ARSP, 1998, 154면; 고봉진, 「근본이익, 정체성과 인권 - 예비적 고찰」, 법철학연구 제10권 제1호, 2007, 260면 이하; 실재존재론에 기초한 논증방식의 문제점에 대해서는 Hans Welzel(박은정 역), 『자연법과 실질적 정의』(삼영사, 2001), 29면, 41면, 50면, 93-94면, 124면, 162-163면, 199면, 202면, 316면, 338면, 348면. "우리가 자연법적 주장을 펼치자마자 여지없이 곧 부딪히게 되는 심각한 문제는, 인간의 자연에 대한 상은 프로테우스상과 같아서, 자연법사상가들이 저마다 그가 원하는 상을 만들어 낼 수 있다는 것이다. 각자는 그가 옳다고 여기고 또 원하는 바를 (암암리에) 인간의 '자연 개념'에 먼저 집어넣고는, '자연에 합당하게' 옳다고 생각하는 것을 근거짓기 위해서 그것들을 다시 끄집어내는 데 불과한 것이다." 박은정, 앞의 책(주39), 29면.

40) Hans J. Störig(박민수 역), 『세계 철학사』(이룸, 2008), 213면.

41) 그럼에도 여전히 1차적 질서의 관찰은 현대에도 강력한 힘을 발휘하는 것이 사실이다. 종교뿐만 아니라 법규범 또한 1차적 질서의 관찰을 할 때가 많다.

없는 맹점에 의한 구별이 있고,[42] 1차적 질서의 관찰에는 1차적 질서의
의미기준에 따라서는 볼 수 없는 사각지대가 생기기 때문이다. 2차적
질서의 관찰은 관찰에 있어 어떠한 인식론적 특권도 인정하지 않기 때
문에 1차적 질서의 관찰에 부여되는 아르키메데스의 점이 없다.[43]

## 2. 2차적 질서의 '위험' 관찰

1차적 질서의 관찰자에게는 객관적으로 타당한 질서가 이미 주어져
있으며, 이를 토대로 사회현상을 관찰하고, '위험' 또한 규정한다. 하지
만 2차적 질서의 관찰자는 '전체와 그 부분'이 아닌 '체계와 환경'의
패러다임으로 '위험'을 관찰하며, '위험'은 관찰자에 따라 다르게 구성
될 수 있다.[44] 1차적 질서의 관찰자에게는 '실재존재론'에 기초한 '의
무론'의 입장에서 '위험'을 판단하지만, 2차적 질서의 관찰자는 실재존
재론의 강한 전제를 부정하고,[45] 대신에 자신의 의미기준을 투영하여
'결과론'의 입장에서 '위험'을 판단한다. 앞에서도 언급하였듯이, 1차적
질서의 관찰이 아닌 2차적 질서, 나아가서 3차적, 4차적 질서의 '위험'
관찰에 만족해야 하는 것은 '현대사회의 기능적 분화'에 기인한다. 2차
적 질서의 관찰은 자신만의 의미 연관성을 통해 정보를 처리할 수 있기

---

42) 루만의 말에 따르면, "모든 관찰은 그 관찰 나름의 구별을 이용하며 그래서 구별된 것들의
   동일성이라는 역설을 관찰의 맹점으로 이용하며, 그 맹점의 도움으로 관찰할 수 있다."
   Luhmann, "Stenographie", in: Niklas Luhmann/Humberto R. Maturana/Mikio Namiki/Volker
   Redder/Francisco Varela, Beobachter, Konvergenz der Erkenntnistheorien?, 1990, 123면
   (Georg Kneer/Armin Nassehi(정성훈 역), 위의 책(주14), 142면에서 재인용함)

43) 2차적 질서의 관찰에는 관찰자가 자신의 관찰이 관찰되고 있다는 점, 자신의 관찰
   이 보지 못한 사각지대를 다른 2차적 질서의 관찰자는 본다는 점, 더 나아가 이를
   토대로 자신의 관찰이 보지 못한 사각지대를 다루려고 한다면, 반성적 성찰이 가능
   하다.

44) Niklas Luhmann, 위의 책(주29), 1120~1121면.

45) Niklas Luhmann, 위의 책(주29), 1124면.

때문에 '위험' 또한 자신의 의미기준을 토대로 판단한다. 1차적 질서의
관찰이 가지는 '인식론적 특권'은 부여되지 않지만, 대신에 '구성론적
특권'을 부여받는다(이를 '인지적 구성주의'라고 한다).[46] 즉, 자신의 의
미기준을 토대로 '위험'을 구성할 수 있게 된다. 2차적 질서의 위험 '관
찰'은 2차적 질서의 위험 '구성'으로 달리 말할 수 있다.

  2차적 질서의 관찰은 관찰에 있어 어떠한 인식론적 특권도 인정하지
않기 때문에 관찰하는 체계에 따라 관찰의 내용이 달라진다. 2차적 질
서에 따라 '위험'은 '위해'로 구성될 수도 있지만, '기회'로도 구성될
수 있다. 위험판단 자료의 복잡성과 위험판단의 불확실성은 선택을 강
제하며, 이때 가치판단에 따른 선택이 내려지게 된다.[47] '위험'은 관찰
하는 부분체계의 의미기준에 따라 '위해'가 되기도 하고,[48] '기회'가 되
기도 한다.[49] 2차적 질서마다(법체계든 경제체계든 학문체계든) 서로
다른 '의미기준'을 통해 '위험'을 관찰(구성)한다. 예컨대 2차적 질서의
하나인 '법체계'는 '위험인수' 또는 '책임'이라는 스펙트럼을 통해 '위
험'을 관찰할 뿐만 아니라, 규범 단계에서 이루어지는 '위험'에 대한 결
정으로 '위험'을 관찰한다. 법체계의 위험 관찰은 대략 다음과 같은 2
가지 형태로 나타난다. 규제법 모델은 규제법을 통해 위험을 직접적으
로 통제하려고 하는 반면에, '절차적 법' 모델은 법 대신에 다른 수단

---

46) 스티븐 호킹(Stephen Hawking)은 그림이나 이론에 의존하지 않는 실재의 개념은
    없다고 하면서 '모형 의존형 실재론'이라는 입장을 취한다. Stephen Hawking(전대
    호 역), 『위대한 설계』(까치, 2010), 54면.

47) Immanuel Wallerstein(유희석 역), 위의 책(주11), 69면.

48) '위험' 개념과 '위해' 개념이 특히 혼돈되는 경우는 거대한 위험을 위해로 파악하는
    경우인데, 이때는 현재에서 파악된 미래의 위해가 이득을 훨씬 능가한다고 판단된
    다. 이것이 울리히 벡(Ulrich Beck)이 '위험사회'를 '위해사회'로 파악하는 이유이다.
    물론 이때의 위험판단에도 가치판단이 개입된다.

49) '불확실성 하에서의 결정'을 긍정적으로 바라보는 경우인데, 이러한 견해(Adalbert
    Evers/Helga Nowotny, Über den Umgang mit Unsicherheit, Frankfurt, 1987)는 불
    안전성이 지배하는 곳에서는 위험산정을 통해 안전이 만들어진다는 점에 '위험' 개
    념의 핵심이 있다고 본다. 결정이 리스크 관리에 있어 중요한 첫단추인 셈이다.

(예컨대 생명공학 영역에서 위원회를 통한 통제)을 통해 간접적으로 위험을 통제하려 한다.

## Ⅳ. 위험에 대한 법체계의 반응

위험은 '현재에서의 미래'를 뜻하고,[50] 규범은 '사회 정체성의 형성'을 의미한다.[51] 법규범은 '현재에서의 미래'와 관련하여 큰 도전을 받고 있으며, 이를 어떻게 해결할지는 현대 법학이 안고 있는 큰 과제 중의 하나이다. '위험과 규범' 테마는 2가지 중요한 질문을 제기한다. 첫째 질문은 '위험이 어떻게 규범에 영향을 미치는가?'이고, 다른 질문은 '규범이 어떻게 위험에 영향을 미치는가?'이다. 위험문제는 법이 위험을 합법이나 불법으로 판단하는 문제뿐만 아니라, 위험이 법규범의 변화를 초래한다는 문제도 낳는데, 이는 이미 여러 법 영역에서 법규범의 변화를 초래하였고, 계속 초래할 것이 확실하다.[52]

---

50) Niklas Luhmann, 위의 책(주3), 554면.

51) Günther Jakobs, "Das Strafrecht zwischen Funktionalismus und „alteuropäischem" Prinzipiendenken", ZStW 107, 1995, 844면 이하.

52) Niklas Luhmann, 위의 책(주3), 560면; 조홍식 교수는 리스크 문제는 새로운 사회 문제에 법이 어떻게 대처할 수 있는가를 보여주는 좋은 시험장이고 따라서 리스크 법은 앞으로의 발전을 가늠하는 시금석이 될 것이라고 전망하면서, 사회공동체가 각양각색의 리스크에 대처하는 최선의 방책은 공법과 사법 각각의 長處를 살릴 수 있는 적절한 조합을 찾는 것이지, 결코 한쪽을 배제하는 것이 아니라고 주장한다. 조홍식, 「리스크 법 − 리스크관리체계로서의 환경법−」, 서울대학교 법학 제43권 제4호, 2002, 126면.

# 1. '절차적 법' 모델의 등장

기능적으로 분화된 현대사회는 규제법을 통해 직접적으로 조종할 수 없는 여러 다양한 하부체계로 분화되어 있다. 규제법 모델은 강력한 규제법을 통해 사회의 하부체계를 직접적으로 조종하려고 하지만, 많은 경우 실효성이 없는 상징입법에 그치고 만다. 이처럼 규제법은 직접적이면서도 강한 법적 수단이지만, 많은 경우 실효성이 없는 법적 수단이기도 하다. 이는 위험에 대한 법적 규제에서도 동일하다. 규제법은 하부체계, 정책, 법체계를 잇는 연결고리가 되지 못하며, 3자 간의 소통을 막아 버린다. 따라서 절차적 법을 통한 간접조정의 필요성이 대두되며, 법은 스스로를 규율함으로써 사회를 규율하는 방법을 취하게 된다.[53] 법은 더 이상 강력한 규제수단으로 역할을 수행하지 않으며, 체계 간의 소통을 매개하는 통로로서 역할을 수행한다. 자기규율을 통한 간접적인 조종의 가능성은 체계 간의 연결 필요성에서 나온다. 하지만 간접적인 조종의 한계 또한 고려해야 한다.

## (1) 규제법 모델의 한계

규제법 모델은 위험을 규제법으로 강하게 단속하고 규율한다. 그 지배이념은 '예방의 원칙(Principle of Precaution)'인데, 이는 위험의 성질에 관한 확신에 앞서 위험을 피하는 조치를 취할 것을 요구한다. 이는 새로운 기술이 해롭다는 증거가 있을 때까지는, 그 개발을 지속하는 것이 수용 가능하다는 관점에 도전한다. 이는 그 기술이 심각한 해를 일으키지 않을 것이라는 사실을 보여주는 입증 책임이 그 기술의 개발자

---

53) Gunther Teubner, Recht als autopoietisches System(Suhrkamp, 1989), 82면 이하.

에게 있음을 의미한다.[54] 예방의 원칙을 법규범을 통해 실현하면 '규제법'을 통해 위험은 사전에 통제된다. 많은 경우 '위험'은 '위해'로 인식되어 규제된다. 규제법 모델에 따르면, 위험을 전문직 직업군(群)의 위험인수, 즉 책임을 통해 통제할 수 있다는 주장은 실상과는 전혀 다르다. 위험통제를 위해서는 담당기관이 위험을 통제할 "능력"을 갖추어야 하는데, 담당기관에 그러한 능력이 없는 경우가 많다. 그뿐만 아니라 담당기관의 위험통제에 대한 대중의 "신뢰"가 전제가 되어야 하는데, 신뢰가 쌓여 있지 않은 경우가 많다.

물론 '규제법'으로 '위험'을 사전에 규율하려는 것은 미래의 불확실성을 애초부터 제거하는 동시에, 법적 안정성을 형성하는 장점이 있다. 이는 '위험'의 위험성이 공간적으로, 시간적으로 혹은 사회적으로 제한되지 않으며, 모든 나라와 모든 계급에 미치는 전 지구적 특징을 가진다는 점에서 더 큰 중요성을 지닌다.[55] 그뿐만 아니라 전 지구에 미치는 '위험의 현재성'이 분명하지 않다 하더라도 '위험연출의 현재성'으로 인해 '위험'은 '안전에 대한 위협'으로 현재성을 획득한다.[56] 이때 '안전'은 자기목적이 되고 규제법을 정당화하는 현대사회의 규범개념으로 격상된다.[57]

---

54) Nuffield Council on Bioethics(권복규 역), 『이종이식의 윤리적 문제』(이화여자대학교 생명의료법연구소, 2007), 81면; 사전배려의 원칙과 비용편익분석의 충돌(크게는 환경정책기본법과 행정규제기본법의 충돌)에 대해서는 조홍식, 위의 글(주52), 71면 이하 참조.

55) Ulrich Beck(홍성태 역), 위의 책(주6), 77면; Anthony Giddens(김미숙·김용학·박길성·송호근·신광영·유홍준·정성호 역), 『현대사회학』(제4판, 을유문화사, 2003), 84면.

56) 울리히 벡(Ulrich Beck)은 그의 책 『글로벌 위험사회』에서 리스크는 가능성으로 우리 앞에 있는, 우리를 위협하는 미래 사건이며, 글로벌 리스크는 글로벌 리스크의 '현실 연출'이라는 말을 한다. 글로벌 리스크는 눈앞에 생생하게 그려내는 연출을 통해서만 재앙의 미래는 현재가 된다. '테러 위험의 연출'을 예로 드는데, 언론과 정치에서 테러를 글로벌 위험으로 연출하고 이는 사람들의 머리에 각인되게 된다. Ulrich Beck(박미애·이진우 역), 『글로벌 위험사회』(도서출판 길, 2010), 30면 이하.

특히 현대 위험사회의 거대위험을 어떻게 규율할 것인가를 두고 현대 형법학은 위험형법을 주장한다. 이 경우 '위해의 가능성'으로 표현되는 '위험'은 가능한 위해의 피해범위가 개인과 지역차원을 떠나 전지구에 미치기 때문에 '위해'와 근접하게 해석된다. 이때 위험의 정도에 따라 그 위험의 정도가 클 때에는 이를 위해로 파악할 수 있는가가 문제된다. 이득과 위해의 정도가 불확실하고, 위해의 정도가 이득의 정도를 훨씬 넘는 것으로 판단될 때에는 이를 위해로 판단해야 하지 않는가 하는 물음이다. 이때 규범(특히 규제적 형법)이 현대사회의 거대 위험을 위해로 파악하고 규율해야 하는지에 대한 물음이 또한 제기되며, 현대 형법에 현대사회의 위험(가능한 위해)을 막을 임무를 부여하자는 견해가 제기된다.

현대사회의 위험에 대해서 현대의 위험형법을 근거지움에 있어서는 위해와 위험 개념을 넘어 규범언어로서 '안전' 개념이 사용된다. 특히 현대과학기술의 발전에 따른 위험의 예측불가능성의 증가로 인해 오늘날 우리는 안전 개념의 호황기를 보고 있다. 동시에 안전 개념을 사회가치개념으로 사용하여 안전 개념이 규범적 차원에서 부상한다. 사람들은 더 이상 개인의 안전필요를 묻지 않고, 사회가치개념으로 안전에 대해서 묻는다. 사회가치개념으로 안전은 '존재당위'로 이해된다.[58] 현대과학기술의 영역에서 안전은 자기목적이 되었으며, 이를 통해 안전 개념은 현대사회의 규범적 개념으로 격상되었다.[59]

하지만 규제(형)법이라는 강력한 수단으로 위험을 통제하는 것이 바

---

57) '안전' 개념의 규범화에 대한 상세한 설명으로는 이재일, 「형법적 가벌성의 확장을 위한 원인과 현상」, 법철학연구 제13권 제1호, 2010, 333면 이하; Franz-Xaver Kaufmann, Sicherheit als soziologisches und sozialpolitisches Problem(Ferdinand Enke, 1973), 38면 이하.

58) Franz-Xaver Kaufmann, 위의 책(주57), 38면 이하.

59) Franz-Xaver Kaufmann, 위의 책(주57), 60면; 고봉진, 「최첨단 생명과학기술의 위험과 IRB」, 생명윤리정책연구 제1권 제2호, 2007, 135면 이하.

람직한가는 '규율의 정당성' 문제가 제기될 뿐 아니라, 규제법이 실효적으로 집행되지 않을 경우에는 '2중의 정당성의 위기'를 초래할 가능성이 농후하다. 위험에 대한 강력한 규제법은 지킬 수 없는 약속을 하게 되어 약속을 하지 아니한 것만 못한 결과를 낳기 때문이다.[60] '위험'에 대해 강력한 규제법으로만 지향된 법규범은 실효성과 정당성을 동시에 상실한다는 점에서, '법에 있어 위험지향'은 법규범의 정당성과 효율성을 더 정확하게 논증해야 하는 과제를 낳는다.

## (2) '절차적 법'의 소통능력

'절차적 법' 모델은 규제법 모델에 대응하여 등장하는데, '절차적 법'의 필요성은 "위험에 대한 규제법의 효율성 상실과 정당성 상실"에서 비롯된다. 규제법의 직접조종이 실패하는 이유는 규제법은 위험을 직접 규제하려고만 하여서 더 이상 체계 간에 소통이 이루지지 않기 때문이다. 토이브너(Gunther Teubner)가 주장하는 '규제의 트릴레마(regulatorisches Trilemma)'는 규제법 패러다임에서 '절차적 법' 패러다임으로 전환되는 중요한 원인을 제공한다. "규제의 트릴레마는 정책, 법, 사회 간의 구조적 연결의 조건을 고려하지 않은 결과로서 나타날 수 있다. 경계 없는 국가의 개입은 참여시스템의 분열을 초래한다."[61] 위험규제를 통해 규

---

60) '위험형법'의 문제점에 대해서는 Kurt Seelmann(김영환 역), 「위험형법(Risikostrafrecht)」, 법학논총 제14집, 한양대학교 법학연구소, 1997, 339면 이하; 필자는 현재 한국사회의 위험형법 논의가 찬성 측이든 반대 측이든 "벡(Ulrich Beck)의 위험사회론"에 치우쳐져 있지 않나 생각한다. "루만(Niklas Luhmann)의 위험사회론"을 토대로 한다면 위험형법에 대한 논의는 많이 달라질 것이다. 이는 무엇보다도 루만이 자신의 이론인 자기생산적 사회체계이론을 토대로 위험문제를 다루기 때문이다. 자기생산적 사회체계이론의 위험 구상에 대해서는 노진철, 위의 책(주16), 131면 이하 참조. "벡의 위험사회론"처럼 위험의 의미를 '위해'나 '재난'으로 파악하는 입장은 위험의 개념을 너무 좁게 파악하여, 위험규범(위험에 대한 법체계의 대응)이 지니는 다른 의미를 파악할 수 없는 단점이 있다.

제되는 체계의 신뢰를 상실함으로써 규제법은 소통능력을 상실한다. 규제법은 더 이상 소통을 하려 하지 않는데, 이는 효율성 상실로 이끌 뿐 아니라, 정당성 상실로 귀결된다.[62] 반면에 '절차적 법'은 소통을 보장함으로써 효율성을 증진시킬 뿐 아니라 정당성을 획득하게 된다.[63] 규제법의 과도한 통제를 통한 효율성 상실과 소통능력 상실을 통한 정당성 상실은 '절차적 법'의 자기규율을 통한 효율성 증대와 절차적 합리성을 통한 정당성 획득과 비교된다. 에더(Klaus Eder)는 절차적 합리성에 대해 법규범이 소통에 유연해짐으로써 합리성을 높일 수 있다고 주장한다.[64] 이에 따르면, 소통사회로 가는 길에서 법은 규제하는(개입하는) 정책의 매개체가 아니라, 참여를 이끌고 소통구조를 보증하는 제도가 되어야 한다.[65] 소통사회에서 법은 소통매체로서 의미를 지닌다. 실질적 정당성에 대한 기준이 더 이상 존재하지 않거나, 직접조종으로 지향된 규제법을 통해 더 이상 소통할 수 없는 영역에는 '절차적 법'이라는 새로운 법 개념이 요구된다. '법의 절차화'란 '절차적 법'을 통한 소통을 의미한다. '절차적 법'은 부분체계, 법체계, 정책 간에 소통의 매

---

61) 규제의 트릴레마(regulatorisches Trilemma)는 규율되는 체계, 규율하는 법 그리고 정책 간의 구조적 연결을 고려하지 않은 채, 규제법을 통한 목적합리성에만 집중할 때 발생한다. 체계 간의 구조적 연결을 고려하지 않은 규제법의 개입은 체계의 통합을 저해하는 딜레마에 빠지게 한다. 이는 규제법의 효율성 상실뿐만 아니라 정당성 상실로 이어지며, '절차적 법'의 효율성과 정당성에 이르게 하는 단초가 된다. Gunther Teubner, Verrechtlichung-Begriffe, Merkmale, Grenzen, Auswege, in: Friedrich Kübler (Hrsg.), Verrechtlichung von Wirtschaft, Arbeit und sozialer Solidarität, 1984, 313면 이하; ders., 위의 책(주53), 117면 이하; Gralf-Peter Caliess, Prezedurales Recht(Nomos, 1999), 12면; 카리에스(Gralf-Peter Caliess)는 토이브너(Gunther Teubner)의 제자로서 토이브너의 이론에 근거하고 있다.

62) Klaus Eder, "Prozedurales Recht und Prozeduralisierung des Recht", Dieter Grimm (Hrsg.), Wachsende Staatsaufgaben sinkende Steuerungsfähigkeit des Rechts(Nomos, 1990), 158면.

63) Klaus Eder, 위의 글(주62), 157면.

64) Klaus Eder, 위의 글(주62), 158면.

65) Klaus Eder, 위의 글(주62), 161면, 167면, 172면.

개 역할을 담당함으로써 효율성을 증대할 뿐만 아니라, 절차적 합리성을 확보하려는 노력을 통해 정당성 또한 획득하게 된다.

현대사회는 소통사회이며, 법은 현대 위험사회의 문제를 해결해야 하는 소통사회의 부분 시스템이 된다.[66] 법은 특정한 유(類)의 규범이 아니고, 사회에서의 행위시스템과 소통시스템이다. '절차적'이라는 용어는 법 기술적인 의미에서의 절차를 뜻하는 것이 아니라, 법이 자기조직하는 특정한 방식을 뜻한다.[67] '절차적 법', 즉 절차적 연결은 형식적 연결과 실질적 연결이 정당성과 실효성을 상실한 곳에서 의미를 획득한다. 법은 구조적 연결함으로써 정당성과 실효성을 동시에 획득하게 된다.[68] 법을 통한 형식적 연결은 실질적 기준을 통해 결정의 합리성을 심사하지 않으며, 법은 단지 결정을 받아들인다. 이후 형식적 법치국가에서 실질적 법치국가로, 자유시장경제에서 사회적 시장경제로 발전하면서 법은 형식적 연결이 아닌 실질적 연결의 수단이 된다. 하지만 실질적 연결이 낳은 법치국가의 위기, 사회국가의 위기와 법의 조종능력 상실로 인해 실질적 연결은 절차적 연결로 바뀌게 되며, 이러한 전환에는 위험사회에서 규제법의 정당성과 효율성 상실도 한몫을 담당한다.[69] 카리에스는 유전공학과 생명공학 영역에서 위원회를 통한 통제를 법, 정책, 학문체계 사이의 구조적 연결을 위한 '절차적 법'의 예로 들고 있다.

'사회에서의 법(Recht in der Gesellschaft)'이라는 관점에 따르면, 법규범의 변화는 사회의 변화에 기인한다.[70] 카리에스(Gralf-Peter Caliess)의 분석에 따르면, 사회가 시민사회, 산업사회, 위험사회로 변천함에 따라 법

---

66) 카리에스는 소통시스템으로서의 법을 루만의 체계이론과 하버마스의 사회이론을 통해 설명한다. Gralf-Peter Caliess, 위의 책(주61), 145면 이하.
67) Gralf-Peter Caliess, 위의 책(주61), 267면.
68) Gralf-Peter Caliess, 위의 책(주61), 183면.
69) Gralf-Peter Caliess, 위의 책(주61), 216면.
70) Gralf-Peter Caliess, 위의 책(주61), 12면.

규범은 형식적 정당화, 실질적 정당화 및 절차적 정당화를 추구하는 것으로 진화하는데, 특히 사회가 위험사회가 되면 법은 '절차적 법'으로 진화하게 된다. 특히 현대사회에서 법은 '절차적 법(Prozedurales Recht)'은 소통사회에서 소통시스템으로서의 법으로 기능하며, 절차적 합리성은 형식적 합리성과 실질적 합리성을 뛰어넘는 새로운 합리성 개념으로 이해된다.

<표> 법의 진화[71]

| 사회 | 국가 | 문제 | 매체 | 법 형식 | 합리성 |
|------|------|------|------|---------|--------|
| 시민사회 | 자유국가 | 폭력 | 권력 | 조건프로그램 | 형식적 합리성 |
| 산업사회 | 복지국가 | 가난 | 돈 | 목적프로그램 | 실질적 합리성 |
| 위험사회 | 예방국가 | 위험 | 지식 | 관계프로그램 | 절차적/성찰적 합리성 |

## 2. 귀속구조의 변화

현대사회의 위험은 '절차적 법' 모델을 등장시킬 뿐 아니라, 귀속구조의 변화 또한 야기한다. 현대 위험사회의 위험과 관련된 직업군(群)이나 기관은 '절차적 법'의 규칙을 준수해야 하며, 규칙을 수행할 가능성이 있음에도 불구하고 규칙을 위반한 것에 대한 비난만으로도 귀속이 가능하다. 또한 현대사회의 위험에 대해 법규범은 위험을 다루는 직업군뿐만 아니라 위험을 판단하는 책임기관, 즉 전문위원회로 책임귀속주체를 확대하는 것으로 대응한다.

---

71) Gralf-Peter Caliess, 위의 책(주61), 89면.

## (1) 규범적 기대 - 의무

규범과 귀속에 관한 기존논의의 주안점은 침해범으로 구성된 규범과 귀속(individuelle Zurechnung)에 있음에 반해, 현대사회의 위험과 관련된 규범과 귀속에 대한 논의의 초점은 의무위반범으로 규정된 규범과 귀속(personale Zurechung)에 있다. 침해범에 대한 귀속을 위해서는 인과관계에 대한 구체적인 증명이 요구된 반면에, 현대의 의무위반범은 의무를 수행할 가능성이 있음에도 불구하고 의무를 위반한 것에 대한 비난만으로도 귀속이 가능하다. 이처럼 규범에 합치되는 행동 가능성에 대해 귀속문제가 결정되며, 따라서 '규범적 기대(normative Erwartung)'를 기대할 수 있는 '의무자'가 논의의 중심에 있게 된다. '규범적 기대' 개념은 '인지적 기대(kognitive Erwartung)' 개념과 비교하면서 이해하여야 한다. 인지적 기대는 기대가 좌절되었을 때 그 기대를 포기하거나 현실에 맞추어 적응하는 데 반해, 규범적 기대는 그 기대를 포기하거나 낮추지 않고 계속 그 기대를 유지하게 된다.[72] 갈퉁(Johann Galtung)의 견해를 따라 규범을 '규범적 기대'로 파악하는 루만(Niklas Luhmann)에 따르면, 규범의 기능은 원치 않는 행동을 막는 데 있지 않고, 행위기대의 안정화(Stabilisierung von Verhaltenserwartungen)에 있다.[73]

필자는 위험사회에서 문제되는 위험원을 다루는 전문적 직업군(郡)에 대해서는 특수한 '규범적 기대'를 부과할 수 있지 않을까 생각한다. 특수한 업무나 의무를 지지 않는 일반 시민은 법률을 위반하지 않는 한 광범위한 자유가 있는 반면에, 전문적 직업군에게는 법규범에 따른 의무를 부과하고, 이에 대한 기대를 계속 유지할 수 있다. 현대사회에서

---

72) '규범적 기대'와 '인지적 기대'에 대한 설명으로 Niklas Luhmann, 위의 책(주4), 42면 이하; 강희원, 「루만의 체계이론과 현대법의 이해」, 『현대법철학의 흐름』, 한국법철학회, 1996, 369면; 이상돈·홍성수, 『법사회학』(박영사, 2000), 207면 이하.

73) Niklas Luhmann, 위의 책(주4), 43면.

'책임(귀속)'은 개인(person)이 맡는 역할(role)과 관련 있는데, 전문적 직업군이 맡은 역할 자체가 '위험인수'를 포함하고 있다.[74] 필요한 능력 또는 지식의 결여는 '인수과실'의 경우를 제외하고는 채무자를 면책시킬 수 있지만,[75] 현대사회의 '특정한 위험을 다루는 전문직 직업군'은 필요한 능력 또는 지식을 갖추어야 하는 전문가로서 책임귀속의 주체가 된다.

그렇다면 이제 질문은 위험원을 다루는 전문적 직업군에 의무를 부과하는 법규범이 과연 정당하게 근거지워졌나 하는 문제로 옮겨진다. 규범에 대한 결여된 승인의 표현으로 행위자 책임을 귀속시킬 수 있는가는 규범근거지움이 정당하다는(타당하다는) 조건하에서만 가능하기 때문이다. 여기서 특별히 주의해야 할 점은 위험에 대한 소통이 가능하도록 위험원을 다루는 전문적 직업군에게 부과되는 의무규범이 구성되어야 한다는 점이다. 즉, 전문적 직업군이 의무규범을 정확히 준수한다는 전제 하에, '절차적 법'으로서 의무규범은 위험을 기회로 바꿀 수 있는 길을 제공해야 한다.

하지만 우리나라 '생명윤리 및 안전에 관한 법률'이 형법으로 엄격하게 규율하는 인간복제 금지(제20조)와 이종 간의 착상 등 금지(제21조)의 예와 같이, 위해가 명백한 위험에 대해서는 엄격한 규제(형)법으로 대처해야 할 것이다.[76] (앞에서 살핀 바대로) 규제법에 비해 '절차적

---

74) 고봉진, 위의 글(주59), 132면 이하.

75) Karl Larenz(양창수 역), 『정당한 법의 원리』(박영사, 2008), 101면.

76) 가장 문제되는 것은 규제형법을 통한 금지의 폭이다. 충분히 '절차적 법'을 통해 규율할 수 있는 범주에까지 강력한 규제형법을 투입한다면, 규제형법은 조종능력과 방향설정능력을 상실하게 된다. 위해가 명백하지 않은 위험에 대해서는 '절차적 법'을 통해 체계 간의 소통이 이루어질 수 있도록 해야 한다. 이런 점을 바이오형법과 바이오 절차법에 적용하여 절차적 바이오법을 통한 소통의 전제 하에서 규제적 바이오형법은 조종능력이 향상될 것이라는 주장으로는 고봉진, 「배아줄기세포연구와 관련된 바이오형법에서 규범과 의무」, 형사법연구 제19권 제2호, 2007, 238면 이하; 고봉진, 「생명과학기술연구에 대한 법정책의 책무」, 안암법학 제25호, 2007, 467면 이하.

법'은 조종능력과 소통능력에서 큰 장점을 가지나, '절차적 법'의 능력에도 한계가 있다. 즉, 조종능력과 소통능력만으로는 위해인 것이 명백한 '위험'을 막기에는 역부족일 수 있다. 특히 (앞서 언급한) '절차적 법'에서 위험을 다루는 기관의 능력이 떨어지거나, 위험을 다루는 기관에 대한 신뢰가 없다면 '절차적 법'은 위험을 제대로 통제하지 못하고 양산하는 꼴이 되고 만다. 따라서 (私見에 따르면) 위해인 것이 명백한 위험에 대해서는 규제법이 적재적소에서 '절차적 법'의 한계를 보충해 주어야 한다. 이러한 조건하에서 현대 위험사회의 위험과 관련된 직업군이나 기관은 '절차적 법'의 규칙을 준수해야 할 뿐 아니라, 명백히 위해가 되는 위험에 대해서는 '규제법'의 금지를 준수해야 하는 귀속주체가 된다.[77]

### (2) 책임귀속주체의 확대

그뿐만 아니라 위험사회의 위험은 책임귀속주체를 확대하는 결과를 초래한다. 최첨단 과학기술과 관련된 위험이 책임귀속주체에 미치는 영향을 예로 들어 보면, 과학기술을 규율하는 법규범은 위해(harm)에 이르지 않는 위험(risk)에 대해서는 최첨단 과학기술의 위험판단을 전문위원회의 심사를 받도록 하고, 이를 어겼을 때 처벌하는 규율 방법을 취한다. 이때 중요한 것은 책임귀속의 주체가 연구자에서 전문위원회로 확대된다는 점이다. 전문위원회의 심사와 달리 행위한 연구자에 대해서

---

77) 벨첼(Hans Welzel)은 그의 저서 『자연법과 실질적 정의』에서 "결정을 해야 하는 처지에 있는 사람에게 결정을 위한 하나의 확고한 발판이 되어 주는 실질적 규준들이 있는가?"[Hans Welzel(박은정 역), 위의 책(주40), 8면]라는 중요한 질문을 던진다. '위험과 관련된 결정'에 대해 이 질문을 해 보면, "위험에 대한 결정을 해야 하는 처지에 있는 사람에게 결정을 위한 하나의 확고한 발판이 되어 주는 실질적 규준들이 선재하지는 않지만, 위험을 인수함을 통해, 즉 위험 결정에 대한 '책임'을 통해 규준들의 공백을 메울 수 있을 것이다"라고 답할 수 있을 것이다.

는 형벌 및 행정벌(강한 위반의 경우에는 형벌, 약한 위반에 대해서는 행정벌)의 제재가 가능할 뿐만 아니라, 전문위원회의 심사가 제대로 기능하지 않았다면 이제 책임귀속의 주체는 전문위원회가 된다.

예컨대 최첨단 생명과학기술의 위험 판단을 전문위원회인 IRB(Institutional Review Board)의 심사를 받도록 하고, 이를 어겼을 때 연구자를 처벌하게 된다. 이때 중요한 것은 책임귀속의 주체가 연구자에서 IRB로 확대된다는 점이다. IRB의 심사와는 달리 행위한 연구자에 대해서는 형벌 및 행정벌(강한 위반의 경우에는 형벌, 약한 위반에 대해서는 행정벌)의 제재가 가능할 뿐만 아니라, IRB의 심사가 제대로 기능하지 않았다면 이제 책임귀속의 주체는 IRB가 된다. 그뿐만 아니라 IRB는 줄기세포를 이용한 세포치료, 유전자치료 등 현대 생명과학기술연구의 연구계획서를 심사하는 과정부터 구체적인 임상시험이 실시되어 시험결과가 나올 때까지의 모든 과정을 모니터링(Monitoring)해야 하고, 점검(Audit)해야 한다. 현대사회의 여러 위험에 대해서는 개인(person)뿐만 아니라 기관(institution) 또한 책임귀속의 주체가 될 수 있다. 여기서 IRB가 독립적으로 사안을 정당하게 판단하는지, 사안을 판단할 능력을 갖추고 있는지 여부가 매우 중요하다. 왜냐하면 책임귀속은 독립적으로 결정할 수 있는 능력이 있을 때에 가능하기 때문이다. 따라서 무엇보다도 급속하게 발전하는 최첨단 생명과학기술의 발전추이를 IRB는 알고 있어야 하며, 이를 배울 준비와 능력을 갖추고 있어야 한다. 생명과학기술의 발전 추이와는 상관없이 이전에 판단했던 자료에만 기초해서 결정을 하게 되면 잘못된 판단이 될 가능성이 매우 높다.

생명과학기술의 급속한 발전에 바이오법이 따라가지 못하는 현상은 이미 잘 알려져 있다. 생명과학기술의 위험에 대해 입법자는 뒤늦게 법률개정을 통해 대응할 수 있을 뿐이며, 생명과학기술의 모든 위험을 정확히 파악할 수 없다. 즉, 법규범에서 어느 정도의 규범안정성의 상실은 규범유연성 때문에 감수해야 하는 것이다. 이때 IRB와 같은 전문위원회는 토끼 '생명과학기술'의 발전에 거북이 '규범'을 대신하여 대응하는데, 현시점의 과학기술 기준에서 생명과학기술의 위험을 판단하고 결정하게 된다.

반면에 IRB와 같은 전문위원회가 제대로 작동할 때, 그리고 귀속주체로서 책임을 다할 때 규범안정성은 그만큼 보장될 수 있다. '위험'은 정확히 말하면 '현재에서의 미래'이다. '현재에서의 미래'는 미래를 현재로 앞당겨 판단하는 것을 말하며, 이는 불확실성을 위험인수, 즉 책임으로 구성하는 것을 말한다. 위험산정에 필요한 정보가 부족하면 부족할수록, 최첨단 생명과학기술을 이용한 임상시험에 대한 IRB의 결정은 더욱더 불확실성 아래에 놓이게 된다. 기술적 문제, 안전상의 문제, 윤리적 문제가 없거나 덜한 전임상시험을 통해서 가능한 한 최대로 위험산정에 필요한 정보를 수집하여야 하며, 이를 통해 임상시험에 대한 결정이 최대한 근거지워져야 한다. 그리고 이는 임상시험 결정에 대한 책임과도 연관된다. 임상시험이 가지는 위험은 이 위험을 인수하고 임상시험을 결정한 IRB의 몫이 된다. 위험한 과학기술에 대해 책임기관이 내린 결정에 대해 책임을 진다는 것은 그 결정기관에 대한 신뢰(trust)를 전제로 할 때에야 가능하다. "이 세계는 벡(Ulrich Beck)이 진단하는 종류의 새로운 위험과 불확실성으로 특징지어진다. 그러나 위험과 더불어 신뢰라는 개념을 생각해야 한다. 신뢰는 우리가 개인이나 제도에 대해서 가지는 자신감을 일컫는다."[78] "신뢰와 위험은 서로 밀접하게 연관되어 있다."[79] 책임기관과 그 결정에 대한 신뢰가 없다면, 현대사회의 위험에 대한 절차적 접근은 불가능하다. '절차로서의 법'의 중심에

---

78) Anthony Giddens(김미숙·김용학·박길성·송호근·신광영·유홍준·정성호 역), 위의 책(주55), 581면.

79) Anthony Giddens(김미숙·김용학·박길성·송호근·신광영·유홍준·정성호 역), 위의 책(주55), 582면.

전문위원회와 같은 책임기관이 있으며, 현대사회의 여러 위험에 대해 개인(person)뿐만 아니라 기관(institution) 또한 책임귀속의 주체가 된다는 예가 된다.[80]

---

80) 고봉진, 위의 글(주59), 136면 이하.

# 제 9 장
# 줄기세포주의 국가간 이동

# I. '줄기세포주의 국가간 이동'에 대한 규율의 필요성

줄기세포연구자는 줄기세포주를 직접 확립하지 않았다 하더라도 확립된 줄기세포주를 일정 조건하에서 사용할 수 있어야 한다. 확립된 줄기세포주를 직접 가지고 있지 않은 경우에는 수입해서 이를 사용할 수 있어야 하고, 직접 줄기세포주를 확립한 경우에는 이를 수출하여 외국의 연구자가 줄기세포연구의 시료에 접근할 수 있어야 한다. 물론 확립된 줄기세포주를 줄기세포연구자가 사용할 수 있다 하더라도, 이는 아무런 전제조건의 충족이나 절차의 준수 없이 사용할 수 있음을 뜻하지 않는다. 줄기세포주가 윤리적 틀 안에서 추출되고, 보관되고, 관리되었음을 확보하는 차원에서 규율이 필요하며, 이를 수입하고 수출하는 과정도 합리적으로 규율되어야 한다.

줄기세포주를 국가간에 이동할 때 수출국과 수입국 간의 법률이 상이할 수 있다. 이 경우 양국 간의 법률 저촉 문제를 어떻게 합리적으로 해결할 수 있을지를 살펴야 한다. 특히 확립된 줄기세포주를 사용하여 공동으로 연구하는 '국제적 공동연구'의 중요성이 높아질수록, 자국의 법률규정 뿐만 아니라 다른 나라의 법률규정에도 주의해야 한다.[1] 또한 줄기세포주가 국가간에 이동함에 따른 검역문제도 해결해야 한다. 줄기세포주를 수입하거나 수출하는 과정에서 전염병이 줄기세포주를 통해 유입되는 것을 방지하는 검역절차가 필요하다.

이상의 요건을 충족한 줄기세포주를 등록·보관·관리하면서 이를 줄기세포연구에 제공함을 통해, 줄기세포연구에 임하는 연구자는 자신

---

\* 생명윤리정책연구 제1권 제1호, 이화여자대학교 생명윤리법연구소, 2007. 8, 65면 이하.
[1] '인간 배아줄기세포연구와 핵이식 연구에 대한 미국주법과 다른 여러 나라의 규정'에 대해서는 인간 배아줄기세포연구를 위한 미국 국립과학원(NAS) 가이드라인에 간략히 소개되어 있다. 이에 대해서는 권복규·박은정, 『줄기세포연구자를 위한 생명윤리』(세창출판사, 2007), 281면 이하.

의 연구에 자신감을 갖게 된다. 인간 배아줄기세포연구를 위한 미국 국립과학원(NAS) 가이드라인은 이 자신감을 다음과 같이 말한다. "이 자신감이란 다른 말로 하면 저장된 세포들이 윤리적으로 충분한 설명에 근거한 동의를 받아 윤리적으로 획득된 것이며, 특성화가 잘 되고, 안전을 위해 심사를 거쳤으며, 아주 높은 과학적 기준에 따라 관리되고 저장되고 있다는 것이다."[2)]

## II. 독일, 영국, 미국의 예

줄기세포주의 국가간 이동(수입과 수출)이 어떻게 규율되는지를 비교법적으로 고찰하는 것이 마지막 장의 목적이다. 우선 간략하게 말하면, 독일은 줄기세포주의 수입에 대해서만, 영국은 줄기세포주의 수입과 수출 모두에 대해서 규율하고 있는 반면, 미국은 줄기세포주의 수입과 수출에 대한 연방 차원의 통일된 규율이 없다. 독일, 영국, 미국의 예를 알아본 후, '생명윤리 및 안전에 관한 법률'(이하 생명윤리안전법) 내용과 관련하여 줄기세포주의 수입을 어떻게 규율하는 것이 타당할지를 살필 것이다.[3)]

---

2) 권복규·박은정, 위의 책(주1), 327면.
3) 독일, 영국, 미국의 경우를 참조하여 줄기세포주의 수입시 등록절차, 검역절차, 지적재산권 문제, 비용 문제 등을 합리적으로 규율해야 한다. 특히 검역절차와 지적재산권의 문제와 관련하여 줄기세포주가 가지는 특수성을 고려해서 살필 필요가 있다. 예컨대 '검역법'이 줄기세포주를 수입할 때 바로 적용될 수 있을지 의문이 제기된다. 참조할 수 있는 우리나라 법률로는 '유전자변형생물체의 국가간 이동 등에 관한 법률'이 있다.

## 1. 독일의 예[4]

독일은 배아보호법에 의해 독일 내 줄기세포주 수립을 금지하고 있으며, '인간 배아줄기세포의 수입과 사용과 관련해서 배아보호를 확보하기 위한 법률'(이하 줄기세포법)에 의해 일정조건을 충족한 줄기세포주만을 수입할 수 있다.[5] 줄기세포주 수입 또한 매우 제한된 범위와 엄격한 절차 하에서 허용되어 있다. 독일 국내에서 인간 배아줄기세포를 생산하고 이를 사용하는 것은 금지하지만, 외국에서 확립된 배아줄기세포주는 일정 조건하에서 수입을 허용하는 것에 대해 '이중도덕'이라는 지적과 함께, 인간 배아줄기세포주를 제공·취득·사용하는 것을 금지한 배아보호법과 모순된다는 주장이 제기된다.

### (1) 전제조건

독일에서 배아줄기세포연구는 1990년 12월 13일에 제정된 배아보호법에 의해 금지된다.[6] 배아보호법의 '배아' 개념에는 일정한 조건하에서 분열하여 인간 개체로 발전할 수 있는 배아로부터 채취한 만능세포(totipotent cell)도 포함된다(제8조 제1항 후단).[7] 배아보존 이외의 목적으로 배아를 사용한 자는 3년 이하의 징역 또는 벌금으로 처벌되며(제2조 제1항 후단), 동조항에 따라 배아보존 이외의 목적으로 배아를 제공,

---

4) 독일의 배아줄기세포연구와 줄기세포주의 수입 및 사용에 대해서는 홍석영, 「독일의 배아 및 배아줄기세포 관련 정책」, 박은정 外, 『세계 각국의 줄기세포연구정책과 규제』(세창출판사, 2005), 37면 이하 참조.

5) '줄기세포법'과 '줄기세포연구 중앙윤리위원회와 줄기세포법에 따른 관할기관에 관한 규정'이 줄기세포주 수입과 사용을 다루는 주된 법령이다.

6) '배아보호법'의 한글번역 텍스트는 박은정, 『생명공학 시대의 법과 윤리』(이화여자대학교 출판부, 2000), 611면 이하 참조.

7) 줄기세포법 제3조 제4항도 동일한 내용의 규정을 두고 있다.

취득한 자도 처벌된다. 2002년 6월 28일에 제정된 '인간 배아줄기세포의 수입과 사용과 관련해서 배아보호를 확보하기 위한 법률'(이하 줄기세포법)은 인간 배아줄기세포의 수입과 사용을 원칙적으로 금지하지만(제4조 제1항), 예외적으로 연구목적으로 수입과 사용이 허용되는 조건을 정하고 있다(제4조 제2항).[8] 줄기세포주 수입과 사용에 대한 전제조건은 크게 '줄기세포주'에 대한 조건, '줄기세포주 연구'에 대한 조건, '배아보호법과 독일 법질서의 기본원칙에 반하지 않을 것'으로 구성된다.

'줄기세포주'에 대한 조건은 다음 3가지 조건으로 구성된다. ① 배아줄기세포주가 생산지의 법 상황에 맞게 2002년 1월 1일 이전에 확립되어야 하며, ② 임신목적으로 체외수정한 후 남은, 더 이상 임신목적으로 사용하지 않는 것이 확실한 잔여배아에서 배아줄기세포주가 확립되어야 하며, ③ 줄기세포주를 얻기 위해 배아를 넘겨주는 것에 대해 보상이나 그 밖의 금전적 이익을 지불하거나 약속하지 않아야 한다(줄기세포법 제4조 제2항 제1호). 여기서 눈에 띄는 특징은 줄기세포주 수입을 2002년 1월 1일 이전에 수립된 배아줄기세포주에 한한다는 점이다. 이 때문에 많은 줄기세포연구자들은 줄기세포연구에 적합한 시료를 구하는 데 어려움을 호소하고 있다.

'줄기세포주 연구'에 대한 조건 또한 다음 3가지 조건으로 구성된다. ① 배아줄기세포연구가 고도의 연구목적에 기여해야 하는데, 기초연구 영역에서 과학지식을 획득하거나, 진단·예방·치료절차에서 인간에 적용할 수 있는 의학지식을 확장시키는 것이어야 한다. ② 과학과 기술의 승인된 상황에 따라 연구계획에서 예견되는 문제가 동물 세포를 이용한 체외실험이나 동물실험을 통해 이미 최대한 해명되어야 한다. ③ 연구계획에서 추구되는 과학지식의 획득이 배아줄기세포연구로만 달성

---

8) 줄기세포법의 한글번역 텍스트는 박은정 外, 『줄기세포연구의 윤리와 법정책』(이화여자대학교 출판부, 2004), 235면 이하.

가능하다는 점이 과학에 근거하여 설명된 경우에 한한다(줄기세포법 제
5조). 여기서 특징은 제한된 범위 내이지만 기초연구의 연구를 위해서
도 줄기세포연구를 허용하였다는 점이다. 줄기세포를 이용한 세포치료
가 아직 임상시험을 통해 안전성과 유효성이 확립된 연구가 아니라는
점에서 이는 바람직한 방향인 것으로 판단된다.

'줄기세포주'에 대한 조건과 '줄기세포주 연구'에 대한 조건 외에도
줄기세포주 수입과 사용이 배아보호법과 독일 법질서의 기본원칙에 반
하지 않아야 하는 조건이 첨가된다. 즉, 배아줄기세포의 수입이나 사용
이 그 밖의 법규정, 특히 배아보호법 규정과 모순되지 않아야 한다.[9]
배아줄기세포의 획득이 독일 법질서의 기본원칙에 명백히 반할 경우 인
가가 거부될 수 있다(줄기세포법 제4조 제3항).

## (2) 절차

### 1) 인가신청

배아줄기세포의 수입과 사용은 '주무관청'의 인가를 받아야 한다(줄기
세포법 제6조, 제7조 제1항 전단).[10] 현재 로베르트 코흐(Robert Koch)
연구소가 주무관청으로 선정되어, 인가업무를 담당하고 있다(줄기세포
연구 중앙윤리위원회와 줄기세포법에 따른 관할기관에 관한 규정 제1
조). 로베르트 코흐 연구소는 원래 전염병통제와 예방을 담당하는 중앙
기관이다.[11] 인가업무와 관련하여 연방보건부의 감독을 받는다(줄기세

---

9) 특히 인간 배아줄기세포 수입과 사용의 허용조건으로 줄기세포법 제4조 제2항 제2
   호는 배아줄기세포의 수입이나 사용이 배아보호법규정과 모순되지 않을 것을 요구한다.
10) 비용은 줄기세포법에 대한 비용규정(Kostenverordnung zum Stammzellgesetz, 2005
    년 10월 28일 제정)에서 규율한다.
11) 독일 전염보호법(Infektionsschutzgesetz) 제4조에 로베르트 코흐 연구소의 임무가 자
    세하게 규정되어 있다.

포법 제7조 제1항 후단).

줄기세포주 연구자(연구기관)는 로베르트 코흐 연구소에 서류로 인가신청을 한다. 신청자는 신청서류에 특히 다음 사항을 기재해야 한다(줄기세포법 제6조 제2항). ① 연구책임자의 성명과 직장주소, ② 연구계획의 기술, 연구계획이 줄기세포주 연구에 대한 조건을 충족한다는 과학적 설명, ③ 수입이나 사용이 예정된 배아줄기세포가 줄기세포주에 대한 조건을 충족한다는 기록이다. 다음 사항을 입증하는 증명은 위 기록과 동등한 효력을 가진다. ① 수입이나 사용이 예정된 배아줄기세포가 국가나 국가위임기관이 운영하는, 과학적으로 승인되고, 공중이 접근할 수 있는 목록에 등록된 배아줄기세포와 일치한다는 점, ② 목록등록으로 '줄기세포주'에 대한 조건이 충족된다는 점이다. 신청서류는 비공개로 다루어진다.

로베르트 코흐 연구소는 신청자에게 신청서와 첨부서류가 접수되었음을 즉시 서면으로 확인해 주어야 한다. 이와 동시에 로베르트 코흐 연구소는 줄기세포연구 중앙윤리위원회에 자문을 구해야 한다.

### 2) 줄기세포연구 중앙윤리위원회(ZES)의 자문

줄기세포연구 중앙윤리위원회는 주무관청인 로베르트 코흐 연구소에 설치된다(줄기세포법 제8조). 인간 배아줄기세포를 이용한 연구계획을 심사하고 이를 사후에 평가하며, 연방보건부에서 발행되는 연간 활동보고서를 작성해야 한다(줄기세포연구 중앙윤리위원회와 줄기세포법에 따른 관할기관에 관한 규정 제14조). 줄기세포연구 중앙윤리위원회는 ① 제출자료를 기초로 연구계획이 '줄기세포주 연구'에 대한 조건을 충족하는지 여부, ② 연구계획이 윤리적으로 받아들여지는지 여부를 심의한 후,[12] 로베르트 코흐 연구소에 서면으로 알린다(줄기세포법 제9조, 줄기

---

12) 줄기세포연구중앙윤리위원회에 대해서는 정문식,「독일 줄기세포법상 줄기세포연구

세포연구 중앙윤리위원회와 줄기세포법에 따른 관할기관에 관한 규정 제2조). 자문은 제대로 갖추어진 신청서류가 로베르트 코흐 연구소에 도달한 후, 보통 6주 뒤에 늦으면 10주 뒤에 이루어진다. 중앙윤리위원회의 자문내용이 나온 후 로베르트 코흐 연구소는 신청자에게 줄기세포연구 중앙윤리위원회의 자문내용과 그 시점을 통보해야 한다(제6조 제3항).

### 3) 인가

로베르트 코흐 연구소는 다음의 조건이 충족될 때 줄기세포주 연구를 인가한다(줄기세포법 제6조 제4항): ① '줄기세포주'에 대한 조건, ② '줄기세포주 연구'에 대한 조건, ③ 윤리적으로 허용되는 연구계획, ④ 줄기세포연구 중앙윤리위원회의 자문이다. 신청서류가 완비되고, 줄기세포연구 중앙윤리위원회의 자문이 있으면, 로베르트 코흐 연구소는 신청에 대해 2개월 이내에 서면으로 결정해야 한다. 인가결정시에 줄기세포연구 중앙윤리위원회의 자문을 고려한다. 하지만 중앙윤리위원회의 자문은 구속력이 없다. 인가결정시에 줄기세포연구 중앙윤리위원회의 입장표명과 다른 결정을 내리는 경우에는 그 이유를 서면으로 설명해야 한다. 인가에 조건을 붙이거나, 기간을 정하여 인가할 수 있다. 인가 후에 인가요건에 반하는 사실이 나타나면, 인가의 전부나 일부를 철회할 수 있다(줄기세포법 제6조 제4항, 제5항, 제6항). 인가없이 배아줄기세포주를 수입하거나 사용한 자는 3년 이하의 징역 또는 벌금형에 처한다(줄기세포법 제13조).

### (3) 관리

수입된 줄기세포주에 대해 투명성을 보장하고, 현재 독일에서 진행되

---

중앙윤리위원회의 구성과 사무」, 헌법학연구 제11권 제4호, 2005, 420면 이하.

는 줄기세포주 연구에 대한 정보를 제공하기 위해서 로베르트 코흐 연구소에 공중이 이용할 수 있는 등록부를 둔다. 배아줄기세포에 대한 신청기재사항과 인가된 연구계획의 기본 자료는 등록부에 실려야 한다(줄기세포법 제11조). 연구계획책임자는 배아줄기세포 수입과 사용의 허가와 관련해서 사후 중요한 변경사항이 생기면 즉시 로베르트 코흐 연구소에 신고해야 한다(줄기세포법 제12조).

## 2. 영국의 예[13]

수립된 줄기세포주를 이용한 연구는 인간생식배아기구(HEFA)의 대상이 되는 배아연구와 동일한 규율을 요하지 않는다. 인간배아와는 달리, 배아줄기세포는 개인(person)이 될 잠재성을 가지고 있지 않으며, 따라서 배아줄기세포는 인간배아의 도덕적 지위를 가지고 있지 않기 때문이다. 하지만 배아줄기세포의 수립은 인간배아의 파괴를 수반하기 때문에 운영위원회(Steering Committee) 형태의 감독을 필요로 한다.[14]

### (1) 전제조건

줄기세포주 수입은 다음 목적의 줄기세포주 연구에만 허용된다. ① 줄기세포주 연구가 영국 법규에 반하지 않아야 하며, ② 줄기세포주 연구는 영국 줄기세포은행 운영위원회의 '줄기세포주 사용에 대한 시행규칙

---

13) 줄기세포주의 수출과 수입은 주로 영국 줄기세포은행의 운영위원회 Code of Practice for the Use of Stem Cell Lines에 따른다. 이하는 Code of Practice for the Use of Stem Cell Lines와 영국 줄기세포은행 홈페이지 자료(http://www.ukstemcellbank.org.uk)를 주로 참조하였다.

14) Steering Committee, "Code of Practice for the use of Human Stem Cell Lines", 2006, 10면.

(Code of Practice for the Use of Stem Cell Lines)'[15]을 따라야 한다. 또한 ③ 줄기세포주 연구는 장기적으로 보아 중병과 그 치료에 대한 지식을 확장하는 데 도움이 되어야 하며, ④ 줄기세포주를 이용한 기초연구는 위의 목표를 지원해야 한다.

줄기세포주 수출의 경우 위의 조건 모두를 충족해야 해야 하며, 줄기세포주 연구가 수행되는 국가의 법규에 반하지 않아야 한다는 요건이 추가된다.

## (2) 영국 줄기세포은행과 운영위원회[16]

### 1) 영국 줄기세포은행(UK Stem Cell Bank)
#### ① 설립

2001년 3월에 영국 상원(the House of Lords)은 줄기세포주 연구와 관련한 문제를 다루기 위해 특별위원회(Select Committee)를 두었다. 특별위원회는 2002년도 보고서에서 줄기세포은행의 설립을 건의하였는데, 이는 과학자들에게 믿고 연구할 수 있는, 윤리적 문제가 없는 줄기세포주를 제공하기 위함이다. 영국 정부는 2002년 특별위원회의 보고가 줄기세포연구에 대한 정부정책의 기초를 형성할 것으로 보고, 그 건의를 받아들여 세계 최초의 줄기세포은행인 영국 줄기세포은행을 2003년 1월에 설치하였다. 영국 줄기세포은행은 이익충돌을 피하기 위해서 독립적인 국가기관인 NIBSC(The National Institute for Biological Standards and Control)에 두었으며, MRC(The Medical Research Council)와 BBSRC(The Biotechnology and Biological Sciences Research Council)의 지원을 받는다.[17]

---

15) "줄기세포주 사용에 대한 시행규칙(Code of Practice for the Use of Stem Cell Lines)" 텍스트는 http://www.ukstemcellbank.org.uk/code.html에서 구할 수 있다.

16) 영국에서의 절차를 이해하기 위해서는 우선 영국 줄기세포은행(UK Stem Cell Bank)과 영국 줄기세포은행의 운영위원회(Steering Committee)에 대한 이해가 필요하다.

② 기능

영국 줄기세포은행은 윤리적으로 승인되고, 품질이 보증된 줄기세포 주를 제공한다.[18] 이처럼 줄기세포은행의 기능은 무엇보다도 엄격한 심사와 품질통제를 거친 줄기세포주를 연구와 치료에 제공함으로써 연구자와 의료자가 이를 신뢰하고 연구할 수 있는 여건을 제공한다는 점에 있다. 은행에 기탁하는 자와 은행을 이용하는 자에는 영국의 학술기관과 기업가뿐만 아니라 외국의 학술기관과 기업가도 포함된다. 줄기세포은행이 기탁되는 줄기세포주에 있는 지적재산권에 직접적인 이해를 가지거나, 기탁자와 사용자 사이의 협상에 개입하는 것은 줄기세포은행의 설립의도가 아니다.

③ 장점

줄기세포은행을 통해 줄기세포주가 오염될 위험을 줄일 수 있으며, 오염되지 않은 신선한 줄기세포주를 제공할 수 있다.[19] 이처럼 줄기세

---

17) 구체적으로는 75%의 MRC의 지원과 25%의 BBSRC의 지원을 받는다.

18) 영국 줄기세포은행은 모든 타입의 줄기세포주(성체, 태아, 배아줄기세포주)를 보관하며, 연구에 쓰이는 '연구등급 줄기세포주(research grade stem cell lines)' 영역과 치료에 쓰이는 '임상등급 줄기세포주(clinical grade stem cell lines)' 영역을 구별하여 보관하고 있다. 현재 영국줄기세포은행의 줄기세포주와 줄기세포와 관련된 제제 (products) 목록은 5가지로 나뉜다. a) 현재 사용가능한 줄기세포주는 section1에 등록된다. 새로운 줄기세포주는 안전테스트와 세포 특징화 작업을 마친 후에 section1 목록에 추가될 것이다. b) 보관과정이 끝나고 현재 품질검사 테스트를 받고 있는 줄기세포주는 section2에 등록된다. c) 운영위원회의 승인을 받았고, 줄기세포은행이 접수했지만 아직 보관하고 있지 않은 줄기세포주는 section3에 등록된다. d) 운영위원회의 승인을 받았고, 줄기세포은행이 접수하지 않은 줄기세포주는 section4에 등록된다. e) 피더세포층(Feeder cell lines)과 줄기세포은행으로부터 사용가능한 다른 제제(products)는 section5에 등록된다.

19) 줄기세포주의 수출의 경우, 운영위원회는 줄기세포주를 줄기세포주 은행에 기탁된 후 12개월 동안 줄기세포주 수출을 금지할 수 있다. 예외적 상황에서는 기간을 더 늘려 잡을 수 있다. 이때 기탁자의 연구(학문)와 사업(회사)의 이익이 고려된다. 특정 타입의 세포는 금지항목에서 제외된다. 예컨대 파킨슨병과 관련해서 도파민을 생성하는 세포는 금지항목에 해당되지만, 신경과학 연구를 위한 줄기세포주 사용은

포연구의 발전을 용이하게 하는 질좋은 시료를 제공하고, 연구자의 시료공급처가 됨을 통해, 줄기세포은행은 줄기세포주를 추출하기 위해 필요했던 잔여배아에 대한 수요를 줄일 수 있다. 줄기세포은행이 윤리적 기준을 통과한 줄기세포주를 제공함으로써 줄기세포주를 직접 만들 필요가 적어진다. 또한 줄기세포은행을 통해 줄기세포주의 원하는 특징을 유지할 수 있고, 동일한 성질의 줄기세포주를 공유할 수 있고, 다양한 연구자들이 동일한 시료를 기초로 연구함으로써 연구 상호 간의 직접적인 비교가 가능하다는 점도 큰 장점이다.

## 2) 운영위원회

### ① 설립

줄기세포은행이 줄기세포주를 관리하고, 줄기세포은행 운영위원회는 줄기세포주 등록, 사용승인, 감독을 담당한다. 이러한 목적을 달성하기 위해 줄기세포은행의 운영위원회는 2002년 12월에 독립된 국가위원회로 설립되었다. 업무내용을 MRC(Medical Research Council)에 매년 보고하여야 하며, HEFA(Human Fertilisation and Embryology Authority), MHRA(Medicines and Healthcare products Regulatory Agency)와 긴밀하게 협력한다.

### ② 기능

영국에서 줄기세포주를 보관하는 기관은 영국 줄기세포은행이지만, 줄기세포주 등록과 사용승인을 담당하는 기관은 줄기세포은행의 운영위원회이다.[20] 줄기세포은행에 '추출된 줄기세포주'를 보관하거나,[21] 연구

---

해당되지 않는다.

20) 운영위원회는 2002년 12월에 독립된 국가위원회로 설립되었는데, MRC(Medical Research Council)에 매년 보고하고, HEFA(Human Fertilisation and Embryology Authority), MHRA(Medicines and Healthcare products Regulatory Agency)와 긴밀하게 협력하며, 장관에게 업무내용을 보고해야 한다.

자가 줄기세포은행에 '보관된 줄기세포주'를 이용하려면, 운영위원회에 신청서를 내어 심사를 받아야 한다. 공동연구자가 수출·수입 신청서에 따른 프로젝트에서 참가하고, 줄기세포주를 사용하기를 원한다면, 신청자는 운영위원회에 공동연구자의 성명과 기관을 알려야 한다. 줄기세포 연구에서 중요한 성과는 국제협력을 통해서만 이루어질 수 있으며, 따라서 영국 줄기세포은행은 영국뿐만 아니라 외국의 연구자도 사용이 가능하도록 하고 있다. 다만 외국의 연구자도 영국의 연구자와 똑같은 심사절차를 거쳐야 한다. 줄기세포은행에 보관되지 않은 줄기세포주 또한 마찬가지로 운영위원회의 심사를 받아야 한다.

줄기세포주 등록과 사용 승인 외에도 줄기세포주 관리와 줄기세포주 연구가 공중에게 투명한 (윤리적) 구조 내에서 행해지도록 하는 것이 운영위원회의 주된 임무이다. 이에 따라 줄기세포은행을 감독하고, 확립된 인간배아 줄기세포를 이용한 연구를 감독한다.

## (3) 절차

### 1) 수입·수출 절차

줄기세포은행을 통하지 않고 줄기세포주를 수입 또는 수출하는 경우에는 줄기세포주 보유자와 수입자 간에 시료이전계약(MTA: Materials Transfer Agreement)이 직접 체결된다. 줄기세포은행을 통해서만 줄기세포주를 수출 또는 수입할 필요는 없으며, 줄기세포주가 줄기세포은행에 보관되었든 보관되지 않았든, 모든 줄기세포주 수입과 수출은 줄기

---

21) 운영위원회는 줄기세포주가 국내에서 추출되었는지, 국외에서 추출되었는지에 상관없이, 줄기세포은행에 기탁할 때에 운영위원회가 적용하는 기준(이는 운영위원회의 Code of Practice for the Use of Human Stem Cell에 나와 있다)을 충족할 것을 요구한다. 신청서는 MRC 사무국을 통해 운영위원회에 제출되어야 한다. 운영위원회가 기탁을 결정하면, 줄기세포주를 보관하는 절차가 시작된다. 기탁을 결정한 편지가 MRC 사무국을 통해 보내지면, 은행은 기탁자와 접촉한다.

세포은행 운영위원회의 심사를 받아야 한다.

반면에 줄기세포은행을 통해 줄기세포주를 수입 또는 수출하는 경우에는 우선 기탁자와 줄기세포은행 사이의 시료기탁계약(MDA: Materials Deposition Agreement)이 체결되어야 한다. 이때 운영위원회는 줄기세포은행에 줄기세포주를 등록하기 전에 줄기세포주가 윤리적으로 타당하게 추출되었고, 줄기세포주가 줄기세포연구에 귀중한 시료임을 확인해야 한다. 운영위원회는 줄기세포주가 기증자의 충분한 정보에 기초한 동의(informed consent)를 기초로 추출되었음을 확인해야 한다. 시료기탁계약 체결시, 기탁자와 사용신청자 사이에서 맺은 줄기세포주 사용에 대한 조건이 충족되면, 사용신청자가 줄기세포주를 사용할 수 있다는 점이 동의되어야 한다. 이후 줄기세포주의 기탁자(소유자)로부터 사용허가를 받은 사용자는 줄기세포은행과 시료사용계약(MAA: Materials Access Agreement)이 체결된다.

## 2) 비용

수출 또는 수입시 줄기세포주는 재정적 이익을 취할 목적으로 판매되지 않는다. MRC와 BBSRC부터 운영비용에 대한 재정적인 지원을 받고 있기 때문에, 줄기세포은행은 줄기세포주에 대한 처리비용을 부과하지 않는다. 운반비는 줄기세포은행이 전액 지불한다. 학문기관이 줄기세포주를 사용할 때에는 줄기세포은행을 운행하는 최소한의 비용을 지불하면 된다. 상업이용자는 줄기세포주를 사용하는 비용을 전액 지불해야 한다. 회사를 대표해서 반대쪽 연구를 수행하는 학문기관은 줄기세포주를 사용하는 비용을 전액 지불해야 한다.

## 3) 지적재산권

영국 줄기세포은행은 줄기세포주를 관리하고 분양하지만, 이 줄기세포주에 대한 지적재산권은 줄기세포주를 추출한 자에게 있다. 따라서 줄기세포주를 추출한 자가 그 사용에 대해 동의한 경우에만 줄기세포은 행으로부터 줄기세포주는 분양된다. 기탁자가 회사이면, 회사는 학문기 관의 줄기세포주 사용에 따른 지적재산권에 대한 권리를 협상할 옵션을 가진다. 기탁자가 학문기관이면, 학문기관에 줄기세포주 연구로부터 발 생하는 제제(products)에 대한 수익을 나누는 것이 필요하다. 사용자는 줄기세포주의 사용으로부터 생겨나는 지적재산권을 상업화할 수 있다. 이는 줄기세포주 기탁자와의 제제사용허가(MUL: Materials Use Licence) 협상대상이다. 특허와 관련하여 NIBSC(The National Institute for Biological Standards and Control)는 2004년 1월에 국제공인기탁기관 (IDA: International Depository Authority)이 되었다. 특허목적으로 필요 한 줄기세포주는 NIBSC에 기탁될 수 있다. 이 경우 운영위원회가 승인 하고 영국 줄기세포은행이 보관하고 있는 줄기세포주 샘플은 기탁자의 요청에 따라 NIBSC로 옮길 수 있다.

## 3. 미국의 예

### (1) 대상

1) 국립보건원(NIH)의 '인간배아 줄기세포 등록부'에 등록된 줄기세
포주22)

줄기세포주를 사용한 연구가 연방자금의 지원을 받으려면, 확립된 줄 기세포주가 2001년 8월 9일에 부시 대통령이 밝힌 기준을 충족시켜야 한다. 이 기준을 충족시킨 줄기세포주만이 국립보건원(NIH)23)의 인간

---

22) 이에 대한 상세한 정보는 http://stemcells.nih.gov/index.asp에서 구할 수 있다.

23) 미국 국립보건원(NIH)은 인간줄기세포 등록부에 연방기금의 지원에 적합한 추출된

배아줄기세포 등록부에 등록되며,[24] 이를 사용하는 연구에만 연방자금
이 지원된다. 연방자금이 지원되는 줄기세포주 연구의 조건은 다음과
같다. ① 부시 대통령이 연방정책을 발표한 2001년 8월 9일 이전에 줄
기세포주가 확립되어야 하며, ② 줄기세포주가 생식 목적으로 생성되었
지만, 더 이상 생식 목적으로 필요하지 않은 잔여배아로부터 확립되어
야 한다. 또한 ③ 잔여배아 기증시 충분한 정보에 근거한 동의(informed
consent)가 있어야 하고, ④ 배아기증에 대한 어떠한 재정적 유인도 있
어서는 안 된다.

### 2) 2001년 8월 9일 이후에 확립된 줄기세포주

2001년 8월 9일 이후에 확립된 줄기세포주는 연방자금 지원대상이
아니며, 따라서 국립보건원(NIH)의 '인간배아 줄기세포 등록부'에 등록
할 수 없다. 이는 개인 또는 회사가 사적으로 또는 사적인 지원을 받아
수입하거나 수출한다. 연구자들은 연구에 적합한 줄기세포주의 질, 사
용기간 등을 염려하고, 연방자금의 지원을 받는 줄기세포 요건을 완화
할 것을 주장하고 있다.

### (2) 규율의 공백

현재 미국은 연방 차원에서 줄기세포주의 수출과 수입을 규율하는

---

줄기세포를 등록한다. 국립 줄기세포은행은 국립보건원의 줄기세포 등록부에 등록
된 인간줄기세포주를 보관한다. 줄기세포 등록부의 목적은 연구자에게 국립보건원
기금을 신청할 때 사용해야 하는 줄기세포주에 대한 국립보건원 코드를 제공하고,
줄기세포를 연구자가 얻는 데 편하도록 연구자에게 정보를 제공하는데 있다(NIH
홈페이지 http://www.nih.gov 참조).

24) 등록에 따른 이후 줄기세포 보관 및 분양은 NIH와의 협약을 통해 국립 줄기세포은
행으로 지정된 WiCell Research Institute(Wisconsin 대학교)에서 담당한다. WiCell
은 줄기세포연구를 위해 1999년에 설립된 비영리 연구소로 2005년 10월 국립 줄
기세포은행으로 지정되었다(홈페이지는 http://www. Nationalstemcellbank.org이다).

법령을 가지고 있지 않다. "1998년 이후 인간 배아줄기세포를 사용하면서 수행하여 온 연구들은 연방자금의 지원에 가해진 제약으로 인해 주로 사적 자금의 지원을 받으면서 팽창하였다. 사적 자금의 지원을 받는 인간 배아줄기세포연구 역시 현재 여타의 생의학적 연구와 동일한 수많은 감독적 규제를 받고 있다. 그러나 연방의 개입이 제한적일 뿐만 아니라 인간 배아줄기세포연구를 고유한 대상으로 삼는 연방규제도 전무한지라 이러한 연구영역은 규제로부터 자유로운 영역이라는 인식이 존재하고 있다. 보다 정확히 말하면 인간 배아줄기세포연구에 적용가능한 일련의 규제들이 정비되지 않은 채로 있는 상황인데, 이 중 많은 것들이 인간 배아줄기세포를 특별히 염두에 두고 고안된 규제들이 아니다. 따라서 인간 배아줄기세포연구를 훌륭히 규율하는 데에는 공백이 있는 셈이다."25)

## Ⅲ. 수입된 줄기세포주 등록의 관할과 필요성

위에서 언급한 '줄기세포주의 국가간 이동'에 대한 독일, 영국, 미국의 예는 '배아줄기세포주'에 대한 생명윤리안전법 제4장 제4절과 관련하여 줄기세포주를 수입할 때 누가 그리고 어떻게 등록업무를 담당할 것인가 하는 물음과 관련성이 있다. 현행 생명윤리안전법은 제4장 제4절에서 배아줄기세포주의 등록(제33조), 배아줄기세포주의 제공(제34조), 배아줄기세포주의 이용(제35조)에 대해 규율하고 있다.26)

---

25) 권복규·박은정, 위의 책(주1), 157면 이하.

26) 현행 생명윤리안전법은 배아줄기세포주에 대한 별도의 절(제4장 제4절)을 두고 있다. 줄기세포주를 수립하거나 수입한 자는 보건복지부령이 정하는 바에 따라 그 배아줄기세포주를 보건복지부장관에 등록하여야 한다(제33조 제1항). 등록된 줄기세포주를 이용한 연구는 질병의 진단·예방 또는 치료를 위한 연구, 줄기세포의 특성

생각건대 배아줄기세포주를 '어디에' 등록할 것인가의 문제는 배아줄기세포주를 '왜' 등록하는가의 문제로 설명된다. 동시에 이는 과연 배아줄기세포주를 등록하는 것이 필요한가 하는 물음을 제기할 수 있다. 줄기세포주 확립 이후의 연구는 그 세포주가 국내에서 수립되었는지, 국외에서 수립되었는지에 상관없이 연구에 대한 윤리성 심의가 필요하다. 수입된 줄기세포주 등록은 연구자를 통제하겠다는 취지가 아니라, 이를 심의하고 관리하겠다는 뜻이다. '생명윤리적 규제'와 '연구의 활성화'는 서로 대립되는 개념이 아니라, 오히려 서로 도와주는 것으로 이해되어야 한다. 줄기세포주 연구에서 윤리성 심사는 필수조건으로 고려되어야 하고, 줄기세포주 연구 활성화에 기여함을 알려야 한다.

줄기세포주 수입과 관련해서 독일모델이 참조가 된다. 물론 독일모델은 배아보호법의 엄격한 통제하에 놓여 배아줄기세포주를 직접 수립할 수 없는 등 우리나라 입법례와는 다른 요소들이 많다. 줄기세포주 수입에만 국한해서 고찰한다면 독일모델은 참조할 사항이 많다. 줄기세포주 수입과 관련하여 우리나라의 '질병관리본부'에 해당되는 로베르트 코흐 연구소가 승인과 검역 등을 담당하고 있다.[27] 또한 독일모델이 규율하

---

및 분화에 관한 기초연구, 그 밖에 국가생명윤리심의위원회의 심의를 거쳐 대통령령으로 정하는 연구에 제한된다(제35조 제1항). 배아줄기세포주를 수립한 자가 그 배아줄기세포주를 타인에게 제공하려면 기관위원회의 심의를 거쳐야 하고(제34조 제1항), 이때 배아줄기세포주의 제공은 무상이어야 한다(제34조 제3항). 배아줄기세포주를 이용하려는 자는 해당 연구계획서를 보건복지부령으로 정하는 바에 따라 기관위원회의 심의를 거쳐 해당 기관의 장의 승인을 받아야 하며(제35조 제2항), 승인을 받은 자는 배아줄기세포주를 제공한 자에게 제공받은 배아줄기세포의 이용계획서를 작성하여 제출하여야 한다(제35조 제4항). 연구를 승인한 기관의 장은 연구를 하는 자가 연구계획에 적합하게 연구를 하도록 감독할 의무가 있다(제35조 제5항).

27) 필자가 이 글을 쓸 때만 해도 '배아줄기세포주'에 대한 규정이 생명윤리안전법에 없었다(2008년 개정을 통해 신설되었다). 이 글에서 필자는 우리나라의 '질병관리본부'에 해당되는 로베르트 코흐(Robert Koch) 연구소가 승인과 검역 등을 담당하는 독일모델이 배아줄기세포주 연구를 승인하는 기관을 정하는 데 길잡이가 될 수 있다고 제안하였다. 현행 '생명윤리 및 안전에 관한 법률 시행규칙' 제12조의2는 '질병관리본부'를 담당기관으로 지정하고 있다.

고 있는 것처럼 심각한 질병을 치료하는 목적을 달성하는 데 도움이 되는 기초연구에도 줄기세포연구를 허용할 필요성이 있다.[28]

앞으로 참조해 볼 입법모델로는 영국모델을 들 수 있다. 운영위원회를 통한 승인절차와 승인된 줄기세포주를 보관하는 줄기세포은행을 갖춘 영국의 예는 좋은 본보기가 될 것이다. 영국의 경우 줄기세포주를 수립한 연구자는 수립한 줄기세포주의 샘플을 줄기세포은행에 기탁하여야 하며, 이를 하지 않을 경우에는 인간생식배아기구(HFEA: Human Fertilisation and Embryology Authority)의 연구승인을 받지 못한다. 앞으로 줄기세포은행을 두어 체계적으로 줄기세포주를 관리할 필요성이 있으며, 줄기세포주 수립과 수입뿐만 아니라 수출까지도 고려한다면 국립 줄기세포은행이 요망된다.

---

28) 영국 Human Fertilisation and Embryology(Research Purposes) Regulations 2001 규정도 심각한 질병 및 그 치료법에 관한 지식을 증진시키는 데 기여하는 연구뿐만 아니라 위의 목적을 달성하는 데 도움이 되는 기초연구에도 줄기세포주를 이용할 수 있도록 하고 있다.

# 참고문헌

고봉진, 「배아줄기세포연구와 관련된 바이오형법의 규범과 의무」, 형사법연구 제19권 제2호, 2007

고봉진, 「생명과학기술연구에 대한 법정책의 책무」, 안암법학 제25호, 2007

고봉진, 「최첨단 생명과학기술의 위험과 IRB」, 생명윤리정책연구 제1권 제2호, 2007

고봉진, 「생명윤리에서 인간존엄 '개념'의 총체성」, 법철학연구 제11권 제1호, 2008

고봉진, 「초기배아의 헌법상 지위」, 헌법학연구 제17권 제2호, 2011

구영모, 『생명의료윤리』(동녘, 2004)

권복규·김현철, 『생명윤리와 법』(제2판, 이화여자대학교 출판부, 2009)

권복규·박은정, 『줄기세포연구자를 위한 생명윤리』(세창출판사, 2007)

김상득, 『생명의료윤리학』(철학과 현실사, 2000)

김상준, 「장기이식과 관련된 문제」, 의학교육연수원 편, 『임상윤리학』(서울대학교 출판부, 2005)

김영환, 「낙태죄 논쟁의 재구성(토론문)」, 형사정책연구 제2권 제2호, 1991

김일수, 「살인과 낙태의 한계 - 모자보건법 개정안의 모색」, 오선주 교수 정년기념 논문집, 2001

김향미, 「모자보건법상 의학적 인공임신중절 허용사유」, 제96차 대한산부인과학회 학술대회지, 2010

김해중, 「인공임신중절 실태조사 및 종합대책수립」(보건복지부 지원 연구보고서), 고려대학교, 1995

김환석, 「과학기술 시대의 연구윤리: 생명공학분야를 중심으로」, 생명윤리 제2권, 제2호, 2001

김현철, 「생명윤리 관련 법령의 입법적 과제 - 가족문제를 포함하여」, 『과학기술의 발전과 가족법의 대응』(한국가족법학회 2007년 하계학술대회 자료집)

노진철, 『불확실성 시대의 위험사회학』(한울 아카데미, 2010)

문국진, 『생명윤리와 안락사』(여문각, 1999)

박은정, 「의료윤리와 법 - 첨단의학기술발전에 따른 문제점을 중심으로 - 」, 『의료·윤리·교육』 제1권, 제1호, 1998

박은정, 『생명공학 시대의 법과 윤리』(이화여자대학교 출판부, 2000)

박은정 外, 『줄기세포연구의 윤리와 법정책』(이화여자대학교 출판부, 2004)

배종대, 「낙태에 대한 형법정책」, 고려법학 제50호, 2008

손영수, 「형법상 낙태와 모자보건법상 인공임신중절에 관한 의료법리학적 이해」, Korean Journal of Obstetrics and Gynecology, Vol. 53 No. 6 June 2010

신상구·신좌섭, 「임상시험 연구와 관련된 문제」, 의학교육연수원 편, 『임상윤리학』(서울대학교 출판부, 2005)

오일환, 「줄기세포와 재생의학의 미래」, DiaTreat 제5권 제4호, 2005

이상돈, 『생명공학과 법』(아카넷, 2003)

이상목, 「의학적 의사결정에서 환자의 결정과 가족의 결정」, 한국의료윤리학회지 제 12권 제4호, 2009

이석배, 「연명치료중단의 기준과 절차 – 대법원 2009.5.21. 선고 2009다17417 판결 이 가지는 문제점을 중심으로 – 」, 형사법연구 제21권 제2호, 2009

임 웅, 「안락사 허용론」, 형사법연구 제16호 특집호, 2001

장영민·권복규·김현철·정성철, 「'생명윤리 및 안전에 관한 법률'의 유전자치료부 분에 관한 운영지침 및 제도보완 방안 마련」(보건복지부 정책연구과제 연구 결과물, 2006)

정효성, 「환자의 죽을 권리에 대한 고찰」, 제50회 안암법학회 춘계학술대회 자료집, 2010

조홍식, 「리스크 법 – 리스크관리체계로서의 환경법– 」, 서울대학교 『법학』 제43권 제4호, 2002

최경석, 「피험자의 인권과 동의: 정보 제공 기준과 자율적 결정 여부의 판단 기준」, 『의료 및 생명과학 연구와 동의』(2007년 제1회 유네스코 과학기술 포럼 자 료집), 2007


Robert Alexy(이준일 역), 『기본권이론』(한길사, 2007)

Robert Alexy(이준일 역), 『법의 개념과 효력』(고려대학교 출판부, 2007)

Robert Alexy(변종필·최희수·박달현 역), 『법적 논증 이론』(고려대학교 출판부, 2007)

Ulrich Beck(홍성태 역), 『위험사회』(새물결, 1997)

Ulrich Beck(박미애·이진우 역), 『글로벌 위험사회』(도서출판 길, 2010)

Peter L. Bernstein(안진환 역), 「위험, 기회, 미래가 공존하는 리스크」(한국경제신문, 2008)

Baruch Brody(황경식 역), 『토론수업을 위한 응용윤리학』(철학과 현실사, 2000)

Nancy (Ann) Davis, 「현대의 의무론」, in: Peter Singer 엮음(김성한·김성호·소병철· 임건태 역), 『규범윤리의 전통』(철학과 현실사, 2005)

Ronald Dworkin(박경신·김지미 역), 『생명의 지배영역』(이화여자대학교 생명의료법 연구소, 2008)

Anthony Giddens(김미숙·김용학·박길성·송호근·신광영·유홍준·정성호 역), 『현 대사회학』(제4판, 을유문화사, 2003)

Raanan Gillon(박상혁 역), 『의료윤리』(아카넷, 2005)

Linda Greenhouse(안기순 역), 『블랙먼, 판사가 되다』(청림출판, 2005)

Jürgen Habermas(한상진·박영도), 『사실성과 타당성』(나남출판, 2000)

Jürgen Habermas(장은주 역), 『인간이라는 자연의 미래』(나남출판, 2002)

Winfried Hassemer(변종필 역), 「절차적 정당화」, in: Winfried Hassemer(배종대/이상
　　돈 편역), 『형법정책』(세창출판사, 1998)
Stephen Hawking(전대호 역), 『위대한 설계』(까치, 2010)
Axel Honneth(문성훈 · 이현재 역), 『인정투쟁 - 사회적 갈등의 도덕적 형식론』(초
　　판, 동녘, 1996) (개정판, 2011, 사월의 책)
Jörn Ipsen(고봉진 역), 「체외배아의 헌법적 지위」, 법과정책 제16집 제1호, 제주대
　　법과정책연구소, 2010
Hélène Joffe(박종연 · 박해광 역), 『위험사회와 타자의 논리』(한울 아카데미, 2002)
Arthur Kaufmann(김영환 역), 『법철학』(나남, 2007)
Georg Kneer/Armin Nassehi(정성훈 역), 『니콜라스 루만으로의 초대』(갈무리, 2008)
Karl Larenz(양창수 역), 『정당한 법의 원리』(박영사, 2008)
Niklas Luhmann(이남복 역), 『현대사회는 생태학적 위험을 대처할 수 있는가』(백의,
　　2002)
Werner Maihofer(심재우 역), 『법치국가와 인간의 존엄』(삼영사, 1996)
John Stuart Mill(김형철 역), 『자유론』(서광사, 2009)
Ronald Munson(박석건 · 정유석 外 역), 『의료문제의 윤리적 성찰』(단국대학교 출판
　　부, 2005)
Ulfrid Neumann(윤재왕 역), 「1945년 이후 독일의 법철학」, 한국법철학회 편, 『현대
　　법철학의 흐름』(법문사, 1996)
Ulfrid Neumann(김학태 역), 「과학기술발달의 조건하에서의 책임구조의 변화」, 법철
　　학연구 제3권 제1호, 2000
Nuffield Council on Bioethics(권복규 역), 『이종이식의 윤리적 문제』(이화여자대학교
　　생명의료법연구소, 2007)
Gregory E. Pence(구영모 · 김장한 · 이재담 역), 『의료윤리I』(광연재, 2003)
Gregory E. Pence(김장한 · 조현아 · 이재담 역), 『의료윤리II』(광연재, 2004)
Walter Reese-Schäfer(이남복 역), 『니클라스 루만의 사회 사상』(백의, 2002)
Jeremy Rifkin(이희재 역), 『소유의 종말』(민음사, 2001)
Kurt Seelmann(김영환 역), 「위험형법(Risikostrafrecht)」, 법학논총 제14집, 한양대학교
　　법학연구소, 1997
Peter Singer(장동익 · 구영모 · 황상익 역), 『삶과 죽음』(철학과 현실사, 2003)
Peter Singer/Helga Kuhse(변순용 · 강미정 · 홍석영 · 조현아 역), 『생명윤리학I』(인
　　간사랑, 2005)
Hans J. Störig(박민수 역), 『세계 철학사』(이룸, 2008)
Immanuel Wallerstein(유희석 역), 『지식의 불확실성』(창비, 2007)
Hans Welzel(박은정 역), 『자연법과 실질적 정의』(삼영사, 2005)
Bob Woodward · Scott Armstrong(안경환 역), 『지혜의 아홉기둥』(라이프맵, 2008)

Tom L. Beauchamp/James F. Childress, Principles of Biomedical Ethics(제5판, Oxford Univ Press, 2001)

Gotthard Bechmann, "Risiko als Schlüsselkategorie der Gesellschaftstheorie", kritische Vierteljahreschrift für Gesetzgebung, 1991

Dieter Birnbacher, "Bioethische Konsensbildung durch Recht? Fragen an das Menschenrechtsübereinkommen zur Biomedizin", in: Jochen Taupitz(Hrsg.), Die Bedeutung der Philosophie für die Rechtswissenschaft(Springer, 2001)

Dieter Birnbacher, "Menschenwürde - abwägbar oder unabwägbar?", in: Matthias Kettner(Hrsg.), Biomedizin und Menschenwürde(Suhrkamp, 2004)

Ernst Wolfgang Böckenförde, "Zur Kritik der Wertbegründung des Rechts", ders., Recht, Freiheit, Staat(Suhrkamp, 1991)

Gralf-Peter Calliess, Prozedurales Recht(Nomos, 1999)

Horst Dreier, Dimensionen der Grundrechte(Hannover, 1993)

Horst Dreier, "Menschenwürdegarantie und Schwangerschaftsabbruch", DÖV, 1995

Günter Dürig, "Der Grundsatz von der Menschenwürde", AöR 81, 1956

Klaus Eder, "Prozedurales Recht und Prozeduralisierung des Rechts", in: Dieter Grimm(Hrsg.), Wachsende Staatsaufgaben-sinkende Steuerungsfähigkeit des Rechts(Nomos, 1990)

Christoph Enders, Die Menschenwürde in der Verfassungsordnung(Mohr Siebeck, 1997)

Eve-Marie Engels, Philosophische und ethische Herausforderungen des Klonens beim Menschen, in: Ludger Honnefelder/Dirk Lanzerath(Hrsg.), Klonen in biomedizinischer Forschung und Reproduktion(Bonn Univ Press, 2003)

Matthias Herdegen, "Die Menschenwürde im Fluß des bioethischen Diskurses", JZ, 2001

Hasso Hofmann, "Die Pflicht des Staates zum Schutz des menschlichen Lebens", in: Festschrift für Krause, 1990

Hasso Hofmann, "Die versprochene Menschenwürde", AöR 118, 1993

Otfried Höffe, Klonen beim Mensch? Zur rechtsethischen Debatte, in: Ludger Honnefelder/Dirk Lanzerath(Hrsg.), Klonen in biomedizinischer Forschung und Reproduktion(Bonn Univ Press, 2003)

Josef Isensee, "Das Grundrecht als Abwehrrecht und als staatliche Schutzpflicht", in: Paul Kirchhof(Hrsg.), Handbuch des Staatsrechts der Bundesrepublik Deutschland (제5권, 2000)

Dunja Jaber, Über den mehrfachen Sinn von Menschenwürdegarantien(Ontos, 2003)

Günther Jakobs, "Das Strafrecht zwischen Funktionalismus und 'alteuropäischem' Prinzipiendenken", ZStW 107, 1995

Franz-Xaver Kaufmann, Der Ruf nach Verantwortung, Risiko und Ethik in einer unüberschaubaren Welt(Herder, 1992)

Franz-Xaver Kaufmann, Sicherheit als soziologisches und sozialpolitisches Problem (Ferdinand Enke, 1973)

Urs Kindhäuser, Gefährdung als Straftat(Klostermann, 1989)

Niklas Luhmann, Grundrechte als Institution(Duncker & Humblot, 1965)

Niklas Luhmann, Soziale Systeme(Suhrkamp, 1984)

Niklas Luhmann, Rechtssoziologie(3 Aufl., Westdeutscher Verlag, 1987)

Niklas Luhmann, Soziologie des Risikos(Walter de Gruyter, 1991)

Niklas Luhmann, Die Wissenschaft der Gesellschaft(Suhrkamp, 1992)

Niklas Luhmann, Das Recht der Gesellschaft(Suhrkamp, 1993)

Niklas Luhmann, Die Gesellschaft der Gesellschaft(Suhrkamp, 1998)

Reinhard Merkel, Forschungsobjekt Embryo(dtv., 2002)

Ulfrid Neumann, Juristische Argumentationslehre(Wissenschaftliche Buchgesellschaft, 1986) (윤재왕 역, 『법과 논증이론』, 세창출판사, 2009)

Ulfrid Neumann, "Die Würde des Menschen in der Diskussion um Gentechnologie und Befruchtungstechnologien", in: Ulrich Klug/Martin Kriele(Hrsg.), Menschen- und Bürgerrechte, ARSP Beiheft 33, 1988

Ulfrid Neumann, "Die Tyrannei der Würde", ARSP, 1998

Ulfrid Neumann, "Strafrechtlicher Schutz der Menschenwürde zu Beginn und am Ende des Lebens", in: Cornelius Prittwitz/Ioannis Manoledakis(Hrsg.), Strafrecht und Menschenwürde(Nomos, 1998)

Cornelius Prittwitz, "Aids-Bekämpfung, Aufgabe oder Selbstaufgabe des Strafrechts?", KJ, 1988

Cornelius Prittwitz, "Strafrechtliche Aspekte von HIV-Infektion und Aids", in: ders.(Hrsg.), Aids, Recht und Gesundheitspolitik(Edition Sigma, 1990)

Cornelius Prittwitz, Strafrecht und Risiko(Klostermann, 1993)

Cornelius Prittwitz, "Schutz der Menschenwürde durch das Strafrecht oder vor dem Strafrecht?", Prittwitz/Manoledakis(Hrsg.), Strafrecht und Menschenwürde(Nomos, 1998)

Hans-Martin Sass, "Extrakorporale Fertilisation und Embryotransfer", in: Rainer Flöhl(Hrsg.), Genforschung Fluch oder Segen?, 1985

Carl Schmitt, "Die Tyrannei der Würde", FS für Ernst Forsthoff(Säkularisation und Utopie, 1967)

Kurt Seelmann, Verhaltungszuweisung, Gefahrensteuerung und Verteilungsgerechtigkeit, in: ders.(Hrsg.), Aktuelle Fragen der Rechtsphilosophie(Peter Lang, 2000)

Jochen Taupitz, Der rechtliche Rahmen des Klonens zu therapeutischen Zwecken, NJW 2001

Jochen Taupitz/Manuela Brewe, Der Status des Embryos im Rechtsvergleich, in: Giovanni

Maio/Hanjörg Just(Hrsg.), Die Forschung an embryonalen Stammzellen in ethischer und rechtlicher Perspektive(Nomos, 2003)

Gunther Teubner, Verrechtlichung Begriffe, Merkmale, Grenzen, Auswege, in: Friedrich Kübler(Hrsg.), Verrechtlichung von Wirtschaft, Arbeit und sozialer Solidarität (Nomos, 1984) (이상돈 역, 『법제화 이론』, 한국법제연구원, 2004)

Gunther Teubner, Verrechtlichung-Begriffe, Merkmale, Grenzen, Auswege, in: Friedrich Kübler(Hrsg.), Verrechtlichung von Wirtschaft, Arbeit und sozialer Solidarität, 1984

Gunther Teubner, Recht als autopoietisches System(Suhrkamp, 1989)

Stephen E. Toulmin, Gebrauch von Argumenten(Beltz Athenäum, 1996) (고현범 · 임건태 역, 『논변의 사용』, 고려대학교 출판부, 2006)

Wolfgang Graf Vitzthum, "Die Menschenwürde als Verfassungsbegriff", JZ, 1985

# 색인

고봉진(高鳳辰, Bong-Jin Ko)

고려대학교 법과대학(90학번)과 동 대학원을 졸업하고, 2006년 독일 프랑크푸르트대학에서 법학박사학위를 받았다. 독일 하이델베르크대, 만하임대 부속 '독일·유럽·국제 의료법·보건법 및 생명윤리 연구소'(IMGB, 만하임대 소재)에서 객원연구원을 지냈고, 보건복지부 지정 '생명윤리정책연구센터'에서 연구원을 지냈다. 현재 제주대학교 법학전문대학원 기초법 담당교수(부교수)로 재직 중이며, 법철학, 법학방법론, 법사상사, BT·생명윤리와 법을 강의하고 있다.

『Menschenwürde und Biostrafrecht bei der embryonalen Stammzellenforschung』(Peter Lang, Frankfurter kriminalwissenschaftliche Studien 108, 2008)
『법철학강의』(제주대학교출판부, 2012)
「배아줄기세포연구와 관련된 바이오형법에서 규범과 의무」(형사법연구 제19권 제2호, 2007)
「생명윤리에서 인간존엄 '개념'의 총체성」(법철학연구 제11권 제1호, 2008)
「연명치료중단에서 이익형량의 구조와 내용」(법철학연구 제13권 제2호, 2010)
「초기배아의 헌법상 지위」(헌법학연구 제17권 제2호, 2011)
「위험에 대한 법체계의 반응」(법과사회 제41호, 2011)
「국가의 보호의무와 낙태규범」(법철학연구 제15권 제1호, 2012)

# BT·생명윤리와 **법**

초 판 인 쇄 | 2013년 1월 14일
초 판 발 행 | 2013년 1월 14일

지 은 이 | 고봉진
펴 낸 이 | 채종준
펴 낸 곳 | 한국학술정보(주)
주        소 | 경기도 파주시 문발동 파주출판문화정보산업단지 513-5
전        화 | 031) 908-3181(대표)
팩        스 | 031) 908-3189
홈 페 이 지 | http://ebook.kstudy.com
E - m a i l | 출판사업부 publish@kstudy.com
등        록 | 제일산-115호(2000. 6. 19)

ISBN        978-89-268-4026-9 93360 (Paper Book)
            978-89-268-4027-6 95360 (e-Book)

 한국학술정보(주)의 학술 분야 출판 브랜드입니다.